H. Hobmair, W. Gotthardt,
R. Höhlein, W. Ott, R. Pöll, K.-H. Schne

PÄDAGOGIK EXTRA

Alle neuen Themen – Prüfungstips und -aufgaben

Stam 5001

Stam Verlag Köln · München

Inhalt

Vorwort

Das vorliegende Begleitheft versteht sich als *Ergänzung zu unserem Lehr- und Arbeitsbuch Pädagogik,* Stam 5000. Es wurde notwendig, da sich der Lehrplan für Pädagogik und Psychologie an bayerischen Fachoberschulen in der Zwischenzeit geändert hat, und unser Lehrbuch nicht mehr alle erforderlichen Lerninhalte, die dieser Lehrplan fordert, enthält. *Dieses Büchlein soll gleichsam eine „Überbrückung" sein:* Es weist alle Lerninhalte auf, die der Lehrplan für Pädagogik und Psychologie an bayerischen Fachoberschulen vom August 1993 fordert, die aber unser Lehr- und Arbeitsbuch ‚Pädagogik' nicht enthält.

Zu den einzelnen Kapiteln wurden die entsprechenden Lerninhalte ergänzt. Dabei wurden vor allem die größeren Lehrplanänderungen bei den sozialpädagogischen und heilpädagogischen Lerninhalten berücksichtigt; völlig neu aufgenommen wurden deshalb folgende Themen (siehe Kapitel 11 und 12):

- Ausgewählte Aspekte des Kinder-und Jugendhilfegesetzes;
- Aufgaben und Tätigkeitsfelder an einem Beispiel aus der Jugendhilfe: die Erziehungsberatung;
- Formen menschlichen Zusammenlebens, Probleme in einem Bereich menschlichen Zusammenlebens und die Bestimmung dieser Probleme;
- Ein Handlungskonzept der Sozialpädagogik im Sinne der Einzelhilfe: das psychoanalytische und das verhaltensorientierte Handlungskonzept;
- Der ökologische Ansatz der Sozialpädagogik/-arbeit: Das Life Model;
- Das Arbeitsprinzip der Gemeinwesenarbeit;
- Gesundheit und Krankheit;
- Beeinträchtigung, Behinderung, Störung und Gefährdung.

Bei diesen Themen wurden auch eine Zusammenfassung sowie Aufgaben und Anregungen eingearbeitet. Ein kleines Stichwortverzeichnis soll helfen, schnell bestimmte Ausführungen zu finden.

Zudem wurden auf mehrfachen Wunsch Hinweise zur Erstellung von Prüfungsarbeiten im Unterrichtsgebiet Pädagogik/Psychologie sowie Übungsaufgaben zur Abschlußprüfung angefügt, die eine Hilfe zur Vorbereitung für die schriftliche und mündliche Abschlußprüfung sein sollen (siehe Anhang).

Herausgeber und Autoren hoffen, daß wir durch diese „Notlösung" den Bedürfnissen der Fachoberschullehrer(innen) und -schüler(innen) in der Ausbildungsrichtung Sozialwesen entgegenkommen konnten und so eine optimale Unterrichtsvorbereitung und eine Vorbereitung auf Prüfungen auch im Unterrichtsfach ‚Pädagogik' möglich ist.

Herausgeber und Autoren

Verlag H. Stam GmbH
Fuggerstraße 7 · 51149 Köln
Fernruf (0 22 03) 30 29-0

ISBN 3-8237-**5001**-1

1 Pädagogik als Wissenschaft

Pädagogik, Erziehungswissenschaft und Erziehungspraxis

Der Begriff **Pädagogik** stammt aus dem griechischen *(páis:* das Kind; *agein*: führen, leiten, ziehen). Als *paidagogos* wurde ursprünglich jener Diener bezeichnet, der das Kind bei seinen Gängen, zum Beispiel zur Schule, zu begleiten hatte. Dieses „Führen der Kinder" erhielt dann zunehmend die Bedeutung von ‚Erziehen' in einem umfassenderen Sinn.

Ursprünglich war der Begriff Pädagogik eine Sammelbezeichnung für alle Formen, die das praktische Erziehungsgeschehen betrafen. Man spricht in diesem Zusammenhang auch von **Erziehungspraxis**. Damit wird das Handeln in konkreten erzieherischen Situationen mit dem Ziel, das Verhalten des Zu-Erziehenden zu verändern, verstanden.

Mit Erziehungspraxis wird das Handeln in konkreten erzieherischen Situationen, das ein bestimmtes Ziel verfolgt, bezeichnet.

Das Phänomen Erziehung kann jedoch grundsätzlich von zwei unterschiedlichen Standpunkten aus betrachtet werden:

- die eine Sichtweise hebt das konkrete Erziehungsgeschehen hervor, also die **Erziehungspraxis,**
- im anderen Fall geht es um das Nachdenken, das Reflektieren über das praktische Erziehungsgeschehen, um das Bemühen, Zusammenhänge und Gesetzmäßigkeiten zu finden, Theorien aufzustellen, kurz: um die **wissenschaftliche Erhellung** eben dieser Erziehungswirklichkeit.

Es wurde zwar zu allen Zeiten über Erziehung nachgedacht, Regeln für das erzieherische Handeln wurden aufgestellt und überliefert. Doch erst im vorigen Jahrhundert formierte sich hieraus eine eigenständige Wissenschaft.

Mit dem Bemühen um die Grundlegung einer wissenschaftlichen Pädagogik wurde der Begriff Pädagogik doppelsinnig: er meinte *sowohl die wissenschaftliche Erhellung der Erziehungswirklichkeit als auch das praktische Erziehungsgeschehen selbst.* Als Wissenschaft mußte die Pädagogik natürlich eigene und eindeutige Begriffe entwickeln, sie mußte sich abgrenzen können von subjektiven Meinungen über Erziehung, und sie hatte das Verhältnis von Erziehungspraxis und wissenschaftlicher Erziehungstheorie genau zu bestimmen. Es bestand somit zunehmend Bedarf an einem Begriff, der allein die wissenschaftliche Erhellung des Erziehungsgeschehens bezeichnete: der Begriff *Erziehungswissenschaft.*

Gegenüber dem vieldeutigen Begriff Pädagogik sollte durch die Einführung dieses neuen Begriffes ihre Wissenschaftlichkeit dokumentiert werden.

Die Einführung des Begriffes Erziehungswissenschaft hat auch andere Gründe, auf die in diesem Zusammenhang nicht eingegangen wird.

Nach diesen Überlegungen können die beiden Begriffe Pädagogik und Erziehungswissenschaft folgendermaßen voneinander abgegrenzt werden: Pädagogik bildet den Oberbegriff sowohl für alle Formen des praktischen Erziehungsgeschehens als auch für die wissenschaftliche Erhellung eben dieser Erziehungswirklichkeit, während der Begriff Erziehungswissenschaft für die wissenschaftliche Erhellung des Erziehungsgeschehens und seiner Voraussetzungen als Teil der Pädagogik verwendet wird.

Unter Pädagogik werden sowohl alle Formen des praktischen Erziehungsgeschehens als auch die wissenschaftliche Erhellung der Erziehungswirklichkeit verstanden.
Erziehungswissenschaft bezeichnet die wissenschaftliche Erhellung des Gegenstandsbereiches Erziehung.

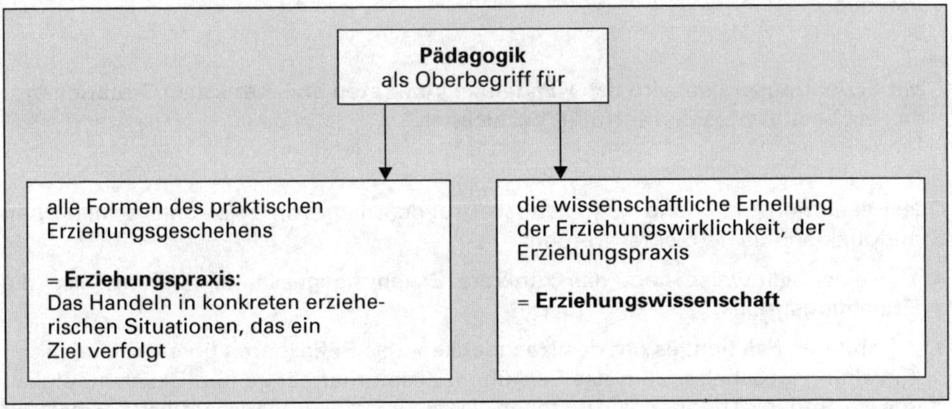

2 Die Möglichkeit und Notwendigkeit der Erziehung

Kritische Anmerkungen zur Möglichkeit und Notwendigkeit der Erziehung

Die pädagogische Anthropologie liefert uns zwar wissenschaftlich gesicherte Erkenntnisse darüber, daß Lernen und Erziehung möglich und notwendig sind, die Frage nach der **Art und Weise der Einwirkung** des Erziehers auf den Zu-Erziehenden kann sie jedoch nicht befriedigend beantworten. Dies liegt daran, daß darüber keine beweisbaren Aussagen getroffen werden können.

So zum Beispiel wird auf der einen Seite mehr „Mut zur Erziehung" gefordert, auf der anderen Seite dagegen wird die Meinung vertreten, daß das Kind sich durch eigene Erfahrungen und durch Selbstbestimmung zu einem Mitglied in der Gesellschaft entfalten soll. Nach dieser Auffassung soll der Zu-Erziehende in einem Raum der Freiheit leben – abgeschirmt von den Forderungen der Gesellschaft – mit dem Ziel, daß sich das Kind selbst reguliert.

Die verschiedenen Auffassungen über die Art und Weise der Einwirkung auf das Kind sind nicht beweisbar, sie lassen sich nur aus den *verschiedenen Vorstellungen über den Menschen* heraus verstehen.

So zum Beispiel geht Sigmund Freud (1856-1939) von der Behauptung aus, daß der Mensch einen Aggressionstrieb besitzt und er nur durch die Einwirkung von außen ‚sozial' gemacht werden kann. Jean J. Rousseau (1712-1778) dagegen meint, daß der Mensch von Natur aus ‚gut' ist und alles unter menschlicher Einflußnahme entartet.

Ebenso läßt sich die Frage nach dem **Ausmaß der Lernfähigkeit und Erziehbarkeit,** also *inwieweit* der Mensch lernfähig und erziehbar ist, nicht eindeutig beantworten.

So gehen viele Biologen und Verhaltensforscher davon aus, daß das Grundgerüst der Persönlichkeit schon bei der Geburt festgelegt und ihre Entwicklung genetisch vorprogrammiert ist. Auf der anderen Seite wird der neugeborene Mensch oft als unbeschriebenes Blatt, als „tabula rasa" (Immanuel Kant) verstanden, der in noch keiner Weise vorgeprägt ist.

Aus wissenschaftlicher Sicht läßt sich keine dieser Auffassungen belegen; über die Wirkanteile von Anlage- und Umweltfaktoren sind (noch) keine zuverlässigen Aussagen möglich.

„Wir wissen noch nicht, ... wo die Grenzen der Bildsamkeit liegen, ... Bei der Beschreibung menschlicher Entwicklung besteht noch größte Unsicherheit bei der Bestimmung dessen, was erlernt und was genetisch bedingt ist." (Rudolf Lassahn, 1993[3])

Zudem ist auch die Frage, ob der Mensch die Freiheit der Selbstbestimmung besitzt, letztlich weder beweisbar noch widerlegbar. Auch hier kann uns die pädagogische Anthropologie keine gesicherten Erkenntnisse liefern. Doch muß man von der Freiheit des Menschen ausgehen und sie als gegeben betrachten, wenn ein menschenwürdiges Zusammenleben gewährleistet sein soll. Nur aus dieser Sichtweise heraus erhalten Phänomene wie Verantwortung, Reue und Schuld oder Aburteilung und Verurteilung ihren Sinn.

4 Grundlagen und Aufgaben der Erziehung

4.1 Die Bedeutung der Umwelt für die Erziehung

Erziehung geschieht immer im Wechselspiel von dem Zu-Erziehenden, der bestimmte Lernprozesse bewältigen muß, dem Erzieher, der diese Lernprozesse absichtlich und bewußt herbeiführt, auslöst oder unterstützt und mit bestimmten Handlungen das Verhalten des Zu-Erziehenden relativ dauerhaft ändern will, und dem Erziehungsziel, das der Erzieher vor Augen hat.

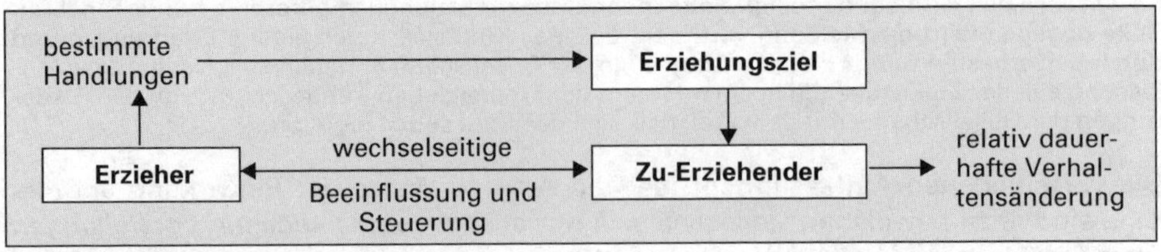

Erziehung stellt ein soziales Handeln dar,
- **in welchem Erzieher und Zu-Erziehender ständig miteinander Informationen austauschen und wechselseitig aufeinander reagieren, sich gegenseitig beeinflussen und steuern,**
- **welches bestimmte Lernprozesse bewußt und absichtlich herbeiführen und unterstützen will, um relativ dauerhafte Veränderungen des Verhaltens, die bestimmten Erziehungszielen entsprechen, zu erreichen.**

Zusammenfassung der wesentlichen Merkmale von Erziehung

- ▶ Erziehung ist ein soziales Handeln, in welchem Erzieher und Zu-Erziehender wechselseitig aufeinander reagieren, sich gegenseitig beeinflussen und steuern.
- ▶ Erziehung bedeutet auch immer soziale Kommunikation: Wer den anderen beeinflußt, teilt ihm auch zugleich etwas mit; in der Erziehung werden Informationen ausgetauscht.
- ▶ In diesem erzieherischen Handeln will der Erzieher bewußt und absichtlich beim Zu-Erziehenden bestimmte Lernprozesse herbeiführen und unterstützen. Diese Lernprozesse muß der Zu-Erziehende vollbringen.
- ▶ Erziehung ist immer zielgerichtet: Der Erzieher strebt mit zielgerichteten Handlungen solche dauerhaften Veränderungen des Verhaltens beim Zu-Erziehendem an, die bestimmten Erziehungszielen entsprechen.
- ▶ Die wechselseitige Beziehung zwischen Erzieher und Zu-Erziehendem ist durch eine besondere zwischenmenschliche und persönliche Beziehung gekennzeichnet. Von dieser Art und Weise, wie sich die persönliche Beziehung gestaltet, hängt in einem nicht unerheblichen Maße der Erfolg der Erziehung ab.

Erziehung geschieht nicht in einem luftleeren Raum, sondern ist vielen bedeutsamen Einflußfaktoren ausgesetzt, die den Erziehungsprozeß in einem nicht unerheblichen Maße (mit)bestimmen. Sie findet in bestimmten Umwelten statt, die sie unterstützen, aber auch behindern können.

4.1.1 Einbettung der Erziehung in die materielle und soziale Umwelt

Erziehung ist grundsätzlich eingebettet in eine **materielle und soziale Umwelt** (vgl. C.B.Germain/A.Gitterman, 1988[2]). Die materielle Umwelt umfaßt die *natürliche Welt und die vom Menschen geschaffene Welt.* Die natürliche Welt beinhaltet die Art der Landschaft, das Klima, die Ernährung, tages- und jahreszeitliche Rhythmen und dgl.; sie beeinflußt die Erziehung nicht unerheblich.

So zum Beispiel wirkt sich das Landschaftsbild, wie es auf Inseln, im Gebirge, an Küsten, in Wüsten, Seengebieten oder im Marschland ausgeprägt ist, sehr unterschiedlich auf die Erziehung und ihre Inhalte aus.

Zu der vom Menschen geschaffenen bzw. veränderten Welt gehören Formen der Verständigung – zum Beispiel die Sprache –, Überzeugungen, Wert- und Normvorstellungen, Sitte und Brauchtum, Massenmedien, die Neuschaffung und Veränderung von Wohnverhältnissen, der Wohnbezirk, der Wohnraum und die Wohneinrichtung, Vermögensverhältnisse u.ä. Erziehung spielt sich nicht losgelöst von dieser vom Menschen geschaffenen Umwelt ab.

Eine kahle, traurige und monotone Umgebung zum Beispiel wirkt sich negativ auf Erziehungsbemühungen aus. Die „Macht" der Medien und ihre Wirkung auf den einzelnen sowie auf die Erziehung wird heute von keiner Seite mehr ernsthaft bestritten.

Die soziale Umwelt umfaßt den *Menschen in seinen verschiedenen Organisationsformen und Beziehungen* wie beispielsweise in der Familie mit ihren Verhältnissen – etwa vollständige oder unvollständige Familie, Geschwisterkonstellation –, im Bekannten- und Freundeskreis, in bestimmten Einrichtungen – zum Beispiel im Kindergarten, im Jugendzentrum, in der Schule –, in der Gemeinde, im Stadtteil, in der Gesellschaft.

So unterstützt der Kindergarten in der Regel die familiäre Erziehung, der Freundeskreis dagegen kann ihr und ihren Inhalten sehr entgegenwirken.

Dabei kommt dem **sozialen Netzwerk** des einzelnen große Bedeutung zu: Jeder Mensch ist eingebunden in eine Vielzahl unterschiedlicher Beziehungen.

Hierzu zählen zum Beispiel alle Beziehungen innerhalb der Familie, zu Freunden, zu Verwandten und Bekannten oder zu Arbeitskollegen.

Und das Gefüge von sozialen Beziehungen, in das eine Person einbezogen ist und das sich aus dem Gesamt der Kontakte, die eine Person zu anderen Menschen hat, bildet, bezeichnen wir als soziales Netzwerk (vgl. Klaus Hurrelmann, 1988). Solche Beziehungen können die Erziehung unterstützen, ihr aber auch entgegenarbeiten.

Es kann beispielsweise der Fall sein, daß Bekannte einer Familie mehr oder weniger bewußt durch ihr Verhalten die elterliche Erziehung unterstützen, während etwa gleichaltrige Freunde diese eher erschweren.

Erziehung ist eingebettet in eine materielle und soziale Umwelt und kann nicht losgelöst von diesen beiden Bereichen, die sich zum Teil überschneiden, gesehen werden.

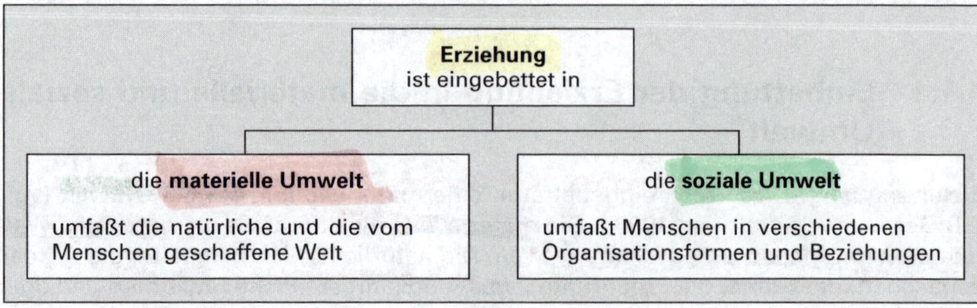

4.1.2 Die ökologische[1] Umwelt der Erziehung

Der ökologische Ansatz der Pädagogik geht davon aus, daß nicht nur bestimmte Einflußfaktoren auf die Erziehung wirken, sondern daß zwischen Erziehung und ihrer Umwelt eine *wechelseitige Beeinflussung* besteht: **Erziehung beeinflußt und verändert die Umwelt, umgekehrt beeinflußt und verändert die Umwelt die Erziehung und die an ihr beteiligten Personen.**

Eine demokratische Gesellschaft zum Beispiel ist nur möglich, wenn der junge Mensch zu einem mündigen Bürger erzogen wird, umgekehrt haben beispielsweise die örtliche Umgebung, soziale Beziehungen oder die Medien eine große Wirkung auf die Erziehung.

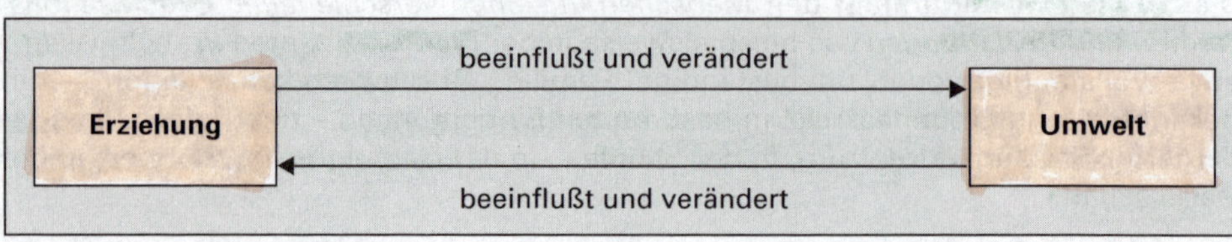

Erziehung wird nach diesem Ansatz nicht losgelöst von der Umwelt gesehen: Der Mensch lebt in seiner Familie, in seinem Bekanntenkreis, im Betrieb, in einem Dorf oder einer Stadt, er lebt in einer bestimmten Gesellschaft und Kultur. Die ökologische Konzeption unterscheidet nach *Urie Bronfenbrenner* (1981) vier grundsätzliche Lebensbereiche des Menschen – **Systeme** genannt –, die von der Erziehung beeinflußt werden und die auf die Erziehung einwirken.

Den ersten Bereich stellt der unmittelbare Lebenbereich eines Menschen dar.

Dies kann zum Beispiel die Familie, die Freundesgruppe, die Schulklasse, das Heim, der Kindergarten, die Diskothek, der Verein, die Beziehung zum Freund bzw. zur Freundin oder der Arbeitsplatz sein.

[1] Der Begriff ‚Ökologie' und der ökologische Ansatz in der Bedeutung für die Sozialpädagogik/-arbeit sind in Kapitel 11.5 ausführlich dargestellt.

Diesen Lebensbereich bezeichnen wir als **Mikrosystem.**

Mikrosystem meint den unmittelbaren Lebensbereich eines Menschen, dem er angehört.

Der Mensch lebt jedoch niemals nur in einem, sondern in verschiedenen Bereichen – er führt ein Dasein in der Familie, im Freundeskreis, in der Schule usw.. Diese verschiedenen Bereiche, in denen ein Individuum lebt, bestehen jedoch nicht isoliert voneinander, sondern stehen miteinander in Verbindung und beeinflussen sich gegenseitig.

Besucht zum Beispiel ein Kind den Kindergarten, so entstehen vielfältige Kontakte zwischen den beiden Lebensbereichen „Familie" und „Kindergarten".

Diese Wechselbeziehungen zwischen zwei oder mehreren Lebensbereichen, an denen eine Person beteiligt ist, bilden das **Mesosystem.**

Mesosystem bezeichnet das Wechselwirkungsgefüge, das zwischen Mikrosystemen, an denen ein Individuum beteiligt ist, besteht.

Zudem gibt es Lebensbereiche, die einen Menschen beeinflussen, obwohl er gar nicht an ihnen teil hat.

Der Arbeitsplatz der Eltern zum Beispiel stellt ein solches System für das Kind dar, an dem es selbst nicht unmittelbar beteiligt ist, der es aber indirekt beeinflußt.

Umgekehrt verhält es sich natürlich genauso: Eine Person beeinflußt einen Lebensbereich, an dem sie gar nicht direkt teilnimmt. Die wechselseitige Beeinflussung erfolgt dabei über andere Personen.

Krankheiten des Kindes zum Beispiel können die Eltern schwer belasten und sich auf ihr Leistungsvermögen auf ihrem Arbeitsplatz niederschlagen.

Diesen Lebensbereich, dem zwar ein Mensch nicht angehört, der aber diesen Menschen beeinflußt bzw. von ihm beeinflußt wird, nennen wir **Exosystem.**

Exosystem stellt einen Bereich dar, dem ein Mensch nicht angehört, der aber diese Person beeinflußt bzw. von ihr beeinflußt wird.

All diese genannten Lebensbereiche lassen sich einfügen in ein umfassendes kulturelles, soziales, ökonomisches, juristisches oder auch politisches System, das sich nicht mehr direkt auf spezifische Umwelten bezieht, sondern vom Individuum in Gestalt von gesetzlichen Regelungen, Traditionen, Religionen und dgl. wahrgenommen wird. Diese formalen und inhaltlichen Übereinstimmungen, die auf der gesellschaftlichen bzw. kulturellen Ebene bestehen, werden als **Makrosystem** bezeichnet.

Makrosystem meint die formalen und inhaltlichen Übereinstimmungen, die auf der gesellschaftlichen bzw. kulturellen Ebene bestehen.

In all diesen Systemen ist Erziehung eingebettet: Sie beeinflussen die Erziehung, und umgekehrt wirken diese auf die Erziehung und auf die an ihr beteiligten Personen ein.

Erziehung
beeinflußt und wird beeinflußt von

↓

Mikrosystem
= der unmittelbare Lebensbereich eines Menschen

Mesosystem
= das Wechselwirkungsgefüge, das zwischen Mikrosystemen, an denen ein Individuum beteiligt ist, besteht.

Exosystem
= Bereich, dem ein Mensch nicht angehört, der aber ihn beeinflußt bzw. vom ihm beeinflußt wird.

Makrosystem
= die formalen und inhaltlichen Übereinstimmungen, die auf der gesellschaftlichen bzw. kulturellen Ebene bestehen.

★ Die ökologische Umwelt ist nicht eine weitere zu der materiellen und sozialen Umwelt, sondern lediglich eine andere Sichtweise.

Die Einbettung der Erziehung in die materielle, soziale und ökologische Umwelt macht deutlich, daß Erziehung unterschiedlichen Umweltfaktoren ausgesetzt ist, die sie unterstützen oder auch einschränken können. Daraus läßt sich einerseits erkennen, daß der Erzieher viele positive Einflußmöglichkeiten für sich nutzbar machen kann. Andererseits muß er die Grenzen der Erziehung, die in der Umwelt liegen, deutlich sehen. Dabei muß er jedoch berücksichtigen, daß er nicht allen Grenzen machtlos ausgeliefert ist; er kann versuchen, bestimmte Faktoren in den Griff zu bekommen; er kann sie möglicherweise ausschalten, ändern oder so gestalten, daß sie seinen Absichten entsprechen oder zumindest nicht widersprechen. *Es kommt eben in vielen Fällen darauf an, was der Erzieher aus diesen Umweltfaktoren macht ...*

4.2 Die Bedeutung der Beziehung in der Erziehung

Die Beziehung zwischen dem Erzieher und dem Zu-Erziehenden spielt eine wichtige Rolle. Mit dem Begriff **pädagogisches Verhältnis** wollte man die besondere zwischenmenschliche und persönliche Beziehung, ohne die eine Beeinflussung nicht möglich ist, ausdrücken. In diesem Abschnitt soll auf die Bedeutung der Beziehung in der Erziehung näher eingegangen werden.

4.2.1 Der Mensch, ein Wesen, das ohne liebevolle Zuwendung verkümmert

Von besonderer Bedeutung ist bei der Erziehung die **positive emotionale Beziehung** zwischen Zu-Erziehendem und Erzieher. Als klassisches Beispiel für Folgen mangelnder emotionaler Zuwendung im frühkindlichen Alter dient die Untersuchung des Psychoanalytikers *René A. Spitz.*

Spitz – und viele andere Forscher – haben beobachtet, daß Säuglinge und Kleinkinder körperlich und seelisch zu leiden und zu verkümmern beginnen, wenn sie trotz einwandfreier Versorgung, Ernährung und Pflege emotionale Zuwendung, geduldige Umsorgung, liebevolle Zärtlichkeit, Körperkontakt und Ansprache durch die Eltern oder andere Bezugspersonen entbehren müssen. Diese leib-seelische Störung, die zuerst in Säuglingsheimen und Krankenhäusern beobachtet wurde, wird als **Hospitalismus** bezeichnet (Hospital = Krankenhaus).

Mit Hospitalismus bezeichnet man leib-seelische Störungs- und Verkümmerungserscheinungen im Säuglings-und Kleinkindalter, die auf mangelnde emotionale Zuwendung und Reizvermittlung zurückzuführen sind.

Die weitere Entwicklung hospitalisierter Kinder zeigt in der Regel große Störungen im körperlichen, motorischen und geistigen Bereich, insbesondere im Gefühlsleben und im Sozialverhalten. Zudem wurde bei hospitalisierten Kindern eine stark erhöhte Sterblichkeitsquote festgestellt.

Die Untersuchungen von René A. Spitz u.a. beziehen sich vor allem auf die frühkindliche Entwicklung. *Der Aufbau positiver emotionaler Beziehungen bleibt aber in allen Erziehungssituationen und in jedem Alter wesentlicher Bestandteil der Erziehung.*

Die Bedeutung von dauerhaften und verläßlichen Bezugspersonen in den ersten Lebensjahren kann nicht hoch genug eingeschätzt werden. In der Psychologie spricht man in diesem Zusammenhang von der **Bindungstheorie.** Begründer dieser Theorie waren in den 60er Jahren in erster Linie *Mary Ainsworth* und *John Bowlby.* Ergebnis ihrer Untersuchungen war die Aussage, daß das Bindungsbedürfnis im Menschen biologisch tief verankert ist.

Das „... Bindungsbedürfnis eines Menschen ... ist ... genauso grundlegend wie sein Bedürfnis nach Nahrung, Erkundung, Sexualität und Fortpflanzung." (Karin Großmann, 1990)

Während Bowlby und Spitz ihre Untersuchungen in Heimen bzw. Waisenhäusern durchführten, stellten die deutschen Wissenschaftler *Karin* und *Klaus Großmann* die Frage nach dem **Bindungsverhalten** in Eltern-Kind-Beziehungen: Eine Langzeitstudie mit Kindern von ein, fünf und zehn Jahren erbrachte den Nachweis, daß Kleinkinder stabile Bindungen zu Erwachsenen benötigen, um eine positive Entwicklung zu durchlaufen. Das Ehepaar Großmann wies auch nach, daß die Art und Weise der frühkindlichen Bindungen sich auf das eigene Verhalten als Erwachsener auswirkt.

4.2.2 Der Aufbau positiver emotionaler Beziehungen

Wie bedeutsam die Herstellung positiver emotionaler Beziehungen ist, wurde in Deutschland durch die Forschungen des Ehepaares *Anne-Marie und Reinhard Tausch* in den 60er Jahren bekannt. Tausch/Tausch beschäftigten sich mit dem Erzieherverhalten und gelangten dabei zu Ergebnissen, die man als *Beschreibung positiver emotionaler Beziehungen* bezeichnen kann. Solche Beziehungen zeigen sich in **hoher Wertschätzung** und **Verständnis.**

Wertschätzung und Verständnis stehen beim Aufbau positiver emotionaler Beziehungen im Mittelpunkt. Die Wertschätzung, die ein Erzieher dem Zu-Erziehenden entgegenbringt, kann verbal und nonverbal geäußert werden. Sie läßt sich mit den Merkmalen *Warmherzigkeit, Höflichkeit, Geduld, Achtung, Toleranz, Hilfe, Ermutigung und Partnerschaft* umschreiben. Dabei ist es wichtig, daß gleichzeitig Lieblosigkeit, Grobheit, Intoleranz oder Ungeduld vermieden werden. Der Erzieher zeigt seine Wertschätzung auch dann, wenn er bereit ist, Kritik der Zu-Erziehenden zu akzeptieren.

Wertschätzung zeigt sich zum Beispiel in folgenden Äußerungen:
„Das habe ich gar nicht gemerkt, entschuldige bitte mein Versehen."
„Bitte schön, du wolltest etwas sagen."

Achtung – Wärme – Rücksichtnahme

- den anderen wertschätzen, an ihm teilnehmen
- ihm Geltung schenken, ihn anerkennen, ihn willkommen heißen, ihm zugeneigt sein
- mit ihm freundlich, herzlich umgehen, mit ihm nachsichtig sein
- ihn rücksichtsvoll, zärtlich, liebevoll behandeln
- ihn ermutigen, ihn wohlwollend behandeln
- ihm vertrauen
- zu ihm halten, ihm beistehen, ihn beschützen, ihn umsorgen, ihm helfen, ihn trösten
- sich ihm gegenüber öffnen, ihm nahe sein

Quelle: A.-M. und R. Tausch 1991[10]

Wertschätzung wäre nicht möglich ohne das **Akzeptieren,** die Annahme und Anerkennung des Zu-Erziehenden in seiner Art und Entwicklung – so wie er ist, mit all seinen Vorteilen und Schwächen, seinen Fähigkeiten, Interessen, Begabungen und Fehlern.

„Akzeptanz ist wie die fruchtbare Erde, die einem winzigen Saatkorn erlaubt, sich zu einer schönen Blume zu entwickeln, zu der es die Anlagen besitzt. Akzeptanz ermöglicht einem Menschen, sein Potential zu entwickeln." (Thomas Gordon, 1993)

Verständnis zeigen hängt eng mit der Wertschätzung des Kindes zusammen. Wenn ein Erzieher Verständnis zeigt, geht er auf die Zu-Erziehenden zu, er ist offen für die Gefühle seiner Schüler, aber auch für ihre Probleme und Schwierigkeiten.

Tausch/Tausch (1991[10]) zeigen an Beispielen, was sie darunter verstehen:
„Es ist dir unangenehm, vor allen zu sprechen!"
„Du wolltest etwas sagen!"
„Du bist müde, hat dich die Arbeit so angestrengt?"

Nach Tausch/Tausch haben konsequente Wertschätzung und verständnisvolle sprachliche Äußerungen des Erziehers folgende positive Auswirkungen:
- Bei den Kindern und Jugendlichen entstehen eigene positive Gefühle.
- Kindliche Ängste und Unsicherheiten werden vermindert.
- Das Kind orientiert sich durch eine positive Einstellung zum Erzieher stärker an seinen Erwartungen.
- Das Lernen am Erfolg und das Modellernen werden begünstigt.
- Positive Gefühle befriedigen das Grundbedürfnis des Menschen nach guten zwischenmenschlichen Beziehungen.
- Emotionale Vorgänge bei Erwachsenen und Gleichaltrigen werden genauer wahrgenommen und berücksichtigt.

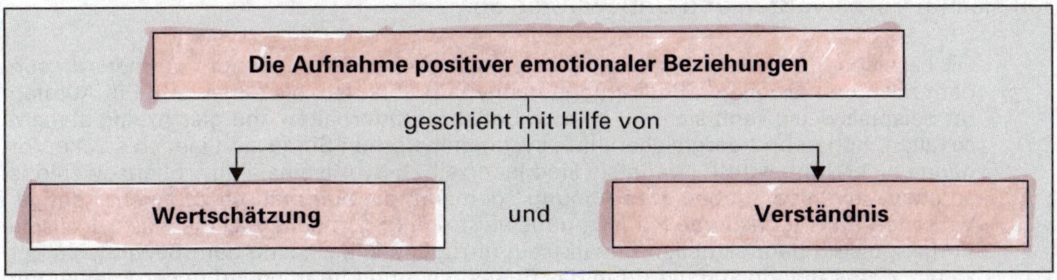

4.2.3 Die Bedeutung von Wertschätzung und Verständnis

Der Aufbau positiver emotionaler Beziehungen zwischen Erzieher und Kind ist ein elementarer Bestandteil jeder Erziehung. Ohne sie wird die Persönlichkeitsentwicklung in jedem Fall mißlingen.

Es reicht aber nicht aus, Emotionen lediglich zu verbalisieren, das Verständnis muß **echt** sein. Die Beispiele Tausch/Tauschs zeigen, daß sich bei der Verbalisierung emotionaler Erlebnisinhalte der Betroffene auch bloßgestellt fühlen kann.

Um Wertschätzung und Verständnis wirklich zu zeigen, muß der Erzieher seine inneren Einstellungen in Übereinstimmung mit seinem Verhalten bringen *(= Echtheit des Verhaltens)*. Seine Äußerungen bleiben sonst leere Worthülsen.

5 Theorien der Verhaltensänderung I: Tiefenpsychologische Theorien

5.1 Die Grundannahmen der psychoanalytischen Theorie

Wie jede umfassende Theorie, so geht auch die Psychoanalyse von bestimmten Grundannahmen, sog. *Basisannahmen,* aus, die das menschliche Erleben und Verhalten bestimmen.

5.1.1 Das Unbewußte

Der grundlegende Begriff der psychoanalytischen Theorie ist das **Unbewußte:** Nur ein geringer Teil der seelischen Vorgänge, die im Menschen vorgehen, ist bewußt; die meisten Vorgänge gehen unter die Oberfläche des Bewußtseins zurück und spielen sich im Vorbewußten und Unbewußten ab.

★ Oft bezeichnen wir Verhaltensweisen, die nach einiger Zeit nicht nur automatisch, sondern auch den jeweiligen Bedingungen angepaßt ablaufen, als unbewußt. Ein Autofahrer beispielsweise kann sich mit seinem Beifahrer unterhalten und gleichzeitig steuern, schalten, hupen und dergleichen. Im psychoanalytischen Sinne sind jedoch solche Vorgänge nicht „unbewußt“, denn sie sind jederzeit „bewußtseinsfähig“. Ebensowenig ist so etwas wie eine „unbewußte Ahnung“ gemeint, die automatisch zu einem richtigen Verhalten führt („das habe ich jetzt unbewußt richtig gemacht“). Unbewußte seelische Vorgänge sind dem aktuellen Bewußtsein unzugänglich, sie sind dem Bewußtsein entzogen, drängen jedoch dauernd in das Bewußtsein und nehmen auf unser Erleben und Verhalten Einfluß (vgl. F.Meinertz/R.Kausen, 1987[7]).

Grundlegende Annahme der Psychoanalyse ist, **daß bestimmte seelische Vorgänge und innere Kräfte** – zum Beispiel verbotene oder bestrafte Wünsche, unangenehme Erlebnisse oder Probleme – **dem Bewußtsein verborgen, also „unbewußt“, sind, sich jedoch auf das individuelle Verhalten und die Entwicklung der Persönlichkeit nach ganz bestimmten Gesetzmäßigkeiten auswirken.**

5.1.2 Der Mensch als ein festgelegtes Energiesystem

Kernstück der psychoanalytischen Theorie ist die Annahme, daß der Mensch ein **dynamisches System** ist, das von verschiedenen Energien gesteuert wird.

> **„Es ist eine Art von System, bei dem die Energie fließen, auf einen Nebenstrang geschoben oder aufgestaut werden kann. Daneben ist die Energiemenge begrenzt, und wenn sie für einen bestimmten Zweck eingesetzt wird, dann ist für andere Zwecke weniger davon vorhanden. ... Das menschliche Verhalten kann viele Formen annehmen, aber grundsätzlich ist alles Verhalten reduzierbar auf gemeinsame Energieformen.“ (Lawrence A.Pervin, 1993[3])**

Sigmund Freud sieht den Menschen als ein Wesen, dessen Verhalten durch **Triebe erzeugt und gesteuert** wird. Warum also ein Mensch aktiv wird, geht immer auf einen Trieb zurück, der das Verhalten eines Menschen in eine ganz bestimmte Richtung lenkt, um den Triebwunsch möglichst umfassend zu befriedigen. Die meisten menschlichen Verhaltensweisen sind darauf gerichtet, Triebwünsche zu befriedigen und innere Spannungen zu vermindern.

Der Mensch ist sich jedoch der seelischen Kräfte und Motive, die sein Verhalten steuern, meist nicht bewußt; Freud geht davon aus, daß Personen die Motive, die ihr Verhalten steuern, nicht kennen[1].

Sämtliche Verhaltensweisen des Menschen, egal ob sie als normal, abweichend oder als krankhaft erscheinen, sind *durch seelische Prozesse bedingt und festgelegt.* Freud spricht hier von einem **psychischen Determinismus**[2]. Diese Prozesse sind nicht immer offen erkennbar, sondern lassen sich meist nur aus der individuellen Lebensgeschichte eines Menschen erschließen.

Die Grundannahmen der Psychoanalyse (Basisannahmen)

- Bestimmte seelische Vorgänge sind dem Bewußtsein verborgen (= unbewußt), wirken sich jedoch auf unser Erleben und Verhalten in einem nicht unerheblichen Maße aus.
- Menschliches Verhalten wird durch Triebe erzeugt und gesteuert.
- Jedes Verhalten ist seelisch bedingt – festgelegt – und läßt sich nur aus der individuellen Lebensgeschichte eines Menschen erschließen.
- Die seelischen Kräfte und Motive, die das Verhalten einer Person steuern, sind dieser in der Regel nicht bewußt.

5.2 Kritische Würdigung der Psychoanalyse

Sigmund Freud hat die Psychologie insgesamt und vor allem den Bereich der Entwicklung der Persönlichkeit sehr stark beeinflußt. Es ist sein großes Verdienst, die Erkenntnis von unbewußten Prozessen und inneren Kräften für das Verständnis der Entstehung von psychischen Fehlentwicklungen ausgewertet zu haben. Die Psychoanalyse ist eine umfassende Theorie, die das komplexe menschliche Erleben und Verhalten erschöpfend beschreiben und erklären kann. Sie stellt eine systematische und umfassende Konzeption dar, die sich zur Analyse von psychischen Vorgängen hervorragend bewährt hat.

„Freud erkannte die ganze Komplexität des menschlichen Verhaltens und berücksichtigte in seiner Theorie beinahe alle Aspekte. Keine andere Persönlichkeitstheorie kann ähnlich viele verschiedene Verhaltensweisen erklären wie die Psychoanalyse. Nur wenige andere Theorien schenken der gesamten individuellen Persönlichkeit vergleichbare Aufmerksamkeit." (Lawrence A. Pervin, 1993[3])

---

[1] Die Psychoanalyse spricht deshalb in diesem Zusammenhang oft von einer **unbewußten Motivation.**

[2] lat., determinare: festsetzen, bestimmen

Zudem besitzt sie eine große Bedeutung für die Erziehung, die Beratung und die Therapie; sie hat mit ihren Erkenntnissen über die Veränderung von seelischen Zuständen und Fehlentwicklungen einen großen Einfluß auf die Pädagogik und insbesondere auf die Therapie ausgeübt.

Doch die Psychoanalyse ist auch vielen Kritiken ausgesetzt:

- Sie sieht den Menschen als reines Triebwesen und geht davon aus, daß jedes Verhalten von sexuellen oder aggressiven Triebimpulsen gesteuert wird. Diese Sichtweise ist jedoch zu sehr verengt; es ist anzunehmen, daß der Organismus nicht nur deshalb aktiv wird, um Triebwünsche möglichst umfassend zu befriedigen und innere Spannungen zu vermindern. Zudem wird durch das Festgelegtsein des Verhaltens dem Menschen so gut wie keine Selbststeuerung und Autonomie zugestanden.

- Sehr umstritten ist die Annahme eines Todestriebes mit seinen aggressiven Äußerungsformen, zumal Sigmund Freud keine innere organische Quelle bzw. keine psychische Energie für diesen angeben konnte. Modernere Untersuchungen weisen darauf hin, daß Aggressionen insbesondere auf Erfahrungen zurückgehen.

  Die Psychoanalyse wird auch deshalb oft abgelehnt, weil sie die Sexualität überbetont und das gesamte seelische Leben auf Sexualität verkürzt. Hierzu muß jedoch erwähnt werden, daß Freud den Begriff der Sexualität umfassender gesehen und nicht nur auf die Genitalität eingeengt hat.

- Die ursprüngliche Psychoanalyse geht von der primären Feindseligkeit der Menschen untereinander aus. Indem die Umwelt, die ja die Feindschaft verbietet, Beschränkungen auferlegt und Sanktionen ausübt, lernt man als Reaktion auf die frustrierenden Einwirkungen der Umwelt, sich sozial zu verhalten. Der Mensch lebt grundsätzlich in Konflikt mit den Einschränkungen, welche die Gesellschaft seinen Triebäußerungen auferlegt. Erst heutige Psychoanalytiker korrigieren das Bild vom Menschen als ‚asoziales' Wesen.

- Sigmund Freuds Menschenbild zeigt sehr pessimistische Züge, das davon ausgeht, daß aufgrund der menschlichen Triebgebundenheit eine Verbesserung der sozialen und kulturellen Zustände nur sehr schwer möglich ist.

„Das ICH ist wie ein schwacher Politiker, der dauernd Kompromisse machen muß, um zu überleben, und der darum keine größeren Entwürfe wagt." (August Flammer, 1988)

Zudem war Freud der Meinung, daß Eltern ihre Kinder wiederum nach ihren verinnerlichten Wert- und Normvorstellungen erziehen, was eine Veränderung von gesellschaftlichen Verhältnissen behindern kann.

- Ein weiterer Kritikpunkt bezieht sich auf den gegenwärtigen sozialen Kontext und betrifft Freuds Ansichten über Frauen und die weibliche Sexualität. Er führte beispielsweise die ‚Minderwertigkeit' der Frau gegenüber dem Mann auf die Penislosigkeit zurück und sah Persönlichkeitseigenschaften wie Abhängigkeit von anderen, Unterwürfigkeit und dgl. als typisch ‚weibliche' Eigenschaften an, die sich aufgrund von biologischen Einflüssen und des Erlebens der Penislosigkeit entwickeln.

- Für viele Wissenschaftler sind die Aussagen der Psychoanalyse zum Teil **nicht wissenschaftlich fundiert**: Es wird angeführt, daß sich aus dem Studium von *klinischen* Fällen keine allgemeingültigen Gesetzmäßigkeiten für das *normale* Verhalten ableiten lassen. Zudem sind viele Aussagen empirisch[1] nicht beweisbar, sondern lassen sich lediglich durch Interpretation und Deutung von Berichten erschließen.

  So zum Beispiel läßt sich neben dem schon erwähnten Todestrieb mit seinen aggressiven Äußerungsformen die Steuerung des Verhaltens durch unbewußte innere Kräfte und das Festgelegtsein sämtlicher Verhaltensweisen des Menschen durch seelische Prozesse schwer belegen. Am meisten wissenschaftlich umstritten sind jedoch bestimmte Aussagen über die Entwicklung der Libido wie etwa das ausschließliche Erlernen der Thematik des Hergebens und Festhaltens im übertragenen Sinne in der analen Phase, die Kastrationsangst, der Penisneid oder der Ödipuskonflikt bzw. -komplex.

  Sehr häufig erntet die Psychoanalyse auch den Vorwurf, daß die Begriffe, die sie verwendet, nicht immer eindeutig sind. „Die Sprache der Theorie ist so wenig exakt, daß es für Forscher oft schwer ist, zu einer präzisen Bedeutung eines Begriffes zu gelangen." (Lawrence A. Pervin, 1993[3])

> **„Die Psychoanalyse ist eine umfassende und komplexe Theorie. Wenn Teile daraus als wahrscheinlich unzutreffend erkannt werden, heißt das noch lange nicht, daß die ganze Theorie schon zu verwerfen ist." (August Flammer, 1988)**

[1] empirisch (griech.: auf Erfahrung beruhend) bezeichnet das wissenschaftliche Vorgehen, das der planmäßigen Beobachtung und Beschreibung der Wirklichkeit und der Gewinnung von überprüfbaren Daten zum Zwecke der Erklärung dient.

6 Theorien der Verhaltensänderung II: Lerntheorien

6.1 Das Lernen durch Verstärkung

Mit Lernen durch Verstärkung bezeichnet man einen Prozeß, in dessen Verlauf solche Verhaltensweisen vermehrt gezeigt werden, durch die der Organismus angenehme Konsequenzen herbeiführen oder aufrechterhalten bzw. unangenehme Zustände beseitigen, verringern oder vermeiden kann.

6.1.1 Die Relativität von Verstärkern

Verhaltenskonsequenzen wirken nur dann als Verstärker, wenn sie der *Bedürfnislage des Zu-Erziehenden entsprechen.*

Was bei Kind A als Verstärker wirkt, kann sich für Kind B als eine völlig belanglose Verhaltenskonsequenz entpuppen.

Wir sprechen in diesem Zusammenhang von der **Relativität von Verstärkern:** Verhaltenskonsequenzen wirken für ein Kind nur dann verstärkend, wenn sie seiner Bedürfnislage entsprechen.

Um der Relativität von Verstärkern gerecht zu werden, sollte der Erzieher das Kind genau beobachten und wissen, mit welchen Konsequenzen er es anregen und bekräftigen kann.

Durch gezieltes Beobachten hat der Erzieher im Hort beispielweise herausgefunden, daß für Jan das Ballspielen ein geeigneter Verstärker für erledigte Hausaufgaben ist, während Hanna lieber eine Geschichte aus ihrem Lieblingsbuch vorgelesen bekommen möchte.

★ Auch eine unangenehme Konsequenz – zum Beispiel das Schimpfen – kann für das Kind eine positive Verstärkung bedeuten, wenn es damit beispielsweise das Bedürfnis nach Beachtung befriedigen kann.

Ob Verhaltenskonsequenzen verstärkend wirken oder nicht, hängt auch von der Person, die verstärkt, und von der jeweiligen Umgebung ab.

So kann ein Lob, das ein bestimmter Lehrer ausspricht, dem Kind eher peinlich sein, weil es etwa von diesem Lehrer gar nicht gelobt werden möchte oder weil es von Klassenmitgliedern belächelt wird („Streber").

Beim Einsatz von Verstärkern erweist es sich als günstig, auf Abwechslungsreichtum zu achten, und beim Zu-Erziehenden nicht ständig die gleichen Konsequenzen folgen zu lassen, da diese sonst vorübergehend ihre Wirkung verlieren. Tritt dies ein, spicht man von **Sättigung.**

Wird ein Kind für eine bestimmte erwünschte Verhaltensweise immer wieder gelobt, so verliert das Lob an Wirkung und kann für einen bestimmten Zeitraum nicht mehr als Verstärker wirken.

Von Sättigung spricht man, wenn eine Verhaltenskonsequenz vorübergehend nicht mehr wie gewohnt die Auftretenswahrscheinlichkeit eines vorausgegangenen Verhaltens erhöhen kann, weil sie zu oft dargeboten wurde.

6.1.2 Das Lob und die Belohnung und ihre Wirkungen

Die häufigsten Erziehungsmaßnahmen, die in der Erziehungswirklichkeit vorkommen, dürften das Lob, die Belohnung und die Bestrafung sein.

Lob und Belohnung setzt der Erzieher ein, um das Kind zu ermutigen, das gezeigte Verhalten wieder zu zeigen und zu lernen; sie sollen die Auftretenswahrscheinlichkeit dieses Verhaltens erhöhen.

Lob und Belohnung sind vom Erzieher eingesetzte Verhaltenskonsequenzen, die eine angenehme Wirkung haben und damit erreichen sollen, daß das erwünschte Verhalten vom Zu-Erziehenden häufiger gezeigt und erlernt wird.

Dabei unterscheiden wir *zwei Arten des Lobes bzw. der Belohnung:* Bei der Belohnung erster Art erfolgt auf ein Verhalten eine angenehme Konsequenz, die dazu führen soll, daß das Verhalten in Zukunft häufiger auftritt. Es erfolgt die Darbietung einer angenehmen Konsequenz.

Das Kind beispielsweise räumt sein Zimmer sauber auf und erhält deshalb von seiner Mutter eine Tafel Schokolade.

Belohnung erster Art meint die Darbietung einer angenehmen Verhaltenskonsequenz, damit das erwünschte Verhalten häufiger gezeigt und erlernt wird.

Die Belohnung zweiter Art besteht in einer Konsequenz, die für den Betroffenen einen unangenehmen Zustand beendet oder verhindert, daß ein solcher eintritt.

Das Kind räumt sein Zimmer auf, dafür braucht es nachmittags nicht beim Hausputz zu helfen.

Als Belohnung zweiter Art bezeichnet man das Beenden eines unangenehmen Zustandes bzw. die Verhinderung, daß ein solcher eintritt, damit das erwünschte Verhalten häufiger gezeigt und erlernt wird.

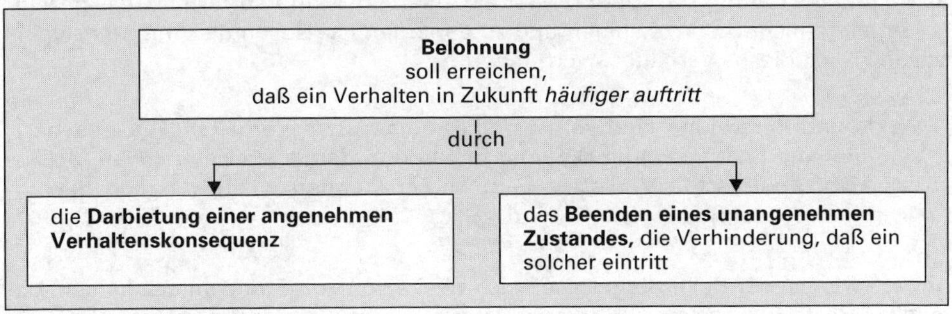

Das Lob ist ein **sozialer Verstärker,** eine Anerkennung, eine freundlich-bestätigende Zuwendung, ein Lächeln, eine freundliche Geste, eine Aufmerksamkeit, die man jemandem schenkt, eine Zustimmung, eine Form der Wertschätzung, ein mündliches oder schriftliches Lob, ein Vertrauensbeweis, ein aufmunternder Blick, ein zustimmender Händedruck, ein Kopfnicken usw. (vgl. Horst Domke, 1982[5]).

Belohnungen sind meist **materielle Verstärker** wie Spielsachen, Geschenke, Geld, aber auch **immaterielle Verstärker** wie etwa die Erlaubnis zu einer beliebten Beschäftigung (zum Beispiel Fernsehen) oder der Erlaß einer unangenehmen Aufgabe. Das Lob ist demnach eine Art der Belohnung, ein immaterieller Verstärker.

„Der **sichernde Einfluß** eines Lobes geht von der Bestätigung aus, die jedes Lob ausspricht. Der Gelobte erfährt im Lob, daß seine bisherige Leistung von anderen positiv beurteilt wird. Diese Erfahrung sichert ihn vor eigenen Zweifeln. Er überwindet Hemmungen und Minderwertigkeitsgefühle und gewinnt Selbstvertrauen und Sicherheit.

„Die **anspornende Wirkung** des Lobes kann aber noch weitaus größer sein. Lob setzt Maßstäbe, die von der Betrachtung bereits vorliegender Leistung aus auf zukünftige Leistungen übergreifen: die Erfahrung wird zur Erwartung. Darüber hinaus bindet ein Lob den Gelobten immer in einer gewissen Weise, denn Erwartungen, die eigenen wie die fremden, zu enttäuschen, ist nicht nur im Verhältnis zu anderen unangenehm, sondern verletzt vor allem auch das Selbstwertgefühl." *(E. E. Geißler, 1982, gekürzt)*

Durch das Wiederholen einer gelobten Handlung oder durch deren Fortsetzung versucht der Mensch, erneut die angenehme Reaktion des Erziehers hervorzurufen. Der Gelobte wird somit angespornt, ermutigt und motiviert.

Mögliche **Wirkungen von Lob und Belohnung** sind demnach, daß sie
- die Auftretenswahrscheinlichkeit erwünschter Verhaltensweisen erhöhen,
- die Neugier des Zu-Erziehenden steigern und damit seine Beweglichkeit und Kreativität erhöhen und sich positiv auf die Lern- und Leistungsmotivation auswirken,
- Selbstwertgefühl und Selbstvertrauen durch zunehmende Verhaltenssicherheit bewirken.

6.1.3 Die Strafe und ihre Wirkungen

Strafe und Bestrafung setzt der Erzieher ein, um beim Kind zu erreichen, das gezeigte Verhalten nicht mehr zu zeigen und zu verlernen; sie sollen die Auftretenswahrscheinlichkeit dieses Verhaltens vermindern.

Strafe und Bestrafung sind vom Erzieher eingesetzte Verhaltenskonsequenzen, die eine unangenehme Wirkung haben und damit erreichen sollen, daß das nicht erwünschte Verhalten vom Zu-Erziehenden weniger häufig bzw. nicht mehr gezeigt und verlernt wird.

Ähnlich wie bei der Belohnung lassen sich zwei Arten von Strafe unterscheiden, die man als *Bestrafung erster und zweiter Art* bezeichnet: Bei der Bestrafung erster Art erfolgt auf ein Verhalten eine unangenehme Konsequenz, die dazu führen soll, daß das Verhalten in Zukunft weniger häufig auftritt. Es erfolgt die Darbietung einer unangenehmen Konsequenz.

Ein Kind spuckt beim Mittagessen in seinen Teller. Daraufhin wird das Kind bestraft, indem es in sein Zimmer muß, mit dem Ziel, daß es diese Verhaltensweise in Zukunft unterläßt.

Bestrafung erster Art meint die Darbietung einer unangenehmen Verhaltenskonsequenz, damit das unerwünschte Verhalten weniger häufig bzw. nicht mehr gezeigt und verlernt wird.

Die Bestrafung zweiter Art besteht in einer Konsequenz, die für den Betroffenen einen angenehmen Zustand beendet oder ihm die Möglichkeit verwehrt, einen solchen zu erreichen.

Das Kind spuckt in den Teller, und die Mutter nimmt ihm deshalb seinen Nachtisch weg.

Als Bestrafung zweiter Art bezeichnet man das Beenden eines angenehmen Zustands bzw. das Verwehren der Möglichkeit, einen solchen zu erreichen, damit das unerwünschte Verhalten weniger häufig bzw. nicht mehr gezeigt und verlernt wird.

Typische Bestrafungen der zweiten Art stellen die sog. **Auszeit** und die **Folgekosten** dar.

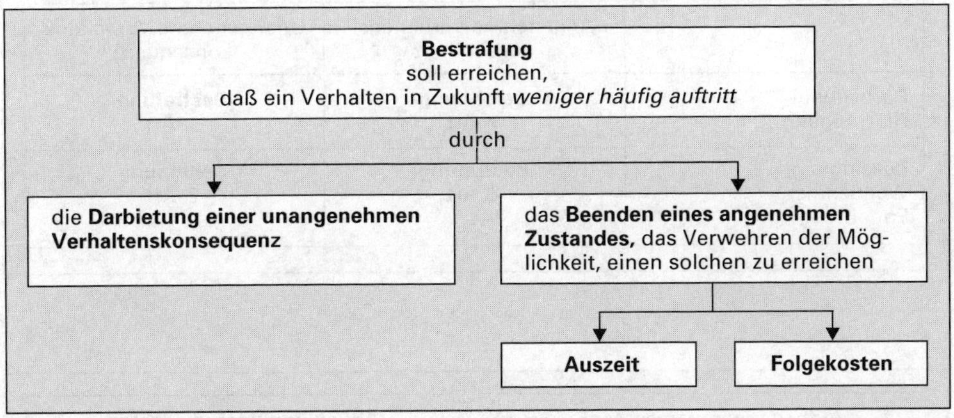

Obwohl es für den Laien auf den ersten Blick sehr logisch erscheint, daß Strafe als negative Konsequenz auf ein Verhalten dessen Häufigkeit vermindert, hat sich der Einsatz von Strafe in der pädagogischen Praxis als problematisch erwiesen. Gegen ihre häufige und massive Anwendung sprechen eine Reihe von sog. „Nebenwirkungen“:

- Strafe bewirkt nur selten einen Rückgang der Verhaltenshäufigkeit. Die bestrafte Person reagiert in der Regel mit Flucht und Vermeidungslernen.

  Lügen, Mogeln, Kriechen vor dem Erzieher und ähnliche Verhaltensweisen sind mögliche Folgen von Strafen, um dieser zu entgehen.
- Strafe kann die Beziehung zwischen Erzieher und Heranwachsenden erheblich belasten und verhindert den Aufbau eines Vertrauensverhältnisses.
- Häufiges Strafen kann zu feindseligem und aggressivem Verhalten führen.
- Häufiges Strafen kann beim Betroffenen Angst, Unsicherheit, Minderwertigkeitsgefühle und Rückzug bewirken.

- Strafe bietet meist keine Möglichkeit zur Einsicht in das Fehlverhalten und zeigt selten alternative Verhaltensweisen auf.
- Eine als Strafe gedachte Verhaltenskonsequenz kann auch als Verstärker wirken, insbesondere, wenn sie die einzige Form von Zuwendung für ein Kind darstellt.

  So kann beispielsweise das Schimpfen für das Kind eine positive Verstärkung bedeuten, wenn es damit etwa das Bedürfnis nach Beachtung befriedigen kann.
- Der Erzieher bleibt auch beim Strafen Verhaltensmodell für den Zu-Erziehenden, der dessen strafendes Verhalten bei Gelegenheit nachahmt

„Die negativen Auswirkungen von Strafe überwiegen derart, daß es sich jeder Erzieher zur Maxime machen sollte, (leichte) Strafen nur als Bestandteil einer wohlüberlegten Strategie einzusetzen; Strafen im Affekt oder harte Strafen sollten verpönt sein." (Herbert Selg, 1978)

Belohnungs- und Bestrafungsarten im Überblick

	Angenehme Verhaltenskonsequenz	Unangenehme Verhaltenskonsequenz
Darbietung, Hinzufügung	**Belohnung 1. Art**	**Bestrafung 1. Art**
Beseitigung, Wegnahme, Entfernung	**Bestrafung 2. Art**	**Belohnung 2. Art**

Aufbau von erwünschtem Verhalten	**Abbau von unerwünschtem Verhalten**
durch ↓	durch ↓
• Schaffung von Motivation • Darbietung einer angenehmen Verhaltenskonsequenz • Beendigung bzw. Verhinderung einer unangenehmen Verhaltenskonsequenz • Verhaltensformung (shaping) • Verhaltensbeobachtung • Abwechslungsreichtum von Verstärkern • kontinuierliche und intermittierende Verstärkung • Übung und Wiederholung	• Nicht-Verstärkung des unerwünschten Verhaltens • differentielle Verstärkung • *Bestrafung* ??? (Darbietung einer unangenehmen Verhaltenskonsequenz und/oder Beendigung einer angenehmen Verhaltenskonsequenz bzw. Verwehren der Möglichkeit, eine solche zu erreichen)

6.1.4 Kritische Würdigung der Konditionierungstheorien

Die in diesem Kapitel beschriebenen Forschungsansätze des klassischen und operanten Konditionierens werden dem sog. **Behaviorismus**[1], einer von mehreren psychologischen Schulen, zugerechnet. Der Behaviorismus hat die Psychologie insgesamt und vor allem den Bereich des Lernens nachhaltig beeinflußt. Die Konditionierungstheorien können tierisches und menschliches Verhalten hinreichend erklären und besitzen eine große Bedeutung für die Erziehung, die Beratung und die Therapie. Vor allem in der Therapie sind ihre Erfolge unumstritten.

Der Behaviorismus hat sich mit bestimmten psychologischen Phänomenen besonders intensiv befaßt, während ihn andere weniger oder gar nicht interessierten. So zeichnet er sich heute neben Verdiensten auch durch Schwächen aus:

- Iwan P. Pawlow gebührt zweifellos das Verdienst, Pionierarbeit in der Lernforschung geleistet zu haben. Er hat mit dem klassischen Konditionieren ein auch heute noch unumstrittenes Lernprinzip entdeckt. Jedoch kann Pawlows Signallernen nur solche Lernprozesse erklären, bei denen das Verhalten unter der Kontrolle eines vorausgehenden Reizes steht.
- Im Behaviorismus ist ausschließlich das beobachtbare Verhalten Gegenstand der Forschung. Nur was der Forscher beobachten oder messen und in Daten erfassen kann, wird als wissenschaftlich anerkannt. Alle Annahmen über Gefühle, Motive oder Gedanken, die Verhalten beeinflussen sind nicht unmittelbar beobachtbar und daher vom behavioristischen Forschungsinteresse ausgeschlossen. Diese naturwissenschaftliche Vorgehensweise wandte sich von Anfang an gegen jegliche Art von Spekulationen über nichtbeobachtbare Mechanismen und deren Einfluß auf das Verhalten und lehnte die gängige Methode der Selbstbeobachtung als unwissenschaftlich ab. Diese Beschränkung auf beobachtbares Verhalten blendet jedoch Gedanken, Gefühle und Motive menschlichen Handelns völlig aus. Da alle nichtbeobachtbaren Vorgänge des Erlebens, wie Gefühle, Gedanken und Motive, die Behavioristen nicht interessieren, bleibt das Erleben von Lebewesen in dieser psychologischen Schule unerforscht. Der Behaviorist beschreibt die Reize, die auf den Menschen einwirken, und dessen Verhalten in Abhängigkeit von den Verhaltenskonsequenzen. Innere Vorgänge, wie etwa Gedanken und Gefühle, bleiben „im Dunkeln" verborgen, wie in einer schwarzen Schachtel.
- Der Mensch erscheint nach behavioristischer Auffassung als ein Wesen, das nahezu ausschließlich von Umweltreizen beherrscht wird. Er richtet sein Verhalten nach Belohnungen und Strafen, die aus der Umwelt kommen. Dementsprechend findet eine einseitige Betonung der Bedeutung von Umweltfaktoren für die Entwicklung statt, wie sie Watson exemplarisch ausdrückte und die dem Menschen keine Selbststeuerung zugesteht.

> **„Geben Sie mir ein Dutzend gesunder Kinder und meine eigene besondere Welt, in der ich sie erziehe. Ich garantiere Ihnen, daß ich blindlings eines davon auswähle und es zum Vertreter irgendeines Berufes erziehe, sei es Arzt, Richter, Künstler, Kaufmann oder Bettler, Dieb ohne Rücksicht auf seine Talente, Neigungen, Fähigkeiten, Anlagen, Rasse oder Vorfahren." (James Watson, 1930)**

[1] behavior (engl.): das Verhalten; Anhänger des Behaviorismus erforschen ausschließlich das Verhalten und gehen von der Grundannahme aus, daß alles menschliche Verhalten erlernt ist und auch wieder verlernt werden kann.

Der Mensch handelt jedoch nicht nur aufgrund erfahrener Reize und Verhaltenskonsequenzen, sondern auch von sich aus aufgrund von selbst gesetzten Zielen.

- Eine weitere Schwäche des Behaviorismus liegt in der Vorgehensweise, die aus Tierexperimenten gewonnenen Forschungsergebnisse bedenkenlos auf das menschliche Verhalten zu übertragen. Die Annahme, eine Reihe von Verhaltensprinzipien sei artübergreifend und daher auch für den Menschen gültig, hat immer wieder Kritik hervorgerufen.
- Ebenso wie das klassische kann auch das operante Konditionieren nicht alle Lernprozesse befriedigend erklären. Die Tatsache, daß Menschen durch Beobachtung anderer oder durch Einsicht lernen, findet im Behaviorismus keine Berücksichtigung.

Die Schwächen der behavioristischen Schule, insbesondere das Vernachlässigen von kognitiven Vorgängen wie etwa das Erkennen, Begreifen, Urteilen und Denken haben Pychologen veranlaßt, nach Erklärungsmustern für menschliches Verhalten zu suchen, die diese Aspekte einbeziehen. Heute gibt es eine Reihe von Psychologen wie etwa *Kanfer, Bandura, Mischel* und viele andere mehr, die innere Prozesse zur Erklärung von Verhalten heranziehen. Stehen diese inneren Prozessse in gesicherten Verbindungen zu beobachtbaren Reizen oder Reaktionen, so werden sie von ihnen auch in therapeutische Strategien miteinbezogen.

6.2 Die sozial-kognitive Theorie

Innerhalb der Psychologie gibt es verschiedene Theorien des Modellernens. Als besonders bedeutsam hat sich dabei die **sozial-kognitive Lerntheorie** von Albert Bandura erwiesen, die im folgenden dargestellt wird.

6.2.1 Die wichtigsten Aussagen der sozial-kognitiven Theorie

Albert Bandura unterscheidet zwischen dem **Erwerb** einer Verhaltensweise und ihrer **Ausführung.** In der sog. Aneignungsphase finden zunächst **Aufmerksamkeitsprozesse** beim Beobachter statt. Wieviel Beachtung ein Modell erfährt, hängt von verschieden Faktoren ab, so den **Persönlichkeitsmerkmalen des Modells und des Beobachters, von ihrer Beziehung und von Situationsfaktoren.**

Als besonders beachtete Personen gelten solche, die *soziale Macht* besitzen, also Belohnung und Bestrafung erteilen können, ferner Menschen mit *hohem Ansehen* sowie Leute, die dem Beobachter *sympathisch und attraktiv* erscheinen. Ein Modell zieht auch dann Aufmerksamkeit auf sich, wenn es *Bedürfnisse des Lernenden befriedigt.* Derselbe Effekt läßt sich durch ein Belohnen der Modellverhaltensweisen erzielen. Persönlichkeitsmerkmale des Betrachters wie *fehlendes Selbstvertrauen* und *geringe Selbstachtung* begünstigen die Aufmerksamkeit einem Modell gegenüber. Zudem steuern eine Reihe von Faktoren die menschliche Wahrnehmung, wie zum Beispiel die Erfahrungen, die der Beobachter gemacht hat, seine Interessen und Wertvorstellungen, seine Bedürfnisse und Triebe, Gefühle und Stimmungen und vieles andere mehr. Zudem spielt die Beziehung eine wichtige Rolle: Ist das Verhältnis von Vorbild und Betrachter von *gegenseitigem Verständnis und hoher Wertschätzung* geprägt, erhält das Modell in der Regel mehr Aufmerksamkeit. Ebenso kann die *Abhängigkeit des Beobachters* vom Modell aufmerksamkeitsfördernd wirken.

Wenn Menschen real anwesende Personen beobachten, so findet diese Wahrnehmung immer in sozialen Situationen eingebunden statt. Die *emotionalen Befindlichkeiten* eines Beobachters wirken sich dabei auf die Wahrnehmung aus. Befindet er sich in einem mittleren Erregungszustand, so beeinflußt dies positiv seine Wahrnehmungsleistungen. Fühlen sich Menschen dagegen von einer Situation stark bedroht, haben sie Schwierigkeiten, ihre Aufmerksamkeit auf die wichtigen Aspekte zu konzentrieren. Erzeugt das gesehene Verhalten sehr viel Angst, so wenden sie sich sogar davon ab. Auch die Eigenart der gezeigten Tätigkeit kann Aufmerksamkeit steuern, wenn die Verhaltensweise in der betreffenden Situation sehr auffällt und der Betrachter sich davon Vorteile verspricht. Hat sich das Beobachten von Modellverhalten in der Vergangenheit für ihn als nützlich erwiesen, so steigt seine Wahrnehmungsbereitschaft.

Bei den **Gedächtnisprozessen** kommt es zu einer Speicherung der beobachteten Informationen in Form von bildhaften oder sprachlichen Codierungen. Letztere können aus ganzen Sätzen, aber auch aus kurzen Begriffen bestehen.

In der Ausführungsphase werden die Codierungen abgerufen und in motorische Handlungen umgesetzt **(motorische Reproduktionsprozesse)**. Dabei müssen viele Verhaltensweisen zunächst geübt werden. **Motivations- und Verstärkungsprozesse** sorgen dafür, daß das erlernte Verhalten auch gezeigt wird. Nur wenn der Beobachter sich vom Ausführen einer Handlung eine positive Konsequenz verspricht bzw. glaubt, eine negative vermeiden oder vermindern zu können, wird er das gesehene Verhalten praktizieren. Motivations- und Verstärkungsprozesse sind daher immer mit der Aussicht auf Bekräftigung oder ihrem tatsächlichen Eintreten verbunden.

Albert Bandura unterscheidet die **direkte** und die **stellvertretende Bekräftigung,** ferner die **direkte** und die **stellvertretende Selbstbekräftigung**. Alle drei fördern das Modellernen, sind aber nicht unbedingt notwendig für den Lernprozeß. Die entscheidende Wirkung von Bekräftigungen liegt nach Bandura nicht in ihrem tatsächlichem Eintreten, sondern darin, daß man sie erwartet.

Die Motivation eines Lernenden speist sich aus drei verschiedenen Quellen: den **Ergebniserwartungen,** den **Kompetenzerwartungen** und der **Aussicht auf Selbstbekräftigung.** Ergebniserwartungen entstehen ihrerseits durch externe Bekräftigung, stellvertretende Bekräftigung und Instruktionen. Kompetenzerwartungen dagegen erwirbt man bei konkreten Leistungen, stellvertrender Bekräftigung und verbaler Überzeugung. Dabei bestehen eine Reihe von Zusammenhängen zwischen Motivation und Kompetenzerwartungen, sowie Ergebnis- und Kompetenzerwartungen. Menschen zeigen in der Regel nur dann bestimmte Verhaltensweisen, wenn diese mit ihrem Selbstbild übereinstimmen. Je nachdem, ob dies der Fall ist oder nicht, erteilen sie sich Bekräftigungen bzw. bestrafen sich selbst. Bandura nennt diesen Vorgang Selbstbekräftigung beziehungsweise Selbstregulierung. Für welche Leistungen sich eine Person belohnt, wird durch verschiedene Arten von Bekräftigung erlernt.

Modelle können verschiedene Effekte bewirken. Sie führen zum Erwerb neuer Verhaltensweisen **(modellierender Effekt),** sie enthemmen und hemmen Verhalten **(hemmender bzw. enthemmender Effekt),** und sie führen schließlich dazu, daß Verhaltensweisen ausgelöst werden **(auslösender Effekt).**

Lernen stellt aus der Sicht der sozial-kognitiven Theorie einen aktiven, kognitiv gesteuerten Verarbeitungsprozeß dar, bei dem kognitive, emotionale und motivationale Prozesse sowie soziale Bedingungen eine große Rolle spielen und ineinander greifen sowie sich gegenseitig beeinflussen. Insgesamt erweist sich Banduras Theorie als eine wichtige Ergänzung zu anderen Lerntheorien. Sie leistet einen wertvollen Schritt, um die Schwächen des traditionellen Behaviorismus aufzudecken und mit neueren Ansätzen zu überwinden. Sie stellt jedoch keine umfassende Theorie in dem Sinne dar, daß sie aus miteinander zusammenhängenden Annahmen besteht, um bestimmte Vorhersagen zu ermöglichen.

6.2.2 Die Bedeutung der sozial-kognitiven Lerntheorie in der Erziehung

Die Erkenntnisse Banduras lassen sich zum Erlernen neuer Verhaltensweisen sowie zum Hemmen und Enthemmen von Handlungen in Erziehung und Therapie nutzen. Banduras Forschungsergebnisse werden entsprechend den verschiedenen Modelleffekten in der Erziehung zur Veränderung von Verhalten eingesetzt. Soll im Rahmen von Erziehung der Aufbau von neuen Verhaltensweisen bei Kindern und Jugendlichen mit Hilfe des Modellernens erfolgen, so gibt es hierzu verschiedene Möglichkeiten, die man einzeln oder auch kombiniert einsetzen kann:

- der Erzieher kann selbst als Modell auftreten,
- der Erzieher setzt andere, reale Modelle ein,
- der Erzieher bekräftigt die Modelle und die Lernenden,
- der Erzieher arbeitet mit symbolischen Modellen.

Das Modellverhalten in der Erziehung

• Der Erzieher als Modell

Will man einem Zu-Erziehenden Verhalten neu beibringen oder es verändern, muß er *Gelegenheit zum Beobachten von Modellen* haben, die ihm die entsprechenden Handlungen zeigen. In der Regel wird deshalb der Erzieher selbst das gewünschte Verhalten zeigen. Dabei ermöglicht es die Auswahl entsprechender Situationen, die Aufmerksamkeit des Lernenden positiv zu beeinflussen.

Eine Erzieherin wird im Rahmen einer gezielten Beschäftigung für ihr Verhalten mehr Aufmerksamkeit erhalten, als wenn sie während der Freispielzeit eine bestimmte Handlung vormacht.

Dabei sollte der Erzieher bei seinen Verhaltensweisen darauf achten, sie mit Überzeugung und sicherem Auftreten zu demonstrieren.

Macht er die Bewegungen zu einem Spiellied lustlos und unsicher vor, so wird sich dies wahrscheinlich schnell auf seine Kinder übertragen und er nicht den gewünschten Lerneffekt erzielen.

Hat ein Erzieher im Laufe seiner Arbeit eine **positive Beziehung** zu den Kindern aufgebaut, steigert dies seine Modellwirkung. Eine solche Beziehung läßt sich unter anderem erreichen, wenn er dem Zu-Erziehenden Wertschätzung entgegenbringt, seine Bedürfnisse ernst nimmt, ihm Freiräume läßt, aber auch die nötigen Grenzen setzt, ihn an Entscheidungen beteiligt, seine eigenen Ansichten und Maßnahmen begründet und nicht willkürlich Macht auf den Zu-Erziehenden ausübt. Auf diese Weise kann er seinerseits die Achtung des Heranwachsenden gewinnen und von ihm als ein fairer, berechenbarer und in seiner Autorität akzeptierter Partner gesehen werden. Gilt er darüber hinaus in den Augen der Heranwachsenden noch als sympathisch, kompetent, mächtig und erfolgreich, so stellt er ein besonders nachahmenswertes Modell dar.

Eltern oder Erzieherinnen im Kindergarten beispielsweise erfüllen in der Regel diese Voraussetzungen: Sie pflegen zum Kind eine positive emotionale Beziehung, haben gegenüber dem Kind soziale Macht, genießen Ansehen, Sympathie und Attraktivität und befriedigen die wichtigsten Bedürfnisse ihrer Kinder.

Der Erzieher muß sein eigenes Modellverhalten ständig **kritisch reflektieren.** Es wirkt sich ungünstig aus, falls er Verhaltensweisen von den Kindern verlangt, die er selbst oft oder gelegentlich vermissen läßt. Das ständige Bewußtsein, für die Kinder ein äußerst wirksames Modell zu verkörpern, erleichtert es, die Forderungen nach korrektem Verhalten zu erfüllen. Dabei ist es sehr entscheidend, daß sich Eltern und andere Erzieher ihrer **Vorbildwirkung ständig bewußt** sind.

„Man soll nichts tun, wovon man dem Kind sagen müßte, das darfst du nicht tun..." (Rudolf Steiner, 1978)

★ Es ist natürlich nicht möglich, daß der Erzieher der Fertige und Vollkommene ist, der alles richtig beherrscht, was er bei seinem Zu-Erziehenden erreichen will; doch das Kind muß spüren, daß er sich um die gleichen Verhaltensweisen bemüht, daß er das „Vorbild des an sich Arbeitenden" ist.

Nachdem der Erzieher ein Verhalten gezeigt – modelliert – hat, wirken sich **Übungsmöglichkeiten** für den Lernenden positiv aus. Handelt es sich dabei um komplexe Verhaltensweisen, so empfiehlt es sich, die Handlungen in Teilschritte zu zerlegen, die für den Lernenden schneller und leichter erreichbar sind. Auf diese Weise stellen sich Erfolgserlebnisse ein, die wiederum Kompetenzerwartungen steigern. Somit bleibt die Lernmotivation erhalten.

Ein Werklehrer zeigt den Bau einer Marionette in einzelnen leicht erlernbaren Teilschritten und läßt die Jugendlichen diese jeweils nachmachen bzw. üben.

Indem man auf sehr schwierige Leistungsanforderungen zunächst verzichtet und den Zu-Erziehenden nicht durch Androhen von negativen Konsequenzen im Falle seines Scheiterns unter großen Druck setzt, lassen sich starke emotionale Erregungen beim Lernenden in der Regel vermeiden. Diese senken die Kompetenz- und Erfolgserwartungen und damit auch die Leistungsmotivation.

So wirkt es sich negativ auf das Ausführen erlernter Verhaltensweisen aus, falls Eltern zum Beispiel im zweiten Grundschuljahr bereits sehr hohe Ansprüche an die Lese- und Schreibfähigkeiten ihrer Kinder stellen und sie durch das Androhen von Strafen für Fehlleistungen unter starken Leistungsdruck setzen.

• Der Einsatz zusätzlicher Modelle

Der Erzieher kann oder will aus pädagogischen Gründen nicht immer selbst Vorbild für die Beobachter sein. In diesen Fällen empfiehlt sich eine wohlüberlegte Auswahl anderer Modelle. Hierbei kann man als Kriterien die Ähnlichkeit zwischen Beobachter und Vorbild heranziehen, mächtige und angesehene Modelle wählen oder diese Faktoren kombinieren, indem man mehrere Modelle einsetzt. Dabei läßt sich auch auf symbolische Modelle aus den Medien zurückgreifen. Das Heranziehen mehrerer Modelle, die gleiches oder ähnliches Verhalten zeigen, gibt insbesondere Kindern Verhaltenssicherheit.

So führt man zum Beispiel Verkehrserziehung mit Hilfe eines angesehenen Polizisten als Modell durch, als weitere Vorbilder können ältere Kinder fungieren und Eltern hinzugezogen werden. Ein Bilderbuch oder ein entsprechender Film, in dem ein Junge oder Mädchen sich an die entsprechenden Verkehrsregeln hält, ergänzt den Unterricht.

Die Bekräftigung von Modellen und Lernendem

Der Bekräftigung von Modellen und Beobachtern kommt in der Erziehung große Bedeutung zu: Von Vorteil für das Lernen ist es, falls ein Modell für sein Verhalten Bekräftigung erfährt und der Lernende beim Ausführen des Gesehenen ebenfalls belohnt wird.

Will ein Erzieher ein Kind zu einem bestimmten Verhalten motivieren, so zeigt ein Modell erste Schritte in Richtung auf das erwünschte Verhalten und wird dafür belohnt. Traut sich das Kind daraufhin nun ebenfalls, zum Beispiel eine ihm angsteinflößende Spinne aus sicherer Entfernung zu betrachten, so erhält es auch eine Anerkennung.

Soll das Verhalten über einen längeren Zeitraum beibehalten werden, wirkt direkte Bekräftigung des Beobachters besser als stellvertretende, da der Lernende die angenehmen Konsequenzen seines Verhaltens unmittelbar am eignen Leib erfährt.

Will ein Erzieher, daß es zum Zeigen erlernter Verhaltensweisen kommt, muß er Bekräftigungen in Aussicht stellen. Dies kann zum einen verbal geschehen, indem er den Zu-Erziehenden mitteilt, für welche nachgeahmten Verhaltensweisen und übernommenen Einstellungen oder Werthaltungen er sie belohnen wird. Zum anderen lernen Kinder sehr schnell, welches Verhalten positive Konsequenzen nach sich zieht, wenn sie sehen, wie andere regelmäßig für bestimmte Handlungen Lob oder Belohnung erfahren.

Die Bestrafung von Modellen und ihre Wirkungen[1]

Besteht die beobachtete Konsequenz eines Modellverhaltens aus Strafe, so lassen sich hier zwei Formen unterscheiden: Kann ein Betrachter sehen, wie ein Modell für seine Handlungen negativ sanktioniert wird, so handelt es sich um eine **stellvertretende Bestrafung**. Bestraft sich das Modell selbst vor den Augen des Beobachters für seine Handlungen so spricht man von **stellvertretender Selbstbestrafung**. Die Beobachtung von Bestrafung ist aus der Sicht der sozial-kognitiven Theorie nicht ganz unproblematisch:

- Strafe, die ein Modell erfährt, führt nur in manchen Fällen zur Abwertung des Handelnden und seiner Taten. Sie kann sogar das Gegenteil bewirken und das Ansehen eines Menschen steigern. Werden Personen bestraft, weil sie an ihren Überzeugungen festhalten, so steigert dies nicht selten ihr Ansehen bei anderen und macht sie so zu einflußreichen Modellen.

  So genossen beispielweise Gandhi und Martin Luther King unter an derem deshalb großes Ansehen, da sie trotz vieler Repressionen ihre Ideale standhaft lebten.
- Das Erteilen von Strafen trägt auch teilweise dazu bei, die Aufmerksamkeit von Beobachtern zu steigern. Gerade weil auf ein Verhalten Strafe folgt, wird es aus der Vielzahl von Umweltreizen selektiv wahrgenommen und dadurch schneller gelernt.
- Strafende sind selbst erfolgreiche Verhaltensmodelle, die demonstrieren, mit welchen Mitteln man sich gegen andere durchsetzt und Macht über sie gewinnt.
- Häufige Strafe signalisiert den Bestraften immer wieder seine eigenen Unzulänglichkeiten, weist ihn ständig auf gemachte Fehler hin und läßt ihn so allmählich den Glauben an seine eigenen Fähigkeiten verlieren. Ein solches Absinken der Kompetenzerwartungen vermindert die Handlungsmotivation und kann schließlich zur Passivität des Menschen in einem Lebensbereich führen oder andere sozial unerwünschte Handlungen nach sich ziehen.

---

[1] Vgl. hierzu auch Abschnitt 6.1.3

Erfährt ein Kind ständig Strafen für seine schlechten schulischen Leistungen, so verliert es schnell das Vertrauen in seine Fähigkeiten. Es wird deshalb versuchen, sich den Anforderungen zu entziehen oder sie zum Beispiel durch Schuleschwänzen oder Abschreiben von Hausaufgaben zu umgehen.

Erziehung und symbolische Modelle

In unserer hochtechnisierten Welt gibt es eine Vielfalt von Medien wie Bücher, Zeitschriften, Comics, Videos, Fernseh- und Kinofilme, denen der Zu-Erziehende ausgesetzt ist. Sie führen zu einer unüberschaubaren Zahl von symbolischen Verhaltensmodellen, die das Erlernen neuer Verhaltensweisen ermöglichen, bereits erlentes Verhalten hemmen oder enthemmen und zu Auslösern von Verhaltensweisen werden können. Mit solchen Einflüssen von Medienmodellen auf die Heranwachsenden befassen sich Erzieher im Rahmen der **Medienerziehung.**

Angesichts der Tatsache, daß nicht nur Eltern und andere Erzieher als Modell wirken, ist es erforderlich, daß sie die **Umwelteinflüsse ihren Ansichten gemäß gestalten.**

So überlegen sich beispielsweise Eltern genau, welche Fernsehsendungen oder Videos sie (mit ihren Kindern) anschauen, was und wie lange das Kind fernsehen darf, welche Zeitschriften und Büchern es liest usw.

Symbolische Modelle, die erwünschtes Verhalten demonstrieren, können effektiv eingesetzt werden, zumal sie oftmals viele Sachverhalte besser veranschaulichen können als der Erzieher selbst und bei entsprechender Auswahl attraktive, sympathische und angesehene Vorbilder darstellen können.

In einem Film über Verkehrserziehung von Jugendlichen macht ein angesehener Autorennfahrer auf Gefahren im Straßenverkehr aufmerksam und demonstriert entsprechende Vorsichtsmaßnahmen.

Da ein völliges Fernhalten von unerwünschten Modellen nicht möglich und zum Teil auch gar nicht erstrebenswert ist, besteht eine zentrale Aufgabe des Erziehers darin, insbesondere jüngeren Kindern Hilfestellungen bei der **Verarbeitung von Medieneindrücken** zu geben. Nicht selten lösen Mediendarstellungen bei Kindern starke Gefühle wie beispielsweise Mitleid, Angst oder Trauer aus. Hier ist es notwendig, daß das Kind zusammen mit seinen Eltern bzw. Erziehern die gewonnenen Eindrücke verarbeitet.

In Rollenspielen beispielsweise, beim Malen oder durch Erzählen des Gesehenen und durch aufmerksames Zuhören und Zuwendung kann man den Kindern Gelegenheit geben, die gewonnenen Eindrücke zu verarbeiten.

Da Medienmodelle durch ihr Verhalten in manchen Fällen auch unerwünschte Einstellungen, Werthaltungen und Vorurteile vermitteln, ist es notwendig, eine Bewertung der Modelle und ihrer Verhaltensweisen zu erreichen und sich mit dem Zu-Erziehenden über mögliche Modelle *auseinanderzusetzen.*

Kinder und Jugendliche sind nicht selten begeistert von Modellen, die durch ihre Stärke und Rücksichtslosigkeit schwierige Situationen meistern und Anerkennung dafür im Film finden. Sie können so den Eindruck gewinnen, rücksichtslose Brutalität sei eine erwünschte und effektive Verhaltensweise in unserer Gesellschaft.

Eine weitere Aufgabe besteht darin, Kinder und Jugendliche zu **kritischen Lesern, Hörern oder Zuschauern** zu erziehen, die die Manipulationsversuche von Modellen durchschauen können. Insbesondere Modelle aus der Werbung kommen durch die Benutzung von bestimmten Produkten zu unrealistisch großen und scheinbar spielerisch leicht zu erreichenden positiven Konsequenzen. Weltanschaulich einseitig ausgerichtetete Beiträge in Filmen, Zeitungen oder Zeitschriften bedienen sich attraktiver und bekannter Modelle, um ihre Überzeugungen wirksam an die Heranwachsenden zu bringen. Erzieher sollten daher in Gespächen zusammen mit Kindern und Jugendlichen solche Beeinflussungstechniken herausarbeiten sowie Darstellungen und Versprechungen auf ihren Realitätsgehalt überprüfen.

So können Kinder zum Beispiel durch eigenes Ausprobieren herausfinden, ob ein Waschmittel tatsächlich sauberer und weißer wäscht als ein anderes, und dieses Versprechen eines Modells als falsch entlarven.

6.2.3 Grenzen und Probleme beim Anwenden von Kenntnissen aus der sozial-kognitiven Lerntheorie

Die Umsetzung von Banduras Erkenntnissen stößt inbesondere im pädagogischen Bereich immer wieder auf Schwierigkeiten:

- Kinder und Jugendliche sind einer großen Vielfalt von Vorbildern in unserer Gesellschaft ausgeliefert. Diese zeigen in der Regel sehr unterschiedliches Verhalten und erschweren den Heranwachsenden eine klare Orientierung. Dieser Vielfalt von Vorbildern sind Kinder auch im Erziehungsprozeß ausgesetzt. Häufig stellen die verschiedenen Erzieher innerhalb kurzer Zeitabstände sehr unterschiediche Erwartungen an das einzelne Kind, die Kinder kaum erfüllen können.

  So kann ein Kind zum Beispiel an einem einzigen Tag völlig unterschiedliche Verhaltensweisen in gleichen Situationen sehen. Es beobachtet auf der Straße, wie ein Passant bei Rot stehen bleibt, während andere Menschen über die Straße laufen.

- An den vielen Modellen ihrer Umgebung lernen Zu-Erziehende unerwünschte Verhaltensweisen. Solche Handlungen können von Eltern, Geschwistern, Nachbarn, Gruppenmitgliedern oder Medienmodellen ausgehen und sind in der Regel kaum kontrollierbar. Da sie recht häufig zum Erfolg führen und oft auch viel Aufmerksamkeit auf sich ziehen, untergraben sie das erzieherischen Bemühen um sozial erwünschtes Verhalten.

  Eltern, die ihren Kindern immer wieder gewaltfreie Konfliktlösungen vorleben, müssen oft erkennen, daß ihre Kinder, wenn sie bei Konflikten ihre Fäuste einsetzen, von anderen Kindern bewundert werden und den Streit zu ihren Gunsten entscheiden können.

- Erzieher wirken kaum als positive Modelle, wenn es ihnen nicht gelingt, eine gute Beziehung zum Heranwachsenden aufzubauen. Diesem Bemühen stehen nicht selten zu große Gruppen in den Kindergärten, Horten und Heimen oder überfüllte Klassenzimmer entgegen. In diesen Fällen bleibt für einzelne Kinder kaum Zeit. Die Größe einzelner Gruppen erschwert dem Erzieher auch den Überblick. Deshalb bleiben positive Modelle in ihrem Vorbildverhalten häufig unbekräftigt, oder die Nachahmung eines erwünschten Verhaltens wird vom Erzieher gar nicht gesehen.

- Will ein Erzieher bei seinen Heranwachsenden Verhalten durch stellvertretende Bekräftigung eines Gruppenmitgliedes aufbauen, so kann dies zum Neid oder zur Ablehnung des Modells bei anderen Kindern führen.

  Ein Jugendlicher, der für sein vorbildliches Verhalten immer wieder vor der Gruppe bekräftigt wird, gilt bald als „Streber“ oder „Schleimer.“

- Der Aufbau von erwünschten Verhaltensweisen durch gelegentliche Bekräftigung des nachgeahmten Modellverhaltens stellt einen langwierigen Prozeß dar, der vom Erzieher sehr viel Aufmerksamkeit, Geduld und Engagement erfordert.
- Eine Reihe von Verhaltensweisen sind trotz häufigen Beobachtens gar nicht oder nur unter großem Aufwand zu erlernen.

  So nützt es wenig, nur jemanden zu beobachten, wie er schwierige Mathematikaufgaben löst. Ebenso erlernt man komplizierte Sportarten nicht durch Zusehen, sondern benötigt sehr viel Übung und Fleiß.
- Zudem sind Kinder mit Beobachtungs-, Speicherungs- und motorischen Reproduktionsschwächen in bezug auf Modellernen benachteiligt.

6.2.4 Kritische Stellungnahme zur sozial-kognitiven Theorie

Die sozial-kognitive Theorie erfährt zur Zeit großen Aufschwung. Dies liegt u.a. daran, daß ihre Erkenntnisse wissenschaftlich abgesichert sind und daß sie ihre Aufmerksamkeit auf wichtige Problemgebiete lenkt. Dabei beschäftigt sie sich außerordentlich mit sozialen menschlichen Problemen. Die sozial-kognitive Lerntheorie basiert auf gründlicher experimenteller Forschung und ist wissenschaftlich fundiert. Die meisten Forschungen wurden mit Menschen durchgeführt, und ihre Ergebnisse wurden nicht von Tieren auf menschliches Verhalten übertragen. (vgl. Lawrence A.Pervin, 1993[3])

Im Gegensatz zu den Konditionierungstheorien versteht die sozial-kognitive Theorie das Lernen als einen *aktiven, kognitiv gesteuerten Verarbeitungsprozeß, bei dem kognitive, emotionale und motivationale Prozesse sowie soziale Bedingungen* eine große Rolle spielen und zusammenwirken. Sie ergänzt die Theorie des klassischen und operanten Konditonierens um eine weitere Lerntheorie, mit deren Hilfe solche Lernprozesse erklärbar sind, bei denen die Konditionierungstheorien an ihre Grenzen stoßen. Während die Behavioristen erst dann auf Lernprozesse schließen, wenn ein neues oder verändertes Verhalten beobachtbar ist, verweist Bandura darauf, daß auch ohne eine beobachtbare Ausführung von Verhalten Lernprozesse stattgefunden haben können. Entscheidend ist für ihn dabei die Speicherung beobachteten Verhaltens.

Banduras Theorie besitzt eine große Bedeutung für die Erziehung und die Therapie; sie hat mit ihren Erkenntnissen einen wichtigen Beitrag für die Pädagogik und Therapie geleistet.

Die sozial-kognitive Theorie stellt jedoch keine umfassende Theorie in dem Sinne dar, daß sie aus miteinander zusammenhängenden Annahmen besteht, um bestimmte Vorhersagen zu ermöglichen. Sie kann nur einen Teil menschlichen Erlebens und Verhaltens erklären: Sie konzentriert sich nur auf menschliches Erleben, Verhalten und Handeln, welches auf Beobachtung zurückgeht. Menschen lernen aber auch ohne Beobachtung. Daß Menschen beispielsweise durch Einsicht lernen, einen bestimmten Sachverhalt denkend umstrukturieren und es so zu einer Verhaltensänderung kommt, bleibt unberücksichtigt. Auch in der Erziehung und Therapie stößt die Umsetzung von Banduras Erkenntnissen immer wieder auf Schwierigkeiten.

7 Ziele in der Erziehung

7.1 Die pädagogische Mündigkeit als Erziehungsziel

Pädagogische Mündigkeit als Leitvorstellung in der Erziehung läßt sich anthropologisch, normativ und pragmatisch begründen und rechtfertigen. Mündigkeit ist eine Zielvorstellung, die sich inhaltlich am Wesen des Menschen, an den für das Zusammenleben notwendigen Werten und Normen sowie an den anstehenden Aufgaben und Problemen der Zeit orientiert. Wo sie als Ziel fungiert, will man die Freiheit und Würde aller Menschen, ihre Gleichheit vor dem Gesetz und hinsichtlich ihrer Bildungschancen sowie die rechtsstaatliche, demokratische Ordnung des Zusammenlebens schaffen und erhalten *(vgl. Erich Weber, 1987[7])*.

7.1.1 Die inhaltliche Konkretisierung der pädagogischen Mündigkeit

Pädagogische Mündigkeit – so verstanden – stellt ein allgemeines Leitziel dar, das eine *inhaltliche Konkretisierung* notwendig macht.

★ Bei den folgenden Konkretisierungen handelt es sich um eine Auswahl, die verständlicherweise nicht alle möglichen Bereiche des Begriffes der „pädagogischen Mündigkeit" umfassen kann. Es zeigt sich, daß viele der Inhalte in mehreren Kompetenzbereichen anwendbar sind, die Grenzen also fließend sind.

Bei der Erziehung zur **Selbst-Kompetenz** soll der Zu-Erziehende befähigt werden, sich selbst und seine Umwelt so zu akzeptieren, wie sie sind. Er muß in der Lage sein, Entscheidungen zu treffen und Kritik zu geben und zu empfangen. Eine solche Zielsetzung verlangt vom Zu-Erziehenden ein hohes Maß an Selbstbewußtsein. Die Beschreibung eines derartigen Verhaltens könnte als *„Fähigkeit zum Verzichten und Sich-Durchsetzen"* (Paul Hastenteufel, 1980[2]) formuliert werden.

Folgende „Konkretisierungen" sind denkbar:
- mit einer anderen Meinung nur dann übereinstimmen, wenn man davon überzeugt ist, daß man diese Meinung übernehmen kann;
- sich für andere einsetzen, auch wenn man keinen eigenen Nutzen oder Vorteil davon hat;
- zugunsten eines benachteiligten Mitmenschen auf die Erfüllung eines Wunsches verzichten;
- die eigenen Interessen zum Ausdruck bringen, aber auch nach den Wünschen und Interessen der anderen fragen;
- bei der Durchsetzung der eigenen Interessen auf die berechtigten Interessen der Mitmenschen achten;
- sich flexibel und intelligent auf neue Situationen und Probleme einstellen;
- die Verantwortung für die eigenen Handlungen übernehmen;
- die wesentlichen Beeinträchtigungen des Lebens wahrnehmen und für sich selbst und andere gerechtere und befriedigendere Bedingungen schaffen.

Begegnungsfähigkeit, Fähigkeit zur Partnerschaft und Kommunikation mit unseren Mitmenschen sind zentrale Bestandteile der Erziehung zur **Sozial-Kompetenz**.

Konkrete „Inhalte“ können sein:
- Wenige echte Beziehungen sind wichtiger als viele oberflächliche Bekanntschaften;
- mit anderen Menschen relativ leicht Kontakt aufnehmen können;
- bereit sein, einen Teil der Freizeit für Menschen zu opfern, die einen brauchen;
- Geben und Nehmen in Beziehungen als etwas Selbstverständliches ansehen;
- lernen, daß Begegnungen mit anderen gleichzeitig Chance und Risiko darstellen;
- anderen Menschen die eigenen Erfahrungen, Gedanken und Kenntnisse in verständlicher Form mitteilen;
- der Verzicht auf die Anwendung von Gewalt und Manipulation bei der Erlangung der eigenen Ziele;
- mit anderen Menschen kooperativ und effektiv bei der Bewältigung von Problemen zusammenarbeiten.

Begreift man **Sach-Kompetenz** als Fähigkeit, Informationen zu verarbeiten und die dingliche Welt zu verändern, dann können die folgenden „Lerninhalte“ als Umsetzungsmöglichkeit gelten:
- Diskusionsbereitschaft mit anderen über alles Gelesene, Gehörte und Gesehene mit dem Ziel, ein kritisch-distanziertes Urteil zu erlangen;
- Bereitschaft, sich mit Gleichgesinnten zu verbünden und gegen Unrecht zur Wehr zu setzen;
- das eigene Konsumverhalten kritisch hinterfragen und bereit sein, Verschwendung zu verringern und abzubauen;
- Lehr- und Wissenschaftsbeiträgen in den Medien einen genauso hohen Stellenwert einräumen wie der Unterhaltung;
- Kenntnisse erwerben, die für die Lösung der im menschlichen Leben vorhandenen Probleme bedeutsam sind;
- kreatives und schöpferisches Vorgehen bei der Bewältigung von Problemen;
- verantwortungsvolles Handeln bei der Ausübung des Berufes.

Während die juristische Mündigkeit zu einem genau bestimmten Zeitpunkt erreicht wird und in der Regel auch erhalten bleibt, ist Mündigkeit aus pädagogischer Sicht nur als Prozeß zu verstehen, der unabschließbar bleibt.

Mündigsein erfordert lebenslanges Weiter- und Umlernen, um mündig zu bleiben.

7.1.2 Der inhaltliche Wandel von Leitzielen

Wie die Geschichte der Pädagogik zeigt, wurden nach- und nebeneinander recht unterschiedliche Erziehungsziele vertreten. Je nachdem jeweiligen Menschenbild und der Weltanschauung, je nach den politischen, militärischen oder wirtschaftlichen Gegebenheiten und Interessen einer Gesellschaft, je nach ihren aktuellen Wert- und Normvorstellungen wurden und werden im Laufe der Zeit unter schiedliche Erziehungsziele formuliert.

In einer demokratischen, dynamischen und pluralistischen Gesellschaft lassen sich allgemein verbindliche Erziehungsziele nur weitgehend formal bestimmen, wenn sie angesichts der sich immer wieder verändernden Lebensverhältnisse und Wertvorstellungen nicht an Gültigkeit verlieren sollen. Pädagogische Mündigkeit ist ein solches formales Leitziel.

Ihre Konkretisierung jedoch, wie sie im vorigen Abschnitt vorgestellt ist, *muß immer wieder neu durchdacht* werden. Entsprechend den sich ständig verändernden Wert- und Normvorstellungen, den Lebensverhältnissen, den Aufgaben und Problemen der Zeit sowie den jeweils gegebenen Daseinsverhältnissen muß immer wieder neu und konkret bestimmt werden, was als Mündigkeit zu gelten hat.

7.1.3 Möglichkeiten der Umsetzung des Erziehungsziels – Mündigkeit in verschiedenen Lebensbereichen

Am Beispiel der Lebensbereiche Familie und Kindergarten sollen einige Erziehungsmaximen aufgezeigt werden, die bei der Verwirklichung des Erziehungsziels der pädagogischen Mündigkeit in der Erziehungspraxis gelten können. Um den konkreten Zielen der Mündigkeit in der Familie und im Kindergarten gerecht zu werden, können sich Eltern und Erzieher in ihrem Verhalten von folgenden ‚Leitlinen' führen lassen:

- **Herstellen positiver emotionaler Beziehungen**

  Im Mittelpunkt der Erziehung muß die positive emotionale Beziehung stehen. Dazu gehört zum Beispiel, daß die Kinder als Person angenommen und akzeptiert werden, daß ein liebevolles und warmherziges Verhältnis zwischen Eltern/Erzieher und Kindern existiert.

  Eltern nehmen die Ängste (zum Beispiel vor Hunden) ihrer Kinder ernst und versuchen, ihnen beim Umgang oder Abbau solcher Ängste behilflich zu sein.
  Eine Mutter macht ihrer Tochter, die nach einem Sturz weinend zu ihr gerannt kommt, keine Vorwürfe über das verschmutzte Kleid, sondern versucht, sie zu trösten.
  Die Erzieherin im Kindergarten versucht, die Wut eines Kindes zu verstehen, und unterdrückt das Kind nicht völlig.

- **Raum der Freiheit und der eigenen Entscheidung gewähren**

  Es ist wichtig, daß Eltern und Erzieher genügend Spielraum lassen, in dem die Kinder eigene Entscheidungen treffen können und vor allem lernen, die Folgen dieser Entscheidungen erleben und tragen zu können. Der Raum der Freiheit und der eigenen Entscheidungen muß für den Zu-Erziehenden von vorneherein so groß wie möglich gegeben sein und entsprechend dem Alter und dem Entwicklungsstand des Kindes ständig erweitert werden. In diesem Raum der Freiheit muß das Kind selbständig entscheiden, erforschen, experimentieren und sich bestätigen können.

  Die Eltern lehren ihre Kinder frühzeitig den Umgang mit Geld, indem sie ihnen das Taschengeld zur freien Verfügung lassen, gleichzeitig aber darauf achten, daß nicht nur Spielwaren oder Süßigkeiten davon gekauft werden.
  Die Erzieher im Kindergarten erlauben den Kindern, während der Freispielzeit mit allen vorhandenen Spielsachen zu spielen; sie verlangen aber auch, daß jedes Kind verantwortlich wieder aufräumt, was es genommen hat.

- **Grenzen setzen**

  Der Freiheitsraum des Kindes findet dort seine Grenzen, wo für es ein Schaden entstehen kann, wo die Freiheit der anderen beginnt und ein reibungsloses Zusammenleben nicht mehr gewährleistet ist. Gebote und Verbote sind wichtige Bestandteile jeder Erziehung. Freiräume allein reichen nicht aus, um Kinder verantwortungsvolles Verhalten zu lehren, sie müssen auch Grenzen erleben und erfahren, damit ihnen die Zusammenhänge zwischen ihrem Verhalten und den möglichen Folgen deutlich werden.

  Die Eltern schicken ihren vierjährigen Sohn zeitig zu Bett, weil sie wissen, daß er sonst zu aufgedreht wird und dann den notwendigen Schlaf nicht bekommt.
  Die Mutter macht der sechsjährigen Tochter klar, daß sie während einer Unterhaltung nicht gestört werden will bzw. erst dann zuhören möchte, wenn sie ihr Gespräch beendet hat.
  Die Erzieherin greift beim Freispiel in eine wilde Verfolgungsjagd ein, weil sich die Kinder unter Umständen verletzen würden.

- **Begründung und Rechtfertigung der erzieherischen Einflußnahme**

Der Erzieher handelt nicht willkürlich („weil ich es so will!", „weil ich es gesagt habe!"), seine Einflußnahme auf den Zu-Erziehenden läßt sich von der Sache, die Erziehung notwendig macht, und von den Ordnungen des Zusammenlebens her begründen. Erziehungsmaßnahmen sollten für das Kind nachvollziehbar begründet werden. Erst dadurch wird es für den Zu-Erziehenden möglich, aufgrund eigener Überlegung und Vernunft die Entscheidung des Erziehers nachzuvollziehen und zu verstehen.

Der Vater erklärt seinem Sohn, warum er nicht möchte, daß er sein ganzes Taschengeld für Süßigkeiten ausgibt, mit der schädlichen Wirkung auf die Zähne.
Die Erzieherin begründet das Ende der Verfolgungsjagd mit der möglichen Verletzungsgefahr.
Die Mutter spricht mit der Tochter darüber, warum es unhöflich ist, ein Gespräch einfach zu unterbrechen.

★ Selbstverständlich müssen Erzieher das Alter ihrer Schützlinge berücksichtigen. Ein 2jähriges Kind wird aufgrund seiner Entwicklung argumentativ weniger zu überzeugen sein als ein 6jähriges.

- **Entfaltung des kindlichen Neugierdebedürfnisses**

Erziehung, die als Ziel pädagogische Mündigkeit anstreben will, nimmt jede Gelegenheit wahr, die kindliche Neugier und Wißbegierde sowie die Initiative des Frage- und Problemstellens zu erhalten und zu fördern. Das Kind soll lernen, Probleme der Welt wahrzunehmen und selbständig bewältigen zu können, es soll das Bedürfnis und den Mut aufbringen zum lebenlangen Weiter-und Umlernen.

Das kindliche Neugierdebedürfnis kann in Familie und Kindergarten beispielsweise durch entsprechende Bilderbücher, geeignetes Spielmaterial, durch Beantwortung von Fragen und dgl. geweckt und erhalten werden.

- **Förderung des Zusammenlebens**

Durch Erziehung soll das Kind die Fähigkeit erwerben, Absichten, Meinungen und Verhaltensweisen anderer zu verstehen und dieses Verstehen nach außen erkennbar zu machen; es soll die Fähigkeit erwerben, sich für andere einzusetzen, ihnen zu helfen, ihre Lage zu verbessern; es soll lernen, soziale Konflikte auf demokratischem Weg zu regeln und auszutragen. Dabei ist eine Lösung erforderlich, die für alle am Konflikt beteiligten Personen befriedigend ist.

Gerade die Familie und der Kindergarten eignen sich beispielsweise hervorragend zum Übungsfeld friedlicher Konfliktbewältigung: Konflikten wird nicht ausgewichen, sie werden auch nicht umgangen oder verschleiert; sie werden auch nicht nur von bestimmten Personen – zum Beispiel von der Erzieherin oder der Mutter selbst – sondern von allen miteinander gelöst; sie werden auch nicht durch Macht und Kampf, sondern durch ‚Übereinstimmung' bewältigt: Probleme und Konflikte werden zur Sprache gebracht und deren Lösung in gleichbereichtigter Atmosphäre gemeinsam erarbeitet.

- **Entfaltung des schöpferischen Denkens**

Im besonderen ist damit die Erziehung zu Ideen und Einfällen gemeint, die zu neuen und originellen Problemlösungen führen, die für das Individuum, für die Gruppe oder für die Gesellschaft eine Bereicherung darstellen können.

Hierzu bietet vor allem der Kindergarten mit seinen vielfältigen Angeboten viele Möglichkeiten.

★ Es sei davor gewarnt, allgemeine „Rezepte" zu entwerfen, wie man in der Familie oder im Kindergarten das Erziehungsziel der pädagogischen Mündigkeit erreichen könnte. Die aufgezeigten Möglichkeiten sind nur als +Leitlinien' zu verstehen, die es im jeweiligen Einzelfall und in der jeweiligen erzieherischen Situation unterschiedlich umzusetzen gilt.

11 Erziehung außerhalb Familie und Schule

11.1 Ausgewählte Aspekte des Kinder- und Jugendhilfegesetzes (KJHG)

Das Kinder- und Jugendhilfegesetz (KJHG) vom 26. Juni 1990 löste das aus dem Jahr 1922 stammende Jugendwohlfahrtsgesetz (JWG) ab. Dies führte zu einer Reihe von Veränderungen, beispielsweise wurden die „Freiwillige Erziehungshilfe" und die „Fürsorgeerziehung" abgeschafft, es wird auf Eingriffsmaßnahmen in die elterliche Erziehungsverantwortung verzichtet.

- „Jeder junge Mensch hat ein Recht auf Förderung seiner Entwicklung und auf Erziehung zu einer eigenverantwortlichen und gemeinschaftsfähigen Persönlichkeit." (§ 1 Abs. 1 KJHG)

  Nach dem KJHG haben nun neben den deutschen auch ausländische junge Menschen in der Bundesrepublik Deutschland einen Erziehungsanspruch, wenn sie noch keine 27 Jahre alt sind (nach § 7 Abs. 1 KJHG zählt jeder zu den jungen Menschen, der noch keine 27 Jahre ist). Erziehungsziel ist die eigenverantwortliche und gemeinschaftsfähige Persönlichkeit; zusätzlich räumt dieser Paragraph ein Recht auf Förderung der Entwicklung ein (beispielsweise die Förderung geistiger, emotionaler Fähigkeiten).

- „Bei der Ausgestaltung der Leistung und der Erfüllung der Aufgaben sind ... 3. die unterschiedlichen Lebenslagen von Mädchen und Jungen zu berücksichtigen, Benachteiligungen abzubauen und die Gleichberechtigung von Jungen und Mädchen zu fördern." (§ 9 Abs. 3 KJHG)

  Leistungen nach dem KJHG sollen so gestaltet sein, daß sie die Chancengleichheit von Jungen und Mädchen fördern. Ebenfalls enthält dieser Paragraph den die Jugendhilfe bestimmenden Grundsatz der Individualisierung von Hilfe.

- (1) „Kinder und Jugendliche sind entsprechend ihrem Entwicklungsstand an allen sie betreffenden Entscheidungen der öffentlichen Jugendhilfe zu beteiligen. ...

  (2) Kinder und Jugendliche haben das Recht, sich in allen Angelegenheiten der Erziehung und Entwicklung an das Jugendamt zu wenden.

  (3) Kinder und Jugendliche können ohne Kenntnis des Personensorgeberechtigten beraten werden, wenn die Beratung aufgrund einer Not- und Konfliktlage erforderlich ist und solange durch die Mitteilung an den Personensorgeberechtigten der Beratungszweck vereitelt würde (§ 8 Abs. 1,2,3 KJHG)

  „Die Träger der öffentlichen Jugendhilfe haben mit anderen Stellen und öffentlichen Einrichtungen, deren Tätigkeit sich auf die Lebenssituation junger Menschen und ihrer Familien auswirkt, insbesondere mit

  1. Schulen und Stellen der Schulverwaltung,
  2. Einrichtungen und Stellen der beruflichen Aus- und Weiterbildung,
  3. Einrichtungen und Stellen des öffentlichen Gesundheitsdienstes und sonstigen Einrichtungen des Gesundheitsdienstes,
  4. den Stellen der Bundesanstalt für Arbeit,
  5. den Trägern anderer Sozialleistungen,

6. der Gewerbeaufsicht,
7. den Polizei- und Ordnungsbehörden und
8. Einrichtungen der Ausbildung für Fachkräfte, der Weiterbildung und der Forschung

im Rahmen ihrer Aufgaben und Befugnisse zusammenzuarbeiten." (§ 81 KJHG)

Minderjährige sollen an den Entscheidungen der öffentlichen Jugendhilfe mitbeteiligt werden, sie sollen also nicht Objekte, sondern Subjekte sein. Probleme und Anliegen der Minderjährigen sollen von den zuständigen Stellen ernst genommen werden. § 81 KJHG verpflichtet die Träger der öffentlichen Jugendhilfe, mit den unter Nummer 1 bis 8 aufgezählten Stellen zusammenzuarbeiten.

- (1) Jungen Menschen und Erziehungsberechtigten sollen Angebote des erzieherischen Kinder- und Jugendschutzes gemacht werden.

  (2) Die Maßnahmen sollen
  1. junge Menschen befähigen, sich vor gefährdenden Einflüssen zu schützen, und sie zu Kritikfähigkeit, Entscheidungsfähigkeit und Eigenverantwortlichkeit sowie zur Verantwortung gegenüber ihren Mitmenschen führen,
  2. Eltern und andere Erziehungsberechtigte besser befähigen, Kinder und Jugendliche vor gefährdenden Einflüssen zu schützen." (§14 KJHG)

Jugendschutz ist in die zwei Handlungsfelder des **gesetzlichen** und des **erzieherischen Jugendschutzes** eingeteilt. Der gesetzliche Jugendschutz stützt sich auf folgende drei Jugendschutzgesetze:
– Gesetz zum Schutz der Jugend in der Öffentlichkeit (JÖSchG)
– Gesetz über die Verbreitung jugendgefährdender Schriften (GjS)
– Gesetz zum Schutz der arbeitenden Jugend (JArbSchG)

Verstöße gegen diese Gesetze sind kontrollierbar und können von den Ordnungsbehörden bestraft werden. Der erzieherische Jugendschutz will bei Jugendlichen die eigenen Fähigkeiten, ihre Handlungskompetenz und ihr Selbstwertgefühl stärken. Durch den § 14 KJHG wird der erzieherische Kinder- und Jugendschutz erstmals gesetzlicher Jugendschutz, da er einen eigenen Paragraphen im Jugendrecht hat. (vgl. Ute Saher, In: M.R. Textor, 1992)

erzieherischer Jugendschutz —wird durch das KJHG zum→ gesetzlichen Jugendschutz

- „Einem jungen Volljährigen soll Hilfe für die Persönlichkeitsentwicklung und zu einer eigenverantwortlichen Lebensführung gewährt werden, wenn und solange die Hilfe aufgrund der individuellen Situation des jungen Menschen notwendig ist. Die Hilfe wird in der Regel nur bis zur Vollendung des 21. Lebensjahres gewährt; in begründeten Einzelfällen soll sie für einen begrenzten Zeitraum darüber hinaus fortgesetzt werden." (§ 41 Abs. 1 KJHG)

Hilfeleistungen werden jungen Volljährigen solange gewährt, wie es wegen ihrer individuellen Situation notwendig ist. Voraussetzung für die Gewährung der Hilfe zur Erziehung ist die Gefährdung ihrer weiteren Entwicklung. Für junge Volljährige kommen die verschiedenen Formen der Erziehungshilfe (ohne sozialpädagogische Familienhilfe und ohne Erziehung in der Tagesgruppe) in Frage. Nach Beendigung der Hilfeleistungen sollen junge Volljährige weiter beraten und unterstützt werden.

Der jeweiligen Lebenssituation sind die Hilfeleistungen für junge Volljährige anzupassen.

11.2 Die Erziehungsberatung als Einrichtung der Jugendhilfe

Durch den § 28 KJHG wird Beratung in Fragen der Erziehung zu einer gesetzlichen Pflichtaufgabe.

> **„Erziehungsberatungsstellen und andere Beratungsdienste und -einrichtungen sollen Kinder, Jugendliche, Eltern und andere Erziehungsberechtigte bei der Klärung und Bewältigung individueller und familienbezogener Probleme und der zugrundeliegenden Faktoren, bei der Lösung von Erziehungsfragen sowie bei Trennung und Scheidung unterstützen. Dabei sollen Fachkräfte verschiedener Fachrichtungen zusammenwirken, die mit unterschiedlichen Ansätzen vertraut sind." (§ 28 KJHG)**

11.2.1 Der Begriff „Erziehungsberatung"

Beratung bedeutet nach Reiner Bastine (1982) eine wissenschaftlich fundierte Klärung und Beeinflussung individuellen menschlichen Verhaltens mit dem Ziel der Behandlung und Vorbeugung von Fehlentwicklungen. Der Übergang von der Beratung zur Therapie ist fließend, eine Trennung ist nicht möglich.

Nach dem KJHG hat die Beratung von jungen Menschen und Personensorgeberechtigten einen hohen Stellenwert; dies wird beispielsweise auch in den § 11 KJHG (Jugendarbeit), § 17 KJHG (Beratung in Fragen der Partnerschaft, Trennung und Scheidung), § 25 KJHG (Unterstützung selbstorganisierter Förderung von Kindern), § 51 KJHG (Beratung und Belehrung in Verfahren zur Annahme als Kind) oder § 53 KJHG (Beratung und Unterstützung von Pflegern und Vormündern) deutlich. In der Bundesrepublik Deutschland gibt es etwa 1300 Erziehungs-, Jugend- und Familienberatungsstellen, wovon fast 200 in Bayern zu finden sind. Nach dem § 28 KJHG haben die Erziehungsberatungsstellen dabei folgende **Ziele**:

- die Klärung und Bewältigung von individuellen und familienbezogenen Problemen
- die Unterstützung von Kindern, Jugendlichen, Eltern und Erziehungsberechtigten bei der Lösung von Erziehungsfragen
- die Unterstützung der Betroffenen bei Trennung oder Scheidung

In den Beratungsstellen arbeiten Psychologen, Sozialpädagogen, Sozialarbeiter, Kinder- und Jugendtherapeuten, Logopäden[1] und Erzieher zusammen. Die Beratungsstellen arbeiten auch mit Ärzten zusammen, um medizinische Fragen abklären zu können, und sie haben Kontakte zu Juristen und Theologen, um rechtliche und theologische Probleme zu klären. In den Beratungsstellen müssen immer drei hauptberufliche, vollzeitbeschäftigte Fachkräfte beschäftigt sein (zum Beispiel ein Psychologe, ein Sozialpädagoge und ein Psychotherapeut). Diese Fachkräfte arbeiten in einem Team zusammen, tauschen untereinander Informationen aus, sind zu absoluter Verschwiegenheit nach außen verpflichtet.

Träger der Beratungsstellen können **freie Träger** (beispielsweise Caritas, Arbeiterwohlfahrt, Diakonisches Werk) und **öffentliche Träger** (beispielsweise Landkreise, kreisfreie Städte) sein. Die Beratungsstellen werden zum überwiegenden Teil aus

[1] Logopäde: Jemand, der Sprachstörungen behandelt

Steuergeldern finanziert, deshalb hat jeder Bürger das Recht, sich in Beratungsstellen in der Regel kostenlos beraten zu lassen.

Die Eltern wenden sich **freiwillig** an eine Beratungsstelle, um über ihre Probleme reden zu können; häufig jedoch geben Erzieherinnen, Lehrer, Kinderärzte usw. den Anstoß, daß die Eltern eine Beratungsstelle aufsuchen.

Themen der Beratungsarbeit sind Konfliktsituationen aller Art und Alltagsfragen wie
- schulische Probleme der Kinder (beispielsweise Lernstörungen, Kontaktprobleme, Schulversagen)
- Familienstreitigkeiten (beispielsweise Eheprobleme, Beziehungskonflikte, Partnerschaftsprobleme)
- Verhaltensänderungen der Kinder (beispielsweise Streunen, Ängste, körperliche Symptome, Aggressivität)
- Fehlentwicklungen (beispielsweise Stottern, depressive Verstimmungen, Bettnässen)
- Unsicherheit über die Entwicklung von Kleinkindern und Unsicherheit von Erziehungsberechtigten im Umgang mit Kindern (beispielsweise Entwicklungsverzögerungen)

Erziehungsberatung ist eine wissenschaftlich fundierte Form der Hilfe für Kinder, Jugendliche, junge Erwachsene und Eltern in Fragen der Erziehung mit dem Ziel der eigenen Bewältigung der Probleme.

Sie faßt diagnostische, beratende und therapeutische Leistungen eines institutionellen Dienstes zusammen (vgl. Wolfgang Gernert, 1993[4]).

11.2.2 Die Arbeitsweise einer Erziehungsberatungsstelle

Im folgenden werden die Ausgangslage, die Zielsetzung und die Angebote einer Beratungsstelle an einem Beispiel dargestellt (aus: Landesarbeitsgemeinschaft der Erziehungs-, Jugend- und Familienberatung Bayern e.V., o.J.)

Ausgangssituation/ Problemstellung	Ein Hauptschüler fällt auf durch aggressive Handlungen gegenüber Mitschülern und provozierendes Verhalten gegenüber Lehrern und Erziehern. Trotz guter Schulleistungen stört er den Unterricht derart, daß häufig keine Lernatmosphäre mehr möglich ist. Sexuell provozierendes Verhalten gegenüber Mädchen und ein vermuteter Diebstahl veranlassen Lehrer und Erzieher dazu, einen Schulausschluß – und damit eine Sonderschulüberweisung – in Erwägung zu ziehen.
Kontakt zur Beratungsstelle	Die Mutter wendet sich hilfesuchend an die Beratungsstelle.
Zielsetzung der Beratungsstelle	Nach eingehender Situationsanalyse unter Einbeziehung aller Betroffenen bestimmen folgende Ziele das Vorgehen der Beratungsstelle: – Integration des Schülers in die Klasse und Vermeidung von Sonderschul-Überweisung, – sozialtherapeutische Einzelfallhilfe, – Beraten der Lehrer und Erzieher zum bewußten Umgang mit Themen der Pubertät,

- Bewußtmachen von gruppendynamischen Vorgängen in der Klasse (wie Sündenbockrolle, Koalieren, informelle und formelle Verhaltennormen etc.),
- Aussprache mit den Eltern zum Thema Pubertät.

Angebote der Beratungsstelle

– Einzelgespräch mit dem Jugendlichen sowie der Mutter	Erkennen der Beweggründe seines Verhaltens und Unterstützung in seinem Wunsch, Anerkennung auf direkter Ebene zu finden.
– Familiengespräch	Erkennen der familiendynamischen Problematik, die dieses auffällige Verhalten mitverursacht.
– Gespräch mit den Pädagogen	Erkennen und Reflektieren der schulischen Sichtweise und der Lehrer-Erzieher-Schüler-Dynamik
– Teilnahme an Schulkonferenz	Diskussion über Notwendigkeit von Schulausschluß und alternative Hilfsmöglichkeiten. Angebot der Beratungsstelle zu verschiedenen Unterstützungsmöglichkeiten, bevor der letzte Schritt des Ausschlusses eingeleitet wird.
– sozialtherapeutische Einzelberatung	Ein männlicher Mitarbeiter der Beratungsstelle bietet dem Jugendlichen für 1/2 Jahr eine handwerklich-therapeutische Einzelbetreuung an.
– Fallbesprechung/ Supervision	In mehreren wöchentlichen Besprechungsstunden werden folgende Themen bearbeitet, zusammen mit dem Pädagogen-Team der Klasse: Pubertät – Sexualität – aggressives Verhalten – gruppendynamische Strukturen und Prozesse in der Klasse – Pädagogische Vorstellungen und Normen der Lehrer und Erzieher – Formen der Elterngespräche.
– Klassen-Beratung	Über einen Zeitraum von 8 Wochen hinweg erarbeiten 2 Mitarbeiter der Beratungsstelle einmal wöchentlich mit den Schülern und den Pädagogen die Kommunikationsstrukturen, die Jugendlichen- und Erwachsenen-Normen und Formen des offenen Konfliktgesprächs. Die Pädagogen werden durch diese beobachtende Teilnahme dazu ermutigt, neue sozialpädagogische Arbeitsmethoden in den erzieherischen Alltag mit einzubeziehen.
– Elternberatung	Die betroffene Mutter wird für einen Zeitraum begleitend beraten hinsichtlich ihrer Möglichkeiten, in der Familie und gegenüber der Schule mit dieser Problematik umzugehen.
– Elternabend	Da die Pubertäts- und Ablösungs-Thematik fast alle Eltern dieser Altersgruppe bewegt, wrden zu diesem Thema mehrere offene Elternabende angeboten. Dabi geht es neben der entwicklungspsychologischen Informationen auch darum, wie die einzelnen, meist alleinerziehenden Mütter ihrerseits mit dieser Krise der Jugendlichen, die auch eine Krise für die Familie und die Eltern in ihrer Rolle ist, besser zurechtkommen können.

11.2.3 Aufgaben einer Erziehungsberatungsstelle

Die Aufgaben von Erziehungsberatungsstellen sind, die Problemlagen der Betroffenen zu klären, Verhaltensauffälligkeiten zu beseitigen oder deren Entstehung zu verhindern. Nach Kreckl ist die **Beratung** dazu geeignet, bestehende Probleme zu lösen, **psychotherapeutische** oder **heilpädagogische Verfahren** verlangen eine bestimmte Dauer der Einflußnahme und eine systematische Beobachtung. (vgl. Fridolin Kreckl; in: D. Kreft/I. Mielenz, 1988[3])

Formen der Arbeit

Beratung	**Psychotherapeutische oder heilpädagogische Verfahren**
wie zum Beispiel • Einzelgespräche mit den Betroffenen • Elterngruppen • Freizeitgruppen	wie zum Beispiel • sozialtherapeutische Einzelberatung • Verhaltenstherapie • Gesprächstherapie • analytische Therapie

Drei Aufgabenbereiche einer Erziehungsberatungsstelle lassen sich zusammenfassen:

- **Klärung der Probleme**
- **Beratung und Behandlung bei Problemen**
- **Vorbeugung vor (weiteren) Konfliktsituationen**

Probleme klären	**beraten, behandeln, beurteilen**	**vorbeugen**
• Diagnostik, d. h. Anamnesen, psychosoziale Diagnose (PSD), testpsychologische Untersuchungen, Spielbeobachtungen, Verhaltensanalysen, projektive Verfahren • Klärung des Einsatzes, der fachlichen Zuordnung und Vermittlung von Hilfen	• Beratung, z.B. – informative Beratung – Kurzberatung – Intensivberatung • Gruppengespäche mit Familien, Kindern und Jugendlichen, dabei finden u.a. folgende Methoden Anwendung: – themenzentrierte interaktionelle Methode (TZI) – Rollenspiel – Psychodrama – Gestalttechniken • Behandlungen, dabei finden u. a. folgende Methoden Anwendung: – ekletische Spieltherapie – Gesprächspsychotherapie – Verhaltenstherapie – nondirektive Spieltherapie – analytische Kinder- und Jugendlichen-Therapie – Bewegungstherapie • Problembeurteilung	• Beratungsgruppen mit Fachkräften der Spezialdienste/Erziehern • Beteiligung an der Stadtteil-/Gemeinwesenarbeit • Kontaktbesuche bei Erziehern/Ärzten/ Institutionen • Seminare mit Eltern • Öffentlichkeitsarbeit (in Abstimmung mit Presseamt), z.B. Beratungsführer • Rückmeldung von Erfahrungen aus dem Tätigkeitsbereich, z. B. hinsichtlich Gefährdungsschwerpunkten an Verwaltung/Rat/überörtliche Institutionen

Quelle: H.-D. Spittler/F. Specht, 1986

11.2.4 Probleme und Grenzen der Arbeit einer Erziehungsberatungsstelle

Erziehungsberatungsstellen haben nach Kreckl folgende Probleme zu bewältigen:
- Oft kann nicht das ganze soziale Umfeld eines beispielsweise auffälligen Kindes in den Beratungsprozeß miteinbezogen werden.
- Es existieren viele therapeutische Verfahren, deren Hintergrund häufig nicht wissenschaftlich abgeklärt ist. Tätige in Beratungsstellen arbeiten oft nach ihrem persönlichen Wissen.
- Hauptsächlich Mittelschichteltern mit Schulproblemen ihrer Kinder nehmen Beratungsstellen in Anspruch. Es müßten vermehrt Problemfamilien an Beratungsstellen herangeführt werden, um möglichst bald Auffälligkeiten zu behandeln oder deren Entstehung ganz zu vermeiden (vgl. Fridolin Kreckl, in: D. Kreft/I. Mielenz,1988[3]).

An Erziehungsberatungsstellen wendet man sich freiwillig. Viele Menschen jedoch haben Angst, ihre Probleme offen anderen darzulegen. Dort liegt die Grenze der Arbeit einer Erziehungsberatungsstelle, weil sie nicht von sich aus tätig werden kann, sondern auf Freiwilligkeit der Mithilfe der Betroffenen angewiesen ist.

11.3 Verschiedene Formen menschlichen Zusammenlebens

Menschen leben immer in verschiedenen Organisationsformen zusammen wie zum Beispiel in der Familie, im Heim, im Kindergarten, in der Freundesgruppe, in der Schulklasse, in der Jugendgruppe, im Verein, in der Wohngemeinschaft, im Asylantenheim, im Alten- bzw. Seniorenheim usw. Im folgenden wird als Form menschlichen Zusammenlebens die Familie, zwei Formen alternativen Zusammenlebens (Wohngemeinschaften, Kibbuz) und als weitere Institution das Altenheim dargestellt. Zudem wird auf das Problem des Zusammenlebens von Menschen verschiedener Kulturen eingegangen.

11.3.1 Die Familie

Gegenüber der Großfamilie in der vorindustriellen Gesellschaft umfaßt die heutige **Klein- bzw. Kernfamilie** in der Regel zwei Generationen: die Eltern und ihr(e) Kind(er). Die Kernfamilie in ihrer heutigen Struktur weist folgende *Merkmale* auf:

- Zwei verheiratete Erwachsene leben mit eigenen, mit angenommenen Kindern bzw. Jugendlichen und/oder mit Kindern bzw. Jugendlichen ihrer Partner auf längere Dauer in einer Wohn-, Lebens- und Haushaltsgemeinschaft zusammen.

  ★ In der älteren Literatur findet man als Merkmal häufig die Blutsverwandtschaft zwischen den Mitgliedern. Doch dieses Merkmal ist nach Wolfgang Gernert (1993[4]) im Sinne der Jugendhilfe nicht mehr tragfähig.

- Die Erwachsenen haben das gemeinsame Ziel, die Kinder bzw. Jugendlichen zu erziehen, damit sie mit sich selbst und in ihrer Gesellschaft bzw. mit der kulturellen Lebensweise zurecht kommen.

- Die Positionen der Familienmitglieder richten sich nach festen, meist biologischen Merkmalen: Mann – Frau, Mutter – Vater – Kind(er), Tochter – Sohn, Bruder – Schwester.
- Zwischen den Mitgliedern findet eine intensive gegenseitige Beeinflussung, eine Interaktion, statt, die in der Regel zur Ausbildung eines Wir-Gefühls führt.
- Gegenseitige Verantwortung, Beständigkeit und Verläßlichkeit der sozialen Beziehungen sind wünschenswert und werden angestrebt.

Unter einer Familie verstehen wir eine Gemeinschaft von verheirateten Erwachsenen (= Eltern) mit Kindern bzw. Jugendlichen, die dort erzogen werden.

Nach dem KJHG kann heute wieder von einem Vorrang der Familie gegenüber staatlichen Einrichtungen gesprochen werden. Sie hat viele in unserer Gesellschaft unverzichtbare **Funktionen** zu erfüllen. Darin liegt die große Bedeutung der Familie für die Gesellschaft:

- Die **Geburt von Kindern und ihre Sozialisation:** Jede Gesellschaft hat Interesse an Nachwuchs, der erzogen wird, damit er „gesellschaftstüchtig" wird. Diesen Prozeß der Eingliederung in die Gesellschaft bzw. in eine ihrer Gruppen bezeichnen wir als Sozialisation.

Sozialisation ist der Prozeß der Eingliederung eines Individuums in die Gesellschaft bzw. in eine ihrer Gruppen.

- Die **Standortfindung:** Das Kind erhält durch die Familie einen bestimmten Platz in der Gesellschaft.

  So erhält das Kind beispielsweise eine Kirchenzugehörigkeit, die Mitgliedschaft in einem Verein oder einen bestimmten Beruf.

- Die **Haushalts- und Freizeitfunktion:** Im täglichen familialen Zusammenleben werden körperliche und psychische Bedürfnisse wie zum Beispiel nach Zuwendung, Wärme oder Anerkennung befriedigt. Zudem verbringen die Familienmitglieder überwiegend ihre Freizeit gemeinsam und feiern gemeinsame Feste (zum Beispiel Geburtstag).

  „Der Haushalt kann als Ort des Austausches bestimmter Leistungen gelten; hier konkretisiert sich Familiensinn, ist der Ort des Zusammenlebens, wird Freizeit überwiegend verbracht." (Wolfgang Gernert, 1993[4])

- Der **Spannungsausgleich:** Im Gegensatz zu Schule, Beruf und Öffentlichkeit bietet die Familie die Möglichkeit, Gefühle zu zeigen und auszuleben sowie sich selbst zu entfalten. Insofern kann sie ein Gegengewicht zum Leben außerhalb der Wohnung sein.

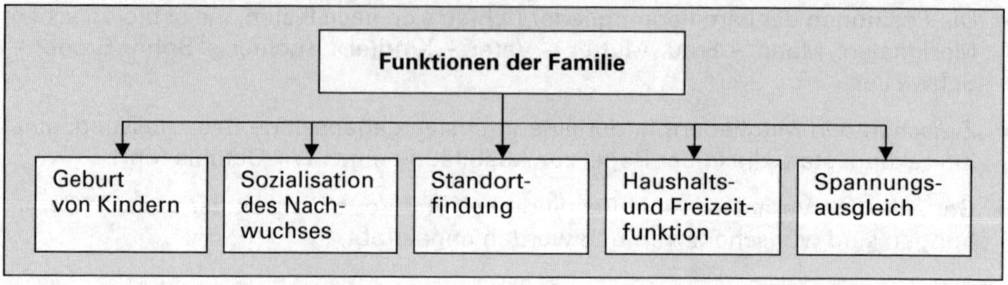

Gerade die intimeren und emotionaleren Beziehungen in der heutigen Kernfamilie machen sie für Konflikte und *Probleme* anfällig. Die meisten Probleme in der Familie ergeben sich aus dem *familialen Zusammenleben.* Hierzu zählen die **Autoritäts- und Generationskonflikte** sowie die **Ablösung** des Jugendlichen von seinen Eltern. Der zunehmende Wunsch nach Unabhängigkeit wird von vielen Eltern als Ablehnung mißverstanden. Der Prozeß der Ablösung ist deshalb für die meisten Eltern ein beunruhigendes und unangenehmes Ereignis. Zudem rufen die unterschiedlichen Ansichten und Verhaltensweisen wie Freundschaft mit Andersgeschlechtlichen, Ausgang, Leistung und dgl. oft Konflikte hervor. **Gestörte Beziehungen** in der Familie sowie ein **disharmonisches Familienklima** be- bzw. verhindern eine gesunde Entwicklung der heranwachsenden Kinder. Zerrüttete Verhältnisse und ständiger Streit erzeugen beim Kind innere Spannungen, die für es eine schwere emotionale Belastung darstellen können. Psychische Störungen sind dann oft eine unausweichliche Form der Spannungsentladung. Auch die **Trennung der Eltern** stellt ein großes Problem dar, die Kinder emotional oft nicht aufarbeiten können. Ebenso dramatisch können sich **außergewöhnliche Belastungen** durch Krankheit oder Tod eines Familienmitglieds sowie durch soziale und/oder wirtschaftliche Nöte auf das Familienleben auswirken.

Unvollständige Familien, das sind Familien mit nur einem Elternteil, können Probleme mit sich bringen. Gesellschaftliche Vorurteile können den alleinerziehenden Elternteil belasten, was sich auf das Kind auswirken kann. Ebenso ist sehr häufig die finanzielle Situation Alleinstehender ungünstig, so daß sie erwerbstätig sein müssen; Betreuungsprobleme können die Folge sein.

Ob die **Berufstätigkeit beider Elternteile** den Kindern schadet, kann nicht eindeutig geklärt werden. Belastend auf das familiale Zusammenleben und auf die Entwicklung des Kindes können sich mögliche Unzufriedenheit mit der Arbeit bzw. am Arbeitsplatz, Überforderung im Beruf, die berufliche Anspannung als solche, die Doppelrolle durch Beruf, Haushalt und Kindererziehung, die verringerten Zeit- und Energiereserven sowie der mögliche Verlust an Vorbildwirkungen auswirken (vgl. Helmwart Hierdeis, 1983[5]). Entscheidend ist weniger die Quantität, sondern die Qualität der Beziehungen zum Kind.

Ein Problem, das die Kernfamilie mit sich bringt, ist die **Überforderung des Kindes durch verfehlte Erwartungen.** Stellen Eltern zu hohe Erwartungen an ihre Kinder, so können sie diesen nicht mehr gerecht werden. Diese Überforderung kann zu Entwicklungsproblemen führen.

Das Nichtbestehen einer weiterführenden Schule zum Beispiel kann dazu führen, daß sich die Kinder als Versager fühlen und aufgrund der permanenten Überforderungen psychische Störungen entwickeln.

Gleichzeitig sind die Eltern von ihrem Kind enttäuscht, weil es ihren Erwartungen nicht nachkommt oder nicht nachkommen kann, was sich wiederum negativ auf die kindliche Entwicklung auswirken kann.

Probleme der heutigen Familie

können sich ergeben aus

- dem familialen Zusammenleben
- unvollständiger Familie
- Berufstätigkeit beider Elternteile
- verfehlten Erwartungen an das Kind

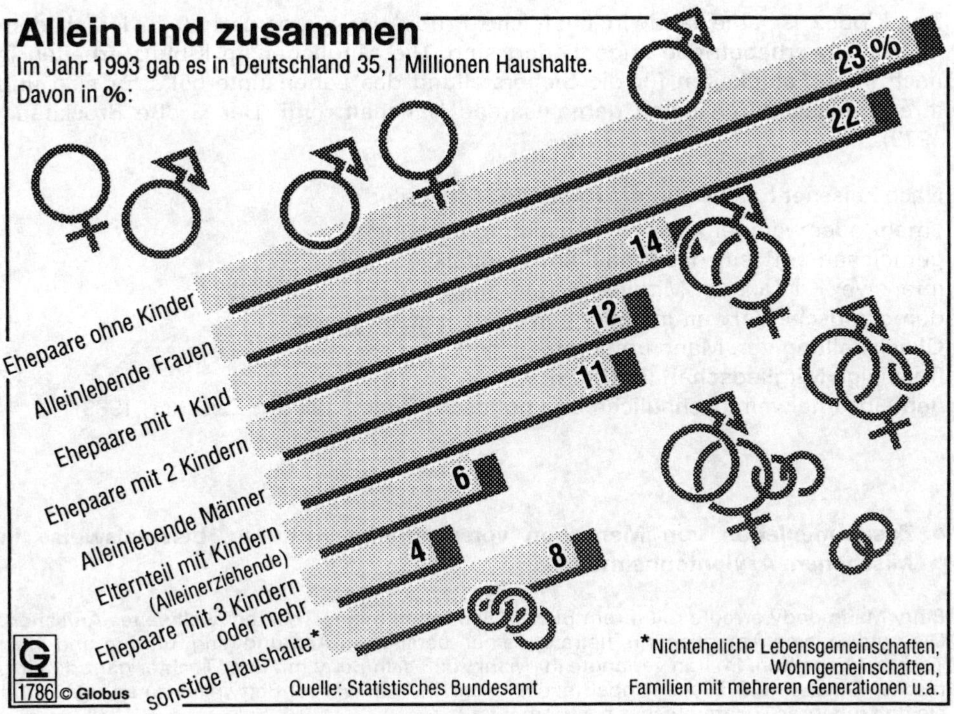

11.3.2 Weitere Formen des Zusammenlebens

Menschen leben jedoch auch in anderen Formen zusammen. Als „Alternative" zur Familie gibt es heute beispielsweise die Wohngemeinschaft und den Kibbuz. Als Form des Zusammenlebens von Menschen verschiedener Kulturen soll auf die Mischehe und das Asylantenheim eingegangen werden, als Institution des Zusammenlebens wird das Altenheim vorgestellt.

- **Alternatives Zusammenleben, beispielsweise Wohngemeinschaften, Kibbuz**

Wohngemeinschaften entstehen, wenn sich mehrere Kleinfamilien, verheiratete oder unverheiratete Paare, aber auch einzelne Personen zusammenschließen, um einen Haushalt gemeinsam zu führen, um sich gemeinsam die Kindererziehung aufzuteilen, um bestimmte Arbeiten gemeinsam zu erledigen und um sich Kosten zu sparen.

Wenn sich mehrere Menschen zusammenschließen, dann streben sie meist folgende Ziele an:
- bessere Lebensbedingungen für jedes Mitglied
- eine gute Kindererziehung
- viel Zusammenarbeit
- intensive Beziehungen
- Gemeinsamkeiten. (vgl. Gerhard Kappl, 1986)

Der **Kibbuz** ist eine landwirtschaftliche Produktionsgemeinschaft in Israel, dem häufig Gewerbebetriebe angegliedert sind. Die Mitglieder im Kibbuz arbeiten je nach ihren Fähigkeiten für die Sicherstellung des Lebensunterhalts für sich und ihre Familien durch einen gemeinsamen Haushalt. (vgl. Der Große Brockhaus, 1979)

Nach Zeissner hat ein **Kibbuz** folgende Merkmale:
„mehr oder weniger kollektive Erziehung der Kinder,
gemeinsamer Besitz des Produktionskapitals,
intensiver Kontakt der Mitglieder untereinander,
demokratische Verwaltung aller gemeinsamer Aufgaben,
Gleichstellung von Mann und Frau,
freiwillige Mitgliedschaft (Probezeit),
gemeinsame weltanschauliche und politische Ziele." (Georg Zeissner, 1983)

- **Zusammenleben von Menschen verschiedener Kulturen, beispielsweise in Mischehen, Asylantenheimem**

Betty Mahmoody erregte mit ihrem Buch „Nicht ohne meine Tochter" weltweites Aufsehen. Die Autorin, eine Amerikanerin, heiratete einen persischen Arzt und ging mit ihm und ihrer Tochter in den Iran. Im Iran verlangte ihr Mann, daß sich Betty mit ihrer Tochter ganz den iranischen Sitten und Bräuchen anpaßte; das Leben im Iran war für Betty nicht zu ertragen, und sie floh mit ihrer Tochter wieder nach Amerika.

Wenn Menschen aus verschiedenen Kulturkreisen eine **Mischehe** eingehen, dann kann dies zu Spannungen (beispielsweise eine andere religiöse Anschauung, fremdartige Sitten, Sprachprobleme usw.) führen. Überwinden die Partner einer Mischehe diese Schwierigkeiten, dann können aus Mischehen auch Vorteile (beispielsweise Abbau von Ausländerfeindlichkeit, Toleranz anderen Kulturen gegenüber, Zweisprachigkeit der Kinder) entstehen.

Unter einer **Mischehe** versteht man die Heirat zweier Menschen aus unterschiedlichen Kulturkreisen und/oder unterschiedlicher Konfession, obwohl beide Partner aus demselben Kulturkreis sind.

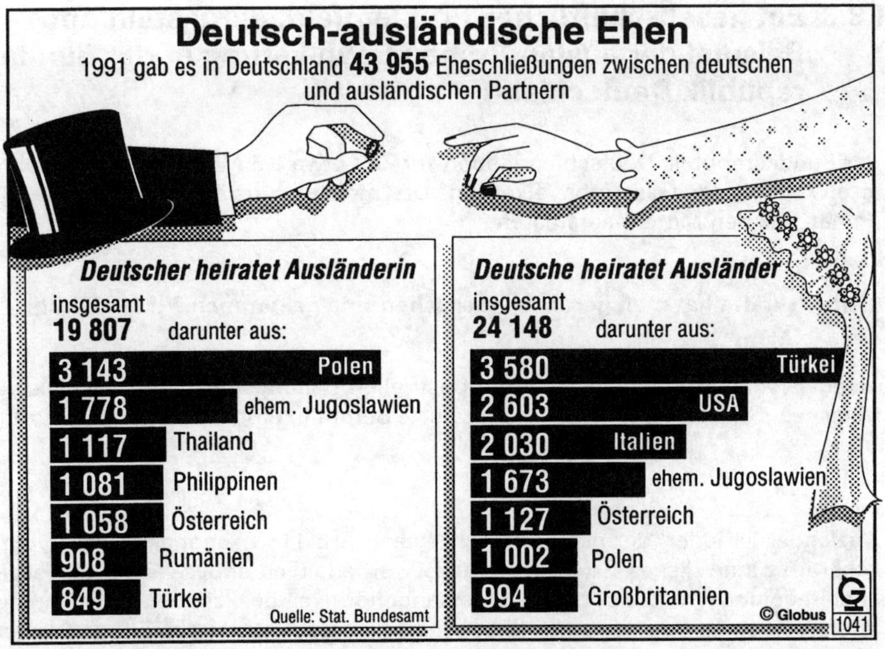

Unter Asylanten versteht man Menschen, die in ihrer Heimat wegen politischer, religiöser oder rassischer Gründe verfolgt wurden und die in einem anderen Land Zuflucht gefunden haben. Asylanten werden in **Asylantenheimen** untergebracht, in denen dann die unterschiedlichsten Kulturen aufeinandertreffen, was zu Spannungen und Problemen innerhalb der Heime führen kann. Diese Menschen können sich nicht aussuchen, mit wem sie zusammenwohnen möchten, sie werden den Asylantenheimen zugewiesen.

- **Zusammenleben in Institutionen, beispielsweise Altenheime**

1980 lebten von den über 65jährigen etwa 480 000 in 6 000 Heimen, das sind ca. 5 % der über 65jährigen Menschen. Die meisten älteren Menschen leben in „Normalwohnungen".

65jährige und ältere Menschen

Altenwohnheim (1 %)
- Wohnungen mit mindestens 40 qm Größe
- kombinierter oder getrennter Wohn-Schlafbereich
- altersgerechte sanitäre Einrichtungen
- Selbstversorgung der älteren Menschen

Altenheim (3 %)
- Einrichtung der stationären Altenhilfe
- keine Führung eines eigenen Haushalts mehr möglich
- Versorgung und Betreuung der älteren Menschen durch Personal

Altenpflegeheim (1 %)
- Versorgung kranker und pflegebedürftiger älterer Menschen
- häufig Mehrbettzimmer
- Pflege zur Verbesserung des körperlichen Zustands älterer Menschen

(vgl. Wolfgang Voges, 1991[3])

11.3.3 Ein gesellschaftliches Problemfeld, dargestellt am Beispiel der ausländischen Bevölkerung in der Bundesrepublik Deutschland

In der Bundesrepublik Deutschland leben zur Zeit etwa 6,5 Millionen Ausländer; das sind etwa 8 % der Gesamtbevölkerung. Die meisten Ausländer (ungefähr 75 %) stammen aus den Mittelmeerstaaten.

„Arbeitskräfte hat man gerufen – Menschen sind gekommen." (Max Frisch)

Ausländer wohnen hauptsächlich in industriellen Ballungsgebieten (beispielsweise in München, Stuttgart, Rhein/Ruhr, Hamburg, Berlin) in einer sanierungsbedürftigen Altstadt.

Ausländer ist jeder, der nicht Deutscher nach Art. 116 Grundgesetz ist. „Deutscher im Sinne dieses Grundgesetzes ist vorbehaltlich anderweitiger gesetzlicher Regelung, wer die deutsche Staatsangehörigkeit besitzt oder als Flüchtling oder Vertriebener deutscher Volkszugehörigkeit oder als dessen Ehegatte oder Abkömmling in dem Gebiete des Deutschen Reiches nach dem Stande vom 31. Dezember 1937 Aufnahme gefunden hat." (Art. 116 Abs. 1 GG)

Probleme der ausländischen Bevölkerung in Deutschland:
- Sprachprobleme
- andere Religionen, Bräuche und Sitten
- überproportionale Betroffenheit von Arbeitslosigkeit
- mangelnde Erziehungs- und Ausbildungsmöglichkeiten für Kinder und Jugendliche
- Isolation der Familie
- Zerbrechen der Familien (die Eltern kehren in ihr Heimatland zurück, mündige Kinder bleiben in Deutschland)
- zunehmende Ausländerfeindlichkeit

(vgl. F. Tiedt, in: D. Kreft/I. Mielenz, 1988[3])

Ähnlich gelagerte Probleme wie die ausländische Bevölkerung haben Aussiedler (1990 lebten 297 073 Aussiedler in Deutschland) und Asylanten (1990 lebten 193 063 Asylanten in Deutschland) in der Bundesrepublik Deutschland zu bewältigen.

Aussiedler sind in die Bundesrepublik Deutschland übergesiedelte deutschstämmige Personen, ihre nicht-deutschen Ehegatten und deren Kinder aus Ost- und Südosteuropa oder China.

Asylanten sind Menschen, die in ihrem Heimatland aus politischen, rassischen oder religiösen Gründen verfolgt wurden und in einem anderen Land Zuflucht gefunden haben. (vgl. Harenberg, 1991)

„Die Dänen sind geiziger als die Italiener. Die spanischen Frauen geben sich leichter der verbotenen Liebe hin als die deutschen. Alle Letten stehlen. Alle Bulgaren riechen schlecht. Rumänen sind tapferer als Franzosen. Russen unterschlagen Geld. Das ist alles nicht wahr – wird aber im nächsten Kriege gedruckt zu lesen sein." (Kurt Tucholsky)

11.3.4 Die Problembestimmung bei der Anwendung sozialpädagogischer Maßnahmen

Wo Menschen zusammenleben, tauchen Probleme auf. Welche sozialpädagogischen Maßnahmen angewandt werden, hängt von der genauen Problembestimmung ab: Probleme, die sich aus dem menschlichen Zusammenleben ergeben, können im **Inneren der Person,** in der **Umwelt des Menschen** und/oder in der **Beziehung zwischen Person und Umwelt** begründet liegen (vgl. C. B. Germain/ A. Gitterman, 1988[2]).

- **Probleme, die begründet liegen im Inneren der Person**

  Lokalisiert ein professioneller Helfer die Probleme eines Menschen im Inneren der Person, so wird er in der Regel individuelle therapeutische Maßnahmen ergreifen; er wird versuchen, einen inneren Wandel (beispielsweise durch das Bewußtmachen von Gefühlen und Einstellungen) zu erreichen.

- **Probleme, die begründet liegen in der Umwelt des Menschen**

  Werden die Ursachen der Probleme in der Umwelt des Menschen gefunden, dann wird der Sozialarbeiter Maßnahmen einleiten, die das Gemeinwesen betreffen, er wird eine äußere Veränderung anstreben mit dem Ziel, eine Veränderung in der Umwelt zu erreichen.

- **Probleme, die in der Beziehung zwischen Person und Umwelt liegen**

  Falls die Probleme in der Beziehung zwischen Umwelt und Person begründet liegen, dann werden Maßnahmen eingeleitet, die die Beziehung zwischen Person und Umwelt betreffen mit den Zielen, das Anpassungspotential des einzelnen zu stärken, und es wird versucht, die Umwelt aufgeschlossener zu machen.

Ein Beispiel von C. B. Germain/A. Gitterman (1988[2]) soll diese Problemstellung veranschaulichen:

Rickie, acht Jahre alt, weigert sich, die Schule zu besuchen. Die Schule droht ihm, daß er in eine Sonderschule versetzt wird.

- Wird Rickies Schulangst als Schulphobie definiert, dann geht man davon aus, daß es einen internen Krankheitsherd hat, der mit einer psychologischen Methode herausgeschnitten werden muß. Rickie würde wahrscheinlich von einem Therapeuten betreut werden, ohne daß auf die Schulverhältnisse, seine Familiensituation, Nachbarschaft usw. ausreichend eingegangen wird, die ebenfalls zu Rickies Problem beigetragen haben könnten.
- Rickies Problem könnte auch als Unterdrückung durch das Schulsystem definiert werden. Ein Sozialarbeiter könnte beispielsweise die Eltern der Schüler mobilisieren, um gegen Schulversetzungen vorzugehen.

- In Rickies Fall bieten sich, entsprechend den hervorspringenden und relevanten Faktoren, mehrere Eingangsstellen für eine effektive Hilfe an: 1) Das Problem kann in den internen Familienbeziehungen lokalisiert werden, so daß die Hilfe auf dieser Ebene einsetzen kann. 2) Das Problem kann in der Beziehung zwischen Familie und Schule lokalisiert werden, so daß die Hilfe dahin zu lenken sein wird, Barrieren in dieser Kommunikation aufzuheben und deren wechselseitige Aufeinanderbezogenheit zu steigern. 3) Die Furcht des Kindes, auf seinem Schulweg an den Bummlern und Asozialen oder aggressiven Teenagern des Viertels vorbeizugehen, kann als Quelle des Problems gesehen werden. In diesem Fall könnte man den Eltern helfen, sich wegen des Schulwegs mit anderen Eltern zusammenzutun oder sich an die Polizei zu wenden, um die Einrichtung einer Polizeistreife oder einer Buslinie im Schulbereich zu erreichen. 4) Außerdem könnte die soziale Struktur und das emotionale Klima in Rickies Klasse ein Grund sein. Der Sozialarbeiter und der Lehrer müßten dann Klassentreffen in Erwägung ziehen, so daß Lehrer und Kinder lernen, ihre Gefühle und Vorstellungen über ihre Erfahrungen miteinander zum Ausdruck zu bringen.

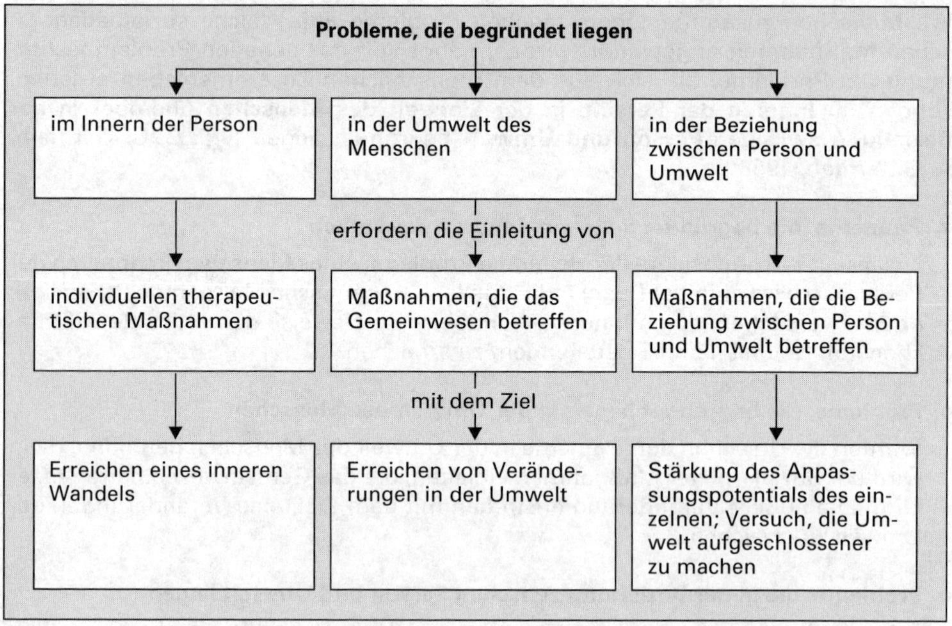

In der Praxis der sozialpädagogischen Arbeit stellt die genaue Problembestimmung ein entscheidendes Moment dar. Falls der Sozialarbeiter das Problem anders definiert als der Klient, dann können die eingeleiteten Maßnahmen nicht hilfreich sein.

Nach Germain/Gitterman werden in den meisten Fällen die Probleme in mehreren Bereichen zu finden sein. Der Sozialarbeiter muß dann versuchen, zu objektiven Daten zu kommen.

Es wird für den Sozialarbeiter jedoch meistens schwierig sein, die genauen Ursachen der Probleme voneinander abzugrenzen, und es muß berücksichtigt werden, daß ein Problem viele Ursachen haben kann, das heißt, Probleme sind häufig **multikausal.**

Ein Sozialarbeiter definiert Rickies Problem als Schulphobie. Jedoch geht Rickie deshalb nicht zur Schule, weil er von älteren Jungen geschlagen wird und er nicht darüber zu sprechen wagt. Folglich würde eine individuelle therapeutische Maßnahme nicht hilfreich sein.
Der Sozialarbeiter müßte beispielsweise Daten über Rickies Familiensituation, über seine aktuelle Lebenssituation, über seine Klassenkameraden usw. sammeln, diese Daten dann auswerten und erst dann zu einer genauen Problemdefinition kommen.

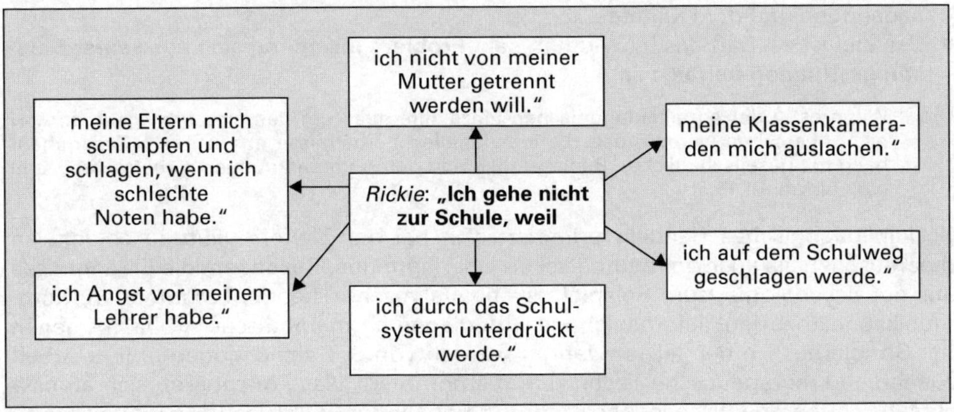

Aus obiger Darstellung wird zweierlei deutlich:
- Es wird schwierig sein, die genauen Ursachen der Probleme voneinander abzugrenzen;
- Ein Problem kann viele Ursachen haben; Probleme sind häufig **multikausal**.

11.4 Handlungskonzepte der Sozialpädagogik

Menschen, die Hilfe von Sozialpädagogen bzw. -arbeitern erhoffen, befinden sich in der Regel in einer außergewöhnlichen Belastungssituation. Die Sozialpädagogik kennt nun verschiedene Handlungskonzepte, um Menschen mit psychosozialen Problemen zu helfen.

11.4.1 Merkmale sozialpädagogischer Einzelhilfe

Der Begriff „Konzept" beinhaltet grundsätzlich, daß sozialpädagogisches Handeln in der Praxis **zielgerichtet** erfolgt. Jeder Sozialpädagoge muß sich deshalb fragen, wie er unter den gegebenen Praxisbedingungen seine Ziele erreichen kann. Diese Frage ist durch eine *geeignete Verfahrens- und Methodenwahl* zu beantworten. Ziel- und Methodenentscheidungen sind damit voneinander abhängig.

Ein Konzept ist „ein Handlungsmodell, in welchem die Ziele, die Inhalte, die Methoden und die Verfahren in einen sinnhaften Zusammenhang gebracht sind." (K.A.Geißler/M.Hege, 1991[5])

Handlungskonzepte können sich sowohl auf den einzelnen als auch auf die Gruppe (zum Beispiel das gruppendynamische Konzept oder das Konzept der Gruppenpädagogik) beziehen. Im folgenden geht es um Handlungskonzepte im Sinne der

Einzelhilfe. Eine solche sozialpädagogische Hilfe ist durch folgende **Merkmale** gekennzeichnet:

- Im Mittelpunkt steht das **Individuum mit seinen Problemen** und seiner außergewöhnlichen Belastung.
- Die Hilfe geschieht auf der **Grundlage wissenschaftlicher Erkenntnisse** vom Menschen und in der **effektiven Gestaltung der Beziehung** zwischen dem Sozialpädagogen und dem Klienten.
- Das Ziel ist es, daß das Individuum **sein Problem lösen** und sich **aus seiner Belastungssituation befreien** kann.

★ Wenn es in der sozialpädagogischen Einzelhilfe auch um den einzelnen geht, so darf nicht übersehen werden, daß die individuellen Verhältnisse nur in ihrem Zusammenhang mit gesellschaftlichen Bedingungen und deren Veränderungen zu betrachten sind (vgl. Abschnitt 11.5).

Sozialpädagogisches Handeln orientiert sich bei der Zielformulierung sowohl an theoretischen als auch an methodischen Überlegungen. Besonders die Erkenntnisse aus der Psychologie (zum Beispiel psychoanalytische Theorie, Lerntheorien, Kommunikationstheorien) liefern wichtige Grundlagen für methodische Arbeitsformen in der Sozialarbeit. In den letzten Jahren wurden von Sozialpädagogen in ihre Arbeit zunehmend therapeutische Techniken übernommen. Diese orientieren sich an psychologisch-therapeutischen Ansätzen und entstanden durch den Mangel an spezifisch sozialarbeiterischen Handlungskonzepten und das daneben vielfältige Angebot an psychologischen Therapiekonzepten.

In Abhängigkeit von zusätzlichen Qualifikationen einzelner Sozialarbeiter/-innen können nach Karlheinz A. Geißler und Marianne Hege (1991[5]) folgende Konzepte die Beratungsarbeit und Therapie im Sinne der Einzelhilfe[1] bestimmen:

- das psychoanalytisch orientierte Konzept
- das verhaltensorientierte Konzept
- das klientenorientierte Beratungskonzept
- das kommunikations-theoretisch orientierte Beratungskonzept

Im folgenden werden das **psychoanalytische** und **verhaltensorientierte Konzept** näher ausgeführt, da diese beiden die berufliche Praxis in der Sozialpädagogik/Sozialarbeit am nachhaltigsten beeinflußt haben.

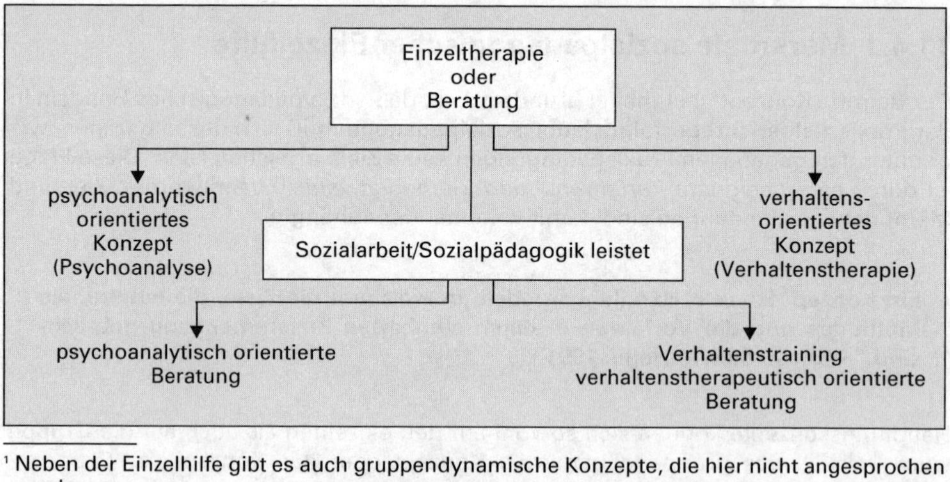

[1] Neben der Einzelhilfe gibt es auch gruppendynamische Konzepte, die hier nicht angesprochen werden.

Wissenschaftliche Grundlagen der Einzeltherapie oder -beratung bilden tiefenpsychologische bzw. lerntheoretische Theorien. Die Basis für die Anwendung dieser Theorien bilden jeweils völlig verschiedene Denkmodelle.

Wissenschaftliche Grundlagen von

psychoanalytischer Beratung	**Verhaltenstraining**
bilden ↓	bilden ↓
tiefenpsychologische Theorien wie die Psychoanalyse und die Individualpsychologie	**Lerntheorien** wie die Konditionierungstheorien und die sozial-kognitive Theorie

11.4.2 Das psychoanalytische Konzept

Ziel der Psychoanalyse ist die Klärung unbewußter Zusammenhänge und emotionale Auf- und Verarbeitung der bewußt gemachten Konflikte führt schließlich zur Veränderung der Beschwerden.

Da Sozialpädagogen keine psychoanalytisch orientierte Therapie durchführen, ist hier sinnvoller, von einem psychoanalytisch orientierten Beratungskonzept zu sprechen. Das **Beratungsziel ist dabei die Bewußtmachung und Aufarbeitung von verdrängten seelischen Konflikten.**

In der Einzelhilfe geht der Sozialarbeiter/-pädagoge zur Bearbeitung eines Problems mit seinem Klienten in der Regel nach folgenden Schritten vor:

- Analyse
- Planung
- Handlung
- Bewertung

1. Analyse

Die Analyse des Konfliktes liefert die für den Sozialarbeiter wichtigen Erkenntnisse für die Erforschung der unbewußten bedeutsamen Zusammenhänge. Zur Bildung eines ersten Eindrucks und Beurteilung der Erfolgsaussichten einer Zusammenarbeit stehen dem Sozialarbeiter zwei Vorgehensweisen zur Wahl: das psychoanalytische Erstinterview und eine tiefenpsychologische Anamnese.

- **Das psychoanalytische Erstinterview:**

Der Sozialarbeiter überläßt dem Klienten weitgehend die Aktivität, den Gesprächsverlauf zu bestimmen. Die vom Klienten angesprochenen Themen, die Art und Weise, wie er darüber spricht, bieten dem Sozialarbeiter eine Reihe von Anhaltspunkten.

Beispiele: Warum erwähnt der Klient nicht seine Eltern?
Warum beschreibt er ausschließlich die Gegenwart?

Ein besonderes Augenmerk gilt der *Wahrnehmung des bewußten Beziehungsgeschehens:* Welche Gefühle, Bilder löst der Klient in mir aus? Welche gegenseitigen Erwartungshaltungen liegen vor?

Die Rolle des Sozialarbeiters ist dabei die eines reflektierenden Mitspielers, nicht die eines außenstehenden Beobachters. Das psychoanalytische Erstinterview ist im Unterschied zur tiefenpsychologischen Anamnese keine lebensgeschichtliche Ursachenforschung, das Hauptinteresse des Sozialarbeiters liegt auf der **subjektiven und szenischen Bedeutung von Informationen**.

Wichtig ist zum Beispiel nicht das Ereignis an sich, sondern wie der Klient darüber spricht: heiter, traurig, erleichtert und dgl., in welcher Reihenfolge spricht er über die Ereignisse.

Ziel ist es, die bewußte und unbewußte Bedeutung der Ereignisse für den Klienten kennenzulernen. Dabei verhält sich der Sozialarbeiter **akzeptierend, zugewandt und freundlich**, um beim Klienten Angst- und Schamgefühle möglichst abzubauen.

Das Erstinterview ermittelt neben dem bewußten und unbewußten Beziehungsgeschehen die subjektive und szenische Bedeutung bestimmter Ereignisse für den Klienten.

• Die tiefenpsychologische Anamnese:

Mit Hilfe halbwegs strukturierter Fragen erstellt der Sozialarbeiter ein möglichst lückenloses Bild bedeutsamer lebensgeschichtlicher Faktoren des Klienten. Die dafür nötigen Informationen werden möglichst gründlich erhoben und durch gezieltes Nachfragen vervollständigt. Folgende Themenkomplexe werden erfaßt:

- Anlaß des Kommens
- Beschreibung der Beschwerden, des Symptoms
- Konflikte und Auffälligkeiten in der Persönlichkeitsstruktur (zum Beispiel orale, anale Probleme, aggressive sexuelle Verhaltensweisen)
- lebensgeschichtliche Daten
- Daten zur Familiensituation in der Herkunftsfamilie
- Partnerwahl
- eigene familiäre Situation
- schulischer, beruflicher Werdegang/besondere Probleme
- Gruppenzugehörigkeit
- Freizeitaktivitäten

Der Sozialarbeiter sieht sich hier in der Rolle eines unbeteiligten Beobachters, der die erhaltenen Informationen systematisch analysiert.

Die Anamnese liefert objektive Informationen über den persönlichen Lebenslauf des Klienten.

Der Sozialarbeiter analysiert die Ursachen für den psychischen Konflikt nach den abgewehrten Wünschen, den angewandten Abwehrmechanismen und der die Abwehrmechanismen auslösenden Angst. Der eigentliche Konflikt wird nun in Verbindung mit den gegenwärtigen Bezugspersonen, dem Sozialarbeiter und früheren Bezugspersonen gebracht.

Die Auswertung des Anamnesegesprächs durch den Sozialarbeiter besteht in der Formulierung von Annahmen über mögliche Ursachen für das Symptom bzw. Problem sowie über die Erklärung dieses Problems.

Ergänzende Daten zum Problem des Klienten können über Tests und Beobachtungen gewonnen werden. Die damit ermittelten Informationen dienen zur Überprüfung der durch den Sozialarbeiter aufgestellten Annahmen über mögliche Zusammenhänge zwischen dem Problem und dessen Ursachen. Anamnesedaten wiederum liefern Hinweise für die Interpretation der Testergebnisse.

Weitere Daten werden durch den analytischen Prozeß selbst gewonnen, in dessen Verlauf die unbewußten Anteile des Konfliktes analysiert und damit dem Bewußtsein zugänglich gemacht werden (= **Deutung**: siehe Durchführung der psychoanalytischen Beratung)

2. Planung

Vor Beginn der Beratung wird mit dem Klienten in einem sog. **Arbeitsbündnis** die Zeit, der Ort, die vorläufige Dauer festgelegt. Es geht hier aber nicht nur um die Festlegung materieller Rahmenbedingungen, sondern darüber hinaus um die Frage der Bereitschaft zur Mitarbeit eines Klienten trotz Kränkungen und Ängsten über einen längeren Zeitraum hinweg. Freud spricht von einem *Vertrag, der zwischen Analytiker und Patient* geschlossen wird:

– der Klient verspricht vollste Aufrichtigkeit
– der Analytiker versichert vollste Diskretion und bietet seine Erfahrungen an.

Ein für die Behandlung erfolgversprechendes Arbeitsbündnis läßt sich daran erkennen, daß der Klient durch die ausgewogene Reflexion über *sich selbst und über die Beziehung* zu wichtigen Bezugspersonen aus der Vergangenheit und Gegenwart zu für ihn wichtigen Einsichten gelangt.

Ein wichtiger Aspekt im Rahmen der Planungsaufgabe des Sozialarbeiters/-pädagogen ist die Berücksichtigung der Beratungsziele eines um Rat suchenden Klienten. Beratungsziele, welche Klienten formulieren, sind vom Berater ernstzunehmen, weil sie wichtige Hinweise für die Eignung und Bereitschaft zur Mitarbeit enthalten und damit Anhaltspunkte für eine Erfolgsprognose bieten. Nicht immer sind jedoch die Behandlungsziele der Klienten mit denen des Sozialarbeiters deckungsgleich.

Wer vom Ziel nicht weiß,
kann den Weg nicht haben,
wird im selben Kreis
all sein Leben traben:
kommt am Ende hin,
wo er hergerückt,
hat der Menge Sinn nur noch mehr zerstückt.

Christian Morgenstern

★ Anzumerken ist, daß in der Psychoanalyse das Ziel der Symptombeseitigung nicht ausdrücklich formuliert und angestrebt wird, sondern es ergibt sich als Gewinn der ausgeführten Analyse.

3. Handlung

Eine am klassischen psychoanalytischen Konzept orientierte Beratung schreitet von der Oberfläche in die Tiefe fort: Aktuelle Konflikte werden behoben, indem die unbewußten ursächlichen Zusammenhänge analysiert und damit dem Bewußtsein zugänglich gemacht sowie emotional aufgearbeitet und verarbeitet werden.

Der analytische Prozeß ist vergleichbar mit der Erkundung eines fremden Hauses. Schon beim ersten Blick von außen werden Vermutungen darüber angestellt, wie die Innenausstattung sein könnte. Jedoch nur der Weg durchs Innere liefert die Erkenntnis darüber, wie die Räume angeordnet, verteilt und eingerichtet sind und wie sie letztendlich genutzt werden.

Gegenstand der Analyse sind die aktuellen Erfahrungen, welche in der Krisensituation wirksam sind. Die Beratungssituation sollte so gestaltet werden, daß in der Beziehung zwischen Klient und Sozialarbeiter früher traumatisch[1] und konflikthaft erlebte Ereignisse mit wichtigen Bezugspersonen und die damals erlebten Gefühle, Phantasien und Abwehrhaltungen aktuell gemacht werden, um so früher gemachte Erfahrungen wieder beleben zu können. Diesen Tatbestand bezeichnet die Psychoanalyse mit **Übertragung.**

Übertragung meint die Wiederbelebung von früher traumatisch oder konflikthaft erlebten Ereignissen mit wichtigen Bezugspersonen und die damals erlebten Gefühle, Phantasien und Abwehrhaltungen in der Beziehung zwischen Sozialarbeiter und Klient.

Eine Übertragung ermöglicht dem Sozialarbeiter, die unbewußten Wünsche und Konflikte des Klienten unmittelbar zu beobachten.

Eine junge Klientin zum Beispiel, die ihr Therapeut zwei oder drei Minuten warten läßt, wird wütend und bricht in Tränen aus; sie redet sich ein, daß der Therapeut seiner Lieblingsklientin zusätzliche Zeit widmet. Bei der Reflexion wird deutlich, daß die in dieser Situation geäußerten Gefühle und Phantasien die Klientin an ihre Reaktionen als fünfjähriges Kind erinnern, wenn sie auf den Vater wartete, der ihr vor dem Einschlafen noch einen Gutenachtkuß geben sollte. Da jedoch immer zuerst die jüngere Schwester einen Gutenachtkuß bekam, mußte sie ein paar Minuten warten. Auch damals reagierte sie wütend, eifersüchtig und mit Tränen.

Das neurotische Erleben verringert sich, je mehr durch die Behandlung die *Auflösung der Übertragung* und damit die Verarbeitung dieses Konfliktes gelingt.

Aber auch der Sozialarbeiter ist nicht frei von unverarbeiteten ungelösten Konflikten und somit Übertragungsmöglichkeiten auf den Klienten. Dieser Vorgang wird als **Gegenübertragung** bezeichnet.

Gegenübertragung ist die unbewußte Reaktion des Sozialpädagogen auf die Übertragung seines Klienten: Durch die Kommunikation mit dem Klienten werden im Therapeuten Gefühle, Bilder und Phantasien aktiviert, die auf vergangene Bezugspersonen zurückzuführen sind.

Für den Behandlungserfolg ist nicht unwesentlich, ob der Sozialarbeiter die Gegenübertragung erkennt und wie er damit umgeht: wie gut ihm die Reflexion über die Entstehung und Auswirkung dieser Prozesse auf die Beratung gelingt.

---

[1] Unter einem Trauma versteht man ein oder mehrere für das Individuum schockierende Erlebnisse, die nicht bewältigt wurden (werden konnten) und sich deshalb anhaltend störend auf das seelische Gleichgewicht auswirken.

Der Analyse von Übertragungs- und Gegenübertragungsprozessen wird im klassischen psychoanalytischen Konzept ein hoher Stellenwert beigemessen, weil dadurch erst Einsichten, neue Beziehungserfahrungen und Verinnerlichungen möglich werden. Die bisherigen emotionalen Erfahrungen des Klienten werden durch das von den Eltern abweichende wohlwollende und völlig andere Verhalten des Sozialarbeiters korrigiert.

Durch die Übertragung früherer konflikthafter Erfahrungen auf den Sozialarbeiter hat dieser die Möglichkeit, Beziehungen im Hier und Jetzt zu analysieren, und kann dadurch beim Klienten aktuelles Beziehungslernen auslösen. Meist geschieht jedoch die Bearbeitung frühkindlicher Erfahrungen gegen einen erheblichen **Widerstand** von seiten des Klienten: Der Klient wehrt sich gegen das Aufdecken verdrängter Inhalte und Vorgänge, wie zum Beispiel gegen das Ansprechen und Anrühren von unverarbeiteten Problemen und Konflikten.

So zum Beispiel kann sich Widerstand äußern durch unangemessene Gefühlsausbrüche, eine abwehrende Körperhaltung, das Vermeiden bestimmter Themen, Zuspätkommen und dgl.

> **Widerstand ist Abneigung gegen die Bewußtmachung verdrängter psychischer Inhalte und Vorgänge.**

Auslöser des Widerstandes ist oft die Angst vor der Veränderung, deshalb liefert eine Analyse über die Art und das Ziel des Widerstandes sowie die Frage, warum der Klient Widerstand leistet, wichtige Hinweise für das weitere Vorgehen.

Zur Aufdeckung unbewußter psychischer Inhalte und Vorgänge bedient sich die Psychoanalyse vornehmlich dreier Verfahrensweisen: die **freie Assoziation,** die **Deutung** und die **Traumanalyse.**

Die freie Assoziation: Die Methode des freien Assoziierens dient dazu, Verdrängtes offenzulegen. Der Sozialarbeiter weist den Klienten an, seine Gedanken ohne zeitliche oder logische Ordnung zu äußern und seinen Gefühlen freien Lauf zu lassen. Der Klient liefert so das notwendige Material, das zur Entdeckung von Störungen analysiert werden kann. Der Sozialarbeiter achtet dabei in gleichem Maße auf den Fluß der Gedanken als auch auf Stockungen und Unterbrechungen.

> **Freies Assoziieren ist eine psychoanalytische Verfahrensweise, die darin besteht, daß der Klient seinen Gedanken ohne zeitliche oder logische Ordnung und seinen Gefühlen freien Lauf läßt.**

Die Deutung: Das Verfahren der Deutung meint die dem Klienten mitgeteilte Interpretation über unbewußte Sinnzusammenhänge und wird zur Klärung von Inhalten, Widerständen, Übertragungen und Träumen angewandt.

> **Eine Deutung ist die dem Klienten mitgeteilte Interpretation über unbewußte Sinnzusammenhänge.**

Der Klient gelangt dadurch zu Einsichten über die Entstehung des neurotischen Konflikts, von Symptomen und individuellen Charaktereigenschaften. Die im Verlauf des Durcharbeitens gewonnenen Einsichten tragen dazu bei, daß die neurotische Störung allmählich behoben wird.

Die Traumanalyse: Der in der Einzelfallhilfe tätige Sozialarbeiter wird Träume berücksichtigen, wenn die aufgezeigten Sachverhalte Aufschluß über die Gesamtbefindlichkeit der Person geben und wichtige Hinweise liefern für die schrittweise Annäherung an unbewußte Handlungsursachen und Sinnzusammenhänge. Der Klient berichtet den **manifesten Inhalt** seiner Träume, das heißt die Bilder und Vorgänge, an die er sich noch erinnert. Der Sozialarbeiter erschließt die **latenten Trauminhalte,** also die unbewußten Bedürfnisse, Ängste und Konflikte hinter diesen Traumbildern, indem der Klient frei darüber assoziiert, was ihm zu bestimmten Ereignissen oder Personen im Traum einfällt.

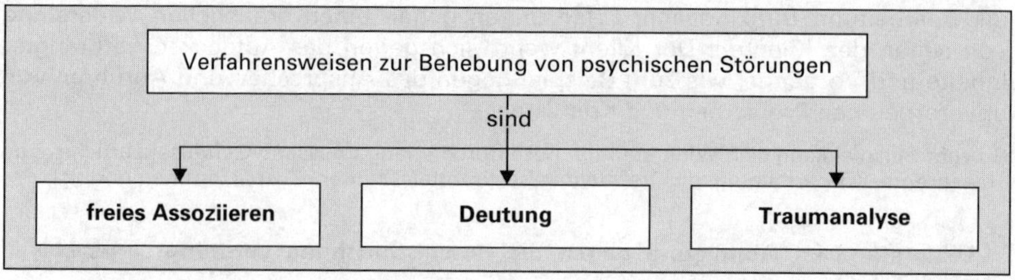

4. Bewertung

Die Frage ist nun, wann der analytische Prozeß als abgeschlossen gilt. Früher wurde eine Analyse weitgehend intuitiv beendet, heutzutage gilt als wichtiges Kriterium, daß der Klient als Ziel die Fähigkeit zur Selbstanalyse erreicht hat, das heißt, er kann über aktuelle innere Prozesse reflektieren und hat die analytische Haltung und entsprechende Vorgehensweisen ausreichend verinnerlicht.

★ Ein Vorwurf gegen die Behandlungspraxis, der den Analytikern und damit auch analytisch orientierten Sozialarbeitern von seiten der Verhaltenstherapeuten auch heute noch gemacht wird, ist, daß Praktiker sich nach wie vor weigern, die Effektivität ihrer Therapie auszuweisen. Mögliche Methoden für eine Verlaufsuntersuchung könnten zum Beispiel die Auswertung von Behandlungsnotizen oder Tonbandaufzeichnungen sein. Aber auch damit wäre wohl kaum eine objektive Erfolgseinschätzung gewährleistet, da etwa eine ungenaue Beschreibung des analytischen Vorgehens oder der Einfluß der Persönlichkeit des Sozialarbeiters/-pädagogen in die Beurteilung einfließen.

Zum anderen wird der psychoanalytischen Therapie häufig der Vorwurf gemacht, daß sie sehr zeitintensiv sei: Die Behandlungsdauer erstreckt sich gegenüber anderen Therapieverfahren oft über mehrere Jahre.

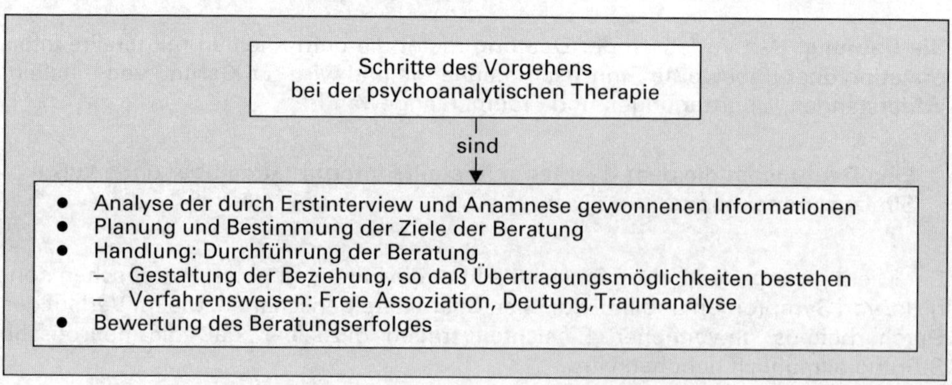

11.4.3 Das verhaltensorientierte Konzept

Wissenschaftliche Grundlage des verhaltensorientierten Konzepts bilden die **Lerntheorien.** Dabei geht es im Gegensatz zur Psychoanalyse nicht um die Veränderung innerpsychischer Ursachen und der Gesamtpersönlichkeit; Gegenstand therapeutischer Veränderungsversuche ist hier das **problematische Verhalten selbst.**

„Das Symptom (= das unangepaßte Verhalten) ist die Neurose!"

Die Verhaltenstherapie geht von der Grundannahme aus, daß *alles Verhalten* – auch das unangepaßte, die Störung – *erlernt ist und wieder verlernt werden kann.* Das therapeutische Ziel ist demnach der **Abbau unerwünschten Verhaltens** – der psychischen Störung – und der **Aufbau erwünschten Verhaltens durch gezielte Lernhilfen.**

In der Einzelhilfe geht der Sozialarbeiter/-pädagoge zur Bearbeitung eines Problems mit seinem Klienten in der Regel nach folgenden Schritten vor:

- Analyse
- Planung
- Handlung
- Bewertung

Für eine genaue Verhaltensanalyse sowie erfolgreiche Planung, Durchführung und Bewertung eines Verhaltenstrainings ist die Klärung einer Reihe von Fragen unerläßlich:

- Welche problematischen Verhaltensweisen liegen vor?
- Welche Bedingungen sind für den Erwerb und die Aufrechterhaltung des Problemverhaltens verantwortlich?
- Welche Ziele sollen durch das Training erreicht werden?
- Auf welche Art und Weise sind die angestrebten Veränderungen bei einer Person am besten zu erreichen?
- Wie läßt sich der Erfolg bzw. Mißerfolg eines Verhaltenstrainings beurteilen?

1. Analyse

Ziel ist hier eine möglichst *präzise Erfassung und Beschreibung des problematischen Verhaltens* mit anschließender Analyse der gewonnenen Informationen. Deshalb wird das Problem auch auf verschiedenen **Ebenen** beschrieben:

- **Verhaltensebene**

  Der Sozialarbeiter beschreibt Verhaltensmerkmale des Klienten, erfaßt die Häufigkeit und Intensität des Problemverhaltens.

  Es wird detailliert angegeben, was Person X tut, zum Beispiel, sie vermeidet unangenehme Situationen, wendet den Blick ab, und dgl.

- **Kognitive Ebene**

  Hierbei geht es darum, was in der Person vorgeht. Dabei sind folgende Fragen zu klären:
  - Wie erlebt Person X die Situation?
  - Was denkt sie?
  - Was äußert sie über ihre Beschwerden?
  - Welche Erwartungen und Befürchtungen sind aktuell?

- **Physiologische Ebene**

  Erfaßt wird, wie der Klient in spezifischen Situationen körperlich reagiert.

  So kann er zum Beispiel Schweißausbrüche zeigen, Erröten, Zittern, Stottern oder erhöhten Pulsschlag haben.

★ Bei der Verhaltensbeschreibung sind pauschale Begriffe, wie zum Beispiel Ängstlichkeit, schwaches Ich, zu vermeiden, weil diese viel zu allgemein und individuell interpretierbar sind.

Mögliche Verfahren zur Informationsgewinnung sind das Interview, die Befragung von Bezugspersonen wie zum Beispiel Eltern, Lehrer, die Fremd- und Selbstbeobachtung (beispielsweise Tagebuch oder Strichliste führen), verschiedene Tests und das Rollenspiel.

Die Analyse der gewonnenen Informationen erfolgt nach den Prinzipien der **Lerntheorien.** Die Kenntnis situativer Bedingungen und von Häufigkeiten, mit der das problematische Verhalten auftritt, zum Beispiel in der Familie, im Kindergarten, in der Schule, im Beruf, in der Freizeit, ist eine wichtige Grundlage dafür, welche Verhaltensweisen durch das Training verändert werden sollten.

Häufige, von Klienten genannte **Probleme** sind:

- daß bestimmte Verhaltensweisen *zu häufig oder in Situationen auftreten, in denen sie nicht adäquat sind,* zum Beispiel starke Angstreaktionen und Aggressionen.

  Für die Klärung der Bedingungen ist die Beantwortung folgender Fragen notwendig:

  – Wie häufig treten diese Verhaltensweisen auf?

  Die Mutter eines aggressiven Kindes zum Beispiel führt eine Strichliste, wie häufig pro Tag und über einen Zeitraum von einer Woche aggressive Verhaltensweisen auftreten.

  – Welches sind die auslösenden Reizbedingungen (Situationen) für das zu häufig auftretende Verhalten?

  Die Mutter fordert, daß das Zimmer aufgeräumt wird, sie schimpft, nörgelt und droht schließlich. Das Kind weigert sich, der Forderung nachzukommen, es schreit in einem aggressiven Ton zurück, bis es vor Wut zu weinen beginnt.

- **Verhaltensdefizite:** das heißt, erwünschtes Verhalten tritt in entsprechenden Situationen zu selten auf.

  Mangel an alternativen sozialen Verhaltensweisen beispielsweise, um familiäre Konflikte angemessen zu lösen.

  Fragen:

  – In welchen Verhaltensbereichen bestehen für den Klienten Defizite?
  – Welche Situationen sind für das Nichtauftreten eines Verhaltens bestimmend?
  – Wird dieses Verhalten in anderen Situationen gezeigt?
  – Wodurch unterscheiden sich die Reizbedingungen dieser Situationen?
  – Wie reagiert die Umwelt auf das Ausbleiben des gewünschten Verhaltens?

Die Analyse der Bedingungen, welche das Problemverhalten aufrechterhalten, kann immer nur vorläufig sein, gegebenenfalls sind notwendige Änderungen vorzunehmen.

2. Planung

Gemeinsam mit dem Klienten entwickelt der Sozialarbeiter mögliche Schritte vom **Ist-Zustand** zum **Soll-Zustand** der angestrebten Veränderungen.

Für ein Verhaltenstraining werden Ziele immer fallbezogen erarbeitet, das heißt, es gibt keine allgemein gültigen, abstrakten Zielvorstellungen. Deshalb können Trainingsziele nur aus der jeweiligen Problemanalyse gewonnen werden. Die Analyse selbst führt zwar der Sozialarbeiter durch, an der Klärung der Trainingsziele ist jedoch der Klient aktiv beteiligt. Dies ist wichtig, da die Motivation des Klienten bestimmte Ziele anzustreben, einen entscheidenden Einfluß auf den Trainingsverlauf hat.

Der Sozialarbeiter muß sich jedoch bewußt sein, daß in die Zielformulierungen immer Normen und Werte von Bezugsgruppen des Klienten einfließen. Deshalb ist eine Analyse der sozialen Rahmenbedingungen unumgänglich.

Die angestrebten Veränderungen können sich grundsätzlich auf zweierlei beziehen: zum einen auf *direkte Veränderungen im Verhalten des Klienten* und zum anderen auf *Veränderungen in der Umwelt des Klienten,* welche eine positive Auswirkung auf das Verhalten des Klienten versprechen.

Ein leistungsschwaches Schulkind zum Beispiel soll sein Lernverhalten verbessern. Hier handelt es sich um eine Veränderung im Verhalten des Klienten. Wenn dagegen die Eltern befähigt werden sollen, das Kind bei seinen Hausaufgaben effektiv zu unterstützen, so liegt eine Veränderung in der Umwelt des Klienten vor.

Bei der Wahl der therapeutischen Techniken geht es weniger um die Anwendung möglichst vielfältiger, sondern um die Entwicklung individuell abgestimmter Verfahrensweisen. Gefordert ist demnach eine strukturierte und kontrollierte Vorgehensweise nach den Prinzipien des Modellernens, der operanten oder klassischen Konditionierung.

Klient und Sozialarbeiter planen schließlich, wie Verhaltensänderungen in die gewünschte Richtung kontinuierlich zu erfassen sind, zum Beispiel durch Selbst- oder Fremdbeobachtung und Selbstaufzeichnungen.

3. Handlung

Bei der Durchführung des Verhaltenstrainings ist es nun die Aufgabe des Klienten, die in der therapeutischen Planung entwickelten Schritte der Verhaltensänderung in eigener Anstrengung praktisch umzusetzen. Um so wichtiger ist es, den Klienten regelmäßig und planvoll zu einer aktiven Mitarbeit zu motivieren.

Je nachdem, welche Lerntheorie zugrunde gelegt wird, ergeben sich verschiedene Techniken des verhaltensorientierten Konzeptes. Die wichtigsten Techniken des verhaltenstherapeutischen Konzeptes sind:

- nach der **klassischen Konditionierung:**

Aufbau von emotionalen Reaktionen und Verhaltensweisen	**Abbau von emotionalen Reaktionen und Verhaltensweisen**
durch ↓	durch ↓
• Koppelung des Reizes, der die gewünschten emotionalen Reaktionen bzw. Verhaltensweisen hervorrufen soll, mit einem Reiz, der diese Reaktionen bereits hervorruft; • mehrmalige Wiederholung der Koppelung von unbedingtem und neutralem Reiz • Zeitliches und räumliches Miteinander-Auftreten von unbedingtem und neutralem Reiz	• mehrmalige Darbietung des beding-Reizes ohne den unbedingten; • Gegenkonditionierung • Systematische Desensibilisierung • Reizüberflutung

Bei der **Reizüberflutung** geht der Therapeut im Vergleich zum systematischen Desensibilisieren den umgekehrten Weg. Auch hier werden üblicherweise Angsthierarchien erstellt. Man konfrontiert den Klienten jedoch gleich zu Beginn der Behandlung mit stark angstauslösenden Reizen und läßt ihn dabei die Erfahrung machen, daß seinen Befürchtungen unbegründet sind und nicht eintreten. Diese Vorgehensweise erscheint notwendig, wenn Phobiker bereits gering angstauslösende Situationen sofort meiden oder vor ihnen flüchten. Sie erleben daher in der Realität nie, wie unbegründet ihre Ängste sind.

Die Behandlung kann mit Hilfe einer gedanklichen Konfrontation mit den jeweiligen Angstreizen erfolgen oder indem der Klient ihnen in der Realität gegenübertritt.

Bei einer gedanklichen Konfrontation beschreibt der Therapeut dem Klienten stark beängstigende Situationen und drängt ihn, sich diese intensiv vorzustellen. Die einzelnen Situationen werden dabei bewußt übertrieben und ausführlich über einen gewissen Zeitraum (etwa eine Stunde oder sogar länger) geschildert. Im Verlauf dieser Schilderung steigt in der Regel die Angst des Klienten stark an. Wichtig ist dabei, die Beschreibung nicht abzubrechen, bevor der Klient den Höhepunkt seiner Furcht überschritten hat. Nur so kann er die entscheidende Erfahrung eines Absinkens seiner Angst machen. Gleichzeitig erfährt er ein Ausbleiben der von ihm befürchteten negativen Konsequenzen. Nach einer Reihe von Sitzungen können auf diese Weise Ängste erfolgreich beseitigt werden. Eine solche ausschließlich in der Vorstellung vorgenommene Darbietung stark angstauslösender Reize nennt man **Implosion.**

Unter Implosion versteht man die gedankliche Konfrontation eines Klienten mit stark angstauslösenden Reizen, bis es schließlich zu einer Abnahme der Angst kommt.

Der Therapeut fordert den Klienten auf, sich vorzustellen, wie zum Beispiel eine Schlange an ihm hochkriecht, sich in seine Hand verbeißt, das Blut zu tropfen beginnt, er wahnsinnige Schmerzen hat... Nach einem starken Angstanstieg erlebt der Klient allmählich ein Nachlassen der Furcht. Zusätzlich treten seine Befürchtungen, die er mit dieser Situation verbindet, während der Therapiesitzung nicht ein. So könnte der Klient zum Beispiel glauben, daß er bereits bei der Vorstellung einer Riesenschlange stark zittern und völlig unfähig sein werde, irgend eine Bewegung auszuführen. Tätsächlich aber stellt er fest, wie er dabei weder stark zittert noch bewegungsunfähig wird.

Es besteht jedoch auch die Möglichkeit, den Klienten in der Realität mit den angstauslösenden Reizen zu konfrontieren und ihn so die Erfahrung machen zu lassen, daß die erwarteten Konsequenzen nicht eintreten. Deshalb darf der Klient aus der angstbesetzten Situation auf keinen Fall fliehen. Klient und Therapeut vereinbaren vor dem Beginn der Therapie entsprechende Maßnahmen, die ergriffen werden, um dies zu verhindern. Sie können von verbalen Ermahnungen, sich nicht zu entfernen, bis hin zum körperlichen Festhalten reichen. Eine solche Konfrontation mit starken angstauslösenden Reizen in der Realität bezeichnet man als **flooding.**

Als flooding bezeichet man eine Reizüberflutung des Klienten mit stark angstauslösenden Reizen, die gewöhnlich in der Realität stattfindet[1].

Ein Mann, der Angst hat, über Brücken zu gehen, weil er befürchtet, diese würden einstürzen, muß immer wieder unter therapeutischer Anleitung sich lange auf Brücken aufhalten, bis sich die Erfahrung ihrer Ungefährlichkeit fest in ihm verankert und er die Angst vor ihnen verloren hat.

- nach der **operanten Konditionierung**:

Aufbau von erwünschtem Verhalten	**Abbau von unerwünschtem Verhalten**
durch	durch
• Schaffung von Motivation • Darbietung einer angenehmen Verhaltenskonsequenz • Beendigung bzw. Verhinderung einer unangenehmen Verhaltenskonsequenz • Verhaltensformung (shaping) • Verhaltensbeobachtung • Abwechslungsreichtum von Verstärkern • kontinuierliche und intermittierende Verstärkung • Übung und Wiederholung	• Nicht-Verstärkung des unerwünschten Verhaltens • differentielle Verstärkung • Darbietung einer unangenehmen Verhaltenskonsequenz • Beendigung eines angenehmen Zustandes bzw. Verwehren der Möglichkeit, einen solchen zu erreichen (Auszeit und Folgekosten)

Ein therapeutischer Einsatz von **Strafe** wird dort in Betracht gezogen, wo verhindert werden muß, daß sich der Klient durch sein eigenes Verhalten Schaden zufügt, und andere Verfahren bereits versagt haben. Ein solcher Einsatz sollte mit dem Klienten

[1] Flooding kann auch in der Vorstellung durchgeführt werden, man bevorzugt jedoch gewöhnlich die Konfrontation in der Realität. Die Implosion unterscheidet sich vom flooding durch zusätzliche theoretische Inhalte aus der Tiefenpsychologie.

abgesprochen werden. Die Strafe erweist sich dabei als wirksamer, wenn sie unmittelbar auf die unerwünschte Handlung folgt. Außerdem sollte die Strafe in Kombination mit der Verstärkung von erwünschtem Alternativverhalten erfolgen.

So konnten Psychologen zum Beispiel ein Kind therapieren, das sich innerhalb von einer Stunde etwa 2000mal selbst schlug, indem sie dieses Verhalten mit leichten Elektroschocks bestraften.

Auszeit und **Folgekosten** stellen zwei Formen von therapeutischer Strafanwendung dar. Beim Einsatz von Auszeit sollte der Klient wissen, daß sein unerwünschtes Verhalten eine Auszeit nach sich zieht. Diese muß unmittelbar auf das Fehlverhalten erfolgen und darf keine Reize bieten, die als Verstärker für den Klienten wirken könnten. Zeigt der Klient erwünschtes Verhalten, sollte dieses sofort verstärkt werden. Bei den Folgekosten soll es den Klienten möglich sein, den entzogenen Eintauschverstärker durch entsprechendes erwünschtes Verhalten wieder zu erwerben.

Der Einsatz von Folgekosten führte beispielsweise bei einer Reihe von Klienten zur starken Abnahme ihres Zigarettenkonsums. Für jede gerauchte Zigarette verloren die Klienten eine beträchtliche Geldsumme, konnten diese aber wiedererwerben, wenn sie eine bestimmte Zeit ohne zu rauchen ausgehalten hatten (vgl. Hans Reinecker; in: Deutsche Gesellschaft für Verhaltenstherapie, (Hg.), 1993[5]).

- nach der **sozial-kognitiven Lerntheorie:**

Aufbau von erwünschtem Verhalten	**Abbau von unerwünschtem Verhalten**
durch ↓	durch ↓
• Beobachtung motorischer, verbaler und emotionaler Reaktionen bei realen bzw. symbolischen Modellen • soziale Macht, Prestige, Ansehen, Glaubwürdigkeit, Attraktivität und Sympathie des Modells • Herstellen einer positiven emotionalen Beziehung zwischen Modell und Klient • Bekräftigung des gewünschten Verhaltens von Modell und Klient (externe und stellvertretende Bekräftigung, direkte und stellvertretende Selbstbekräftigung) • Schaffung bzw. Erhöhung von positiven Erwartungshaltungen (Ergebniserwartungen, Kompetenzerwartungen und Aussicht auf Selbstbekräftigung) • Verhaltensübung	• Beobachtung negativer Verhaltenskonsequenzen bei realen bzw. symbolischen Modellen • stellvertretende Löschung, zum Beispiel durch Beobachtung von angstfreiem Annäherungsverhalten

Ein wesentlicher Erfolg in der therapeutischen Behandlung von Menschen ist erreicht, wenn man deren *Kompetenzerwartungen erhöhen* kann. Dies läßt sich neben stellvertretenden Erfahrungen bzw. Beobachtung von Modellen und eigenen Erfolgen des Klienten durch den **Abbau starker Emotionen** erreichen. Der Anblick eines angstauslösenden Objektes erzeugt starke emotionale Erregungen, wie zum

Beispiel Ängste und Panikgefühle. Aus einer Reihe von Erfahrungen wissen Menschen, daß sie in solchen Spannungszuständen weniger Leistungsfähigkeit besitzen. Sie schätzen deshalb ihre eigenen Kompetenzen niedriger ein. Mit Hilfe von geeignetem Entspannungstraining gelingt in der Regel ein Reduzieren des hohen Erregungspotentials.

Erzielen Klienten im Laufe einer Therapie eigene Erfolge, so steigert dies ebenfalls ihre Kompetenzerwartungen. Das Einteilen der erwünschten Verhaltensweisen in **einzelne, leichter erreichbare, zeitlich nahe Teilschritte** erscheint dafür sinnvoll. Solche Erfolge gilt es vor allem am Anfang der Therapie öfters zu ermöglichen.

Teilschritte können bei einem Menschen, der Angst vor Schlangen hat, beispielsweise sein:
- den Anblick eines Schlangenbildes ohne Furcht ertragen,
- furchtlos einen Film zunächst über ruhende, dann sich bewegende Schlangen sehen,
- eine real anwesende Schlange im Terrarium ohne Angst betrachten usw.

Erfolge lassen sich auch erzielen, wenn das Modellverhalten eine Verhaltensweise zeigt und man es den Klienten anschließend nachahmen läßt, wobei ihn der Therapeut unterstützt.

Der Therapeut fungiert als Modell und demonstriert dem Klienten, daß man, ohne weglaufen zu müssen, eine Schlange aus sicherer Entfernung betrachten kann. Anschließend übt der Klient bei gleichzeitiger Unterstützung des Therapeuten diese Verhaltensweise.

Diese Vorgehensweise wird als **teilnehmende Modellierung** bezeichnet; sie erzeugt höhere und stärkere Kompetenzerwartungen als die stellvertretenden Erfahrungen allein.

Unter teilnehmender Modellierung versteht man eine Kombination von beobachtbaren Modellhandlungen und ihr anschließendes Nachahmen durch den Beobachter.

4. Bewertung

Zu bewerten sind die durch das Verhaltenstraining erzielten Erfolge, um sie schrittweise stabilisieren zu können.

Veränderungen des Problemverhaltens in die erwünschte Richtung sind zum Beispiel durch Selbst- oder Fremdbeobachtung, Selbstaufzeichnungen usw. kontinuierlich zu erfassen, da diese sowohl dem Klienten als auch dem Sozialpädagogen eine wichtige Rückmeldung über die Effektivität der therapeutischen Bemühungen geben und gleichzeitig eine unmittelbare Verstärkung darstellen.

Neben der Erfassung solcher Anfangserfolge ist es für den Sozialpädagogen und Klienten aber auch wichtig, Stagnationen oder Rückschläge im Veränderungsprozeß möglichst frühzeitig zu erkennen, um nötigenfalls wirkungsvollere Maßnahmen einzuleiten. Eine Veränderungsmessung muß aber neben der individuellen Verhaltensänderung auch positive oder negative Auswirkungen auf das Umfeld des Klienten (zum Beispiel Ehepartner, Arbeitskollegen, Mitschüler usw.) erfassen.

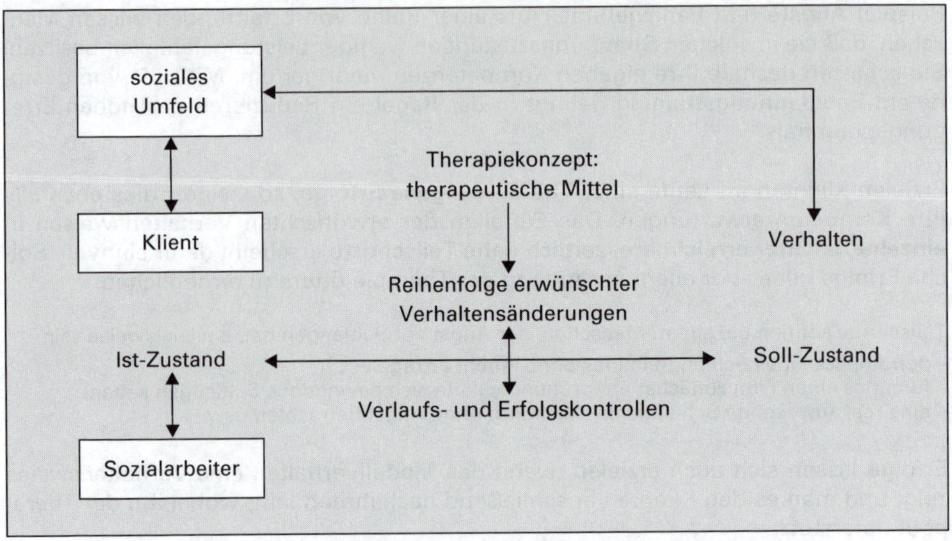

Nach Beendigung eines Trainings sollte in einem größeren zeitlichen Abstand eine Nachkontrolle stattfinden, um zu überprüfen, ob es gelungen ist, den Klienten und seine Umgebung zu befähigen, durch eigene Initiative künftige Schwierigkeiten sinnvoll zu bewältigen.

11.5 Der ökologische Ansatz in der Sozialarbeit/ Sozialpädagogik

Die Ökologie ist bestrebt, das wechselseitige Beziehungsverhältnis zwischen Lebewesen und ihrer Umwelt zu verstehen. Ihr zentrales Anliegen ist die Frage nach dem **Grad der Anpassung,** den die Arten von Lebewesen im Laufe ihrer Evolution und Individuen im Laufe ihrer Lebensspanne erreicht haben.

Die Menschen erhalten sich durch eine sinnvolle, ihren Bedürfnissen entsprechende Nutzung ihrer Umwelt; umgekehrt steigert diese Anpassung an die Umwelt ihre Vielfalt und lebenserhaltenden Eigenschaften.

Ökologie ist die „Lehre von den Beziehungen zwischen Organismen und Umwelten". (C.B.Germain/A.Gitterman, 1986)

Die Ökologie fordert die Sozialarbeit/Sozialpädagogik dazu auf, das Verhalten von Menschen in Umweltsituationen zu sehen und in seiner ganzen Breite zu erfassen, indem sie das Augenmerk auf die ständigen Austauschprozesse zwischen Menschen und ihrer Umwelt richtet.

11.5.1 Die Bedeutung ökologisch orientierter Sozialarbeit/ Sozialpädagogik

Sozialarbeit/Sozialpädagogik hat in ihrer bisherigen Praxis aktuelle Probleme einer Person relativ einseitig gesehen:

- Die Entstehung der Probleme wurde im „Innern" der Person angesiedelt, sie sind Ausdruck innerpsychischer Krankheit. Um den Klienten bei der Bewältigung seiner psychischen Schwierigkeiten zu unterstützen, ist die professionelle Hilfe in der Regel psychotherapeutisch ausgerichtet.

  Ein Grundschüler weigert sich, in die Schule zu gehen. Aufgrund seiner schlechten Leistungen droht die Schule den Eltern die Versetzung in die Sonderschule an. Das Problem des Schülers wird als Schulangst interpretiert. Unterstützungsleistungen zielen auf die Bewältigung der Angst ab. Der Schule und dem sozialen Umfeld, die eventuell auch zu diesem Problemverhalten beigetragen haben, wird kaum Aufmerksamkeit geschenkt.

- Als Auslöser für das Auftreten von Problemen wird die Umwelt verantwortlich gemacht. Mit Hilfe professioneller Unterstützung soll die Umwelt und damit das störende Verhalten geändert werden.

  Das vorher beschriebene Problem des Grundschülers würde unter diesem Blickwinkel als Folge eines unterdrückenden Schulsystems und einer negativen Schulpolitik gesehen. Der Sozialarbeiter mobilisiert zu seiner Unterstützung andere Eltern, deren Kinder diese Schule besuchen, um die angedrohte Überweisung in die Sonderschule zu verhindern. Den Gefühlen des Schülers und seiner Eltern wird dabei wenig Beachtung geschenkt, was praktisch bedeuten kann, daß der Schüler unter Umständen zu seinem Recht kommt, die Schule weiterhin besuchen zu können, an seinem Verhalten hat sich aber langfristig wenig geändert.

Die Bedeutung ökologisch orientierter Sozialarbeit/-pädagogik besteht darin, daß sie eine Verbindung zwischen den vorher beschriebenen Sichtweisen herstellen will. Probleme entstehen nach dieser Auffassung als **Folge fehlgelaufener Austauschprozesse zwischen Person und Umwelt.** Sozialpädagogische Unterstützung zielt demnach darauf ab, die *Anpassungsfähigkeit der Person zu stützen und die Umweltbedingungen zu verbessern.*

Im Zentrum ökologisch orientierter Sozialarbeit steht die Betrachtung der

Bewältigungsmuster der Person in einer problematischen Lebenssituation	**Bedingungen** der auf die Person einwirkenden Umwelt	**Austauschprozesse,** die zwischen der Person und ihrer Umwelt stattfinden

11.5.2 Grundlegende Annahmen und Begriffe eines ökologischen Modells: Das „Life Model"

Das **Life Model** oder auch Lebensvollzugsmodell genannt, wurde 1980 in den USA von *Carel B. Germain* und *Alex Gitterman* entwickelt. Es wurde von den Autoren als ein ökologisches Denkmodell für die Sozialarbeit/Sozialpädagogik gedacht.

Das Lebensvollzugsmodell verbindet die ökologische Sichtweise mit dem begrifflichen Rahmen aus einer Reihe unterschiedlicher Denkansätze und leitet daraus eine Methode für die Sozialarbeit ab.

Zum Verständnis des ökologischen Ansatzes wurden bestimmte Begriffe eingeführt, die im folgenden näher erläutert werden.

Der Mensch ist grundsätzlich eingebettet in zwei Ebenen von Umwelt, in die **materielle und die soziale Umwelt** (vgl. C.B.Germain/A.Gitterman, 1988[2]).

Wie in Kapitel 4.1.1 bereits ausgeführt, umfaßt die materielle Umwelt die *natürliche Welt und die vom Menschen geschaffene Welt.* Die natürliche Welt beinhaltet die Art der Landschaft, das Klima, die Ernährung, tages- und jahreszeitliche Rhythmen und dgl. Zu der vom Menschen geschaffenen bzw. veränderten Welt gehören Formen der Verständigung – zum Beispiel die Sprache –, Überzeugungen, Wert- und Normvorstellungen, Sitte und Brauchtum, Massenmedien, die Neuschaffung und Veränderung von Wohnverhältnissen, der Wohnbezirk, der Wohnraum und die Wohneinrichtung, Vermögensverhältnisse u.ä..

Die materielle Umwelt zum Beispiel wirkt auf den Menschen in der Form ein, daß diese in einem bestimmten städtischen oder ländlichen Raum leben, entsprechend abhängig sind von der Qualität des Wassers, der Luft und der Ernährung. Materielle Güter können durch Menschen in unterschiedlichem Maße genutzt werden, sozial unterstützende Einrichtungen sind räumlich erreichbar oder nicht.

Die soziale Umwelt umfaßt den *Menschen in seinen verschiedenen Organisationsformen und Beziehungen* wie beispielsweise in der Familie mit ihren Verhältnissen – etwa vollständige oder unvollständige Familie, Geschwisterkonstellation –, im Bekannten- und Freundeskreis, in bestimmten Einrichtungen – zum Beispiel im Kindergarten, im Jugendzentrum, in der Schule –, in der Gemeinde, im Stadtteil, in der Gesellschaft.

Menschliches Verhalten beispielsweise ist bezogen auf Familie, Nachbarschaft und Öffentlichkeit; andere Leute wiederum greifen mittelbar und unmittelbar in die eigene Lebensführung ein.

Die Menschen stehen immer in Beziehung zu ihrer Umwelt, in der sie leben; **Individuum und Umwelt beeinflussen sich wechselseitig, sie verändern sich gegenseitig:** Menschen beeinflussen ihre Lebensverhältnisse, indem sie sich an ihre Umwelt anpassen und Umweltbedingungen verändern; diese wirken ihrerseits wieder verändernd auf die menschlichen Lebensverhältnisse ein. Zudem erlebt jede Person ihre Lebensverhältnisse individuell und nimmt kognitiv eine Beurteilung vor, welche von der subjektiven Wahrnehmung abhängig ist.

Menschen passen sich ihrer Umwelt an, indem sie ihre Häuser entsprechend den klimatischen Bedingungen und der Bevölkerungsentwicklung bauen. Damit verändern sie gleichzeitig ihre Umwelt, indem sie eine massive Bauweise bevorzugen, Hochhäuser bauen und gute Verkehrsverbindungen schaffen. Diese Anpassungen und Veränderungen wirken dann wieder auf die Lebensverhältnisse der Menschen zurück in Form von schlechten Wohnbedingungen, Verkehrslärm, schlechter Luft usw. Jeder Mensch erlebt und beurteilt jedoch die Lebensqualität in den Großstädten qualitativ anders. Manche schätzen das vielfältige Angebot in den Städten, die Anonymität, andere leiden unter dieser Anonymität und der Flut an äußeren Reizen.

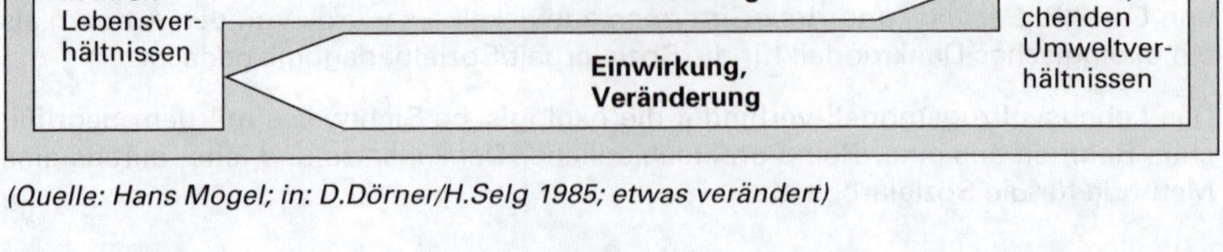

(Quelle: Hans Mogel; in: D.Dörner/H.Selg 1985; etwas verändert)

Dieser Prozeß ständiger wechselseitiger Beeinflussung wird als **Transaktion** bezeichnet. Solche Austauschprozesse bewirken aber nicht nur eine mögliche Veränderung der Person bzw. der Umwelt, zu berücksichtigen ist auch eine dadurch hervorgerufene Verhaltensänderung und veränderte Umweltwahrnehmung des Individuums.

Die immer schlechter werdenden Lebensverhältnisse in den Großstädten führen dazu, daß mehr und mehr Städter in ihrer Freizeit aufs Land fahren, um dort Natur und Ruhe zu erleben oder langfristig sogar anstreben, in einen Vorort der Großstadt umzusiedeln. Die Folge davon sind überfüllte Autobahnen, Menschenmassen in Naherholungsgebieten, Zerstörung der Natur und das allmähliche Zusammenwachsen von Vororten mit der Großstadt.

Mensch – Umwelt – Transaktionen

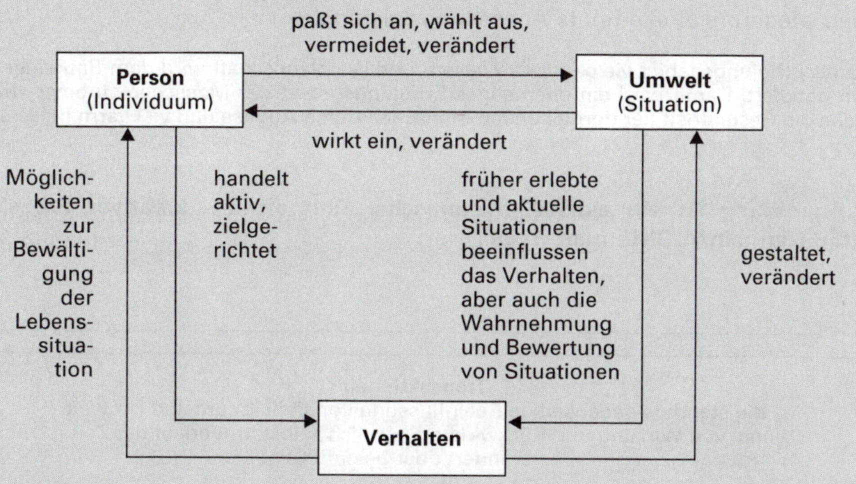

Das Verhalten ist somit das Resultat kontinuierlicher wechselseitiger Austauschprozesse zwischen dem Individuum und der Situation bzw. seiner Umwelt. Personen wählen bestimmte Situationen aktiv aus und vermeiden andere, durch ihr Verhalten verändern sie die Situation. Die Erfahrungen in früher erlebten und aktuellen Situationen nehmen Einfluß auf das Verhalten, auf die spätere Wahrnehmung und Beurteilung von Situationen und den Erwerb von Verhaltensstrategien (vgl. W.Nowack/ A.Abele; in: H. Walter/ R.Oerter, 1979)

Die Umgestaltung eines brach liegenden Geländes in eine weitläufige Parklandschaft ermöglicht vielen Menschen Spaziergänge in freier Natur. Die Bebauung des gleichen Geländes mit modernen Hochhäusern oder Parkplätzen bewirkt etwas ganz anderes.

Transaktion ist die ständige gegenseitige Beeinflussung von Individuum und Umwelt, im Sinne von Wirkung und Rückwirkung. Diese Austauschprozesse formen, verändern oder beeinflussen sich selbst im Verlauf der Zeit. (vgl. C.B. Germain/A. Gitterman, 1986)

Transaktionen können sowohl **anpassungsfördernd** als auch **anpassungsfeindlich** sein. Das Ergebnis dieses Wechselwirkungsprozesses ist ein positives oder negatives Person-Umwelt-Verhältnis.

Anpassungsfördernde Austauschbeziehungen begünstigen die Entwicklung der Menschen, ihr physisches und emotionales Wohlbefinden. Unterstützend tragen hierzu zum Beispiel soziale Organisationen, politische und ökonomische Maßnahmen bei.

Auf einem Gemeindegrundstück wird ein Baggersee geplant, da in der näheren Umgebung keine Bademöglichkeiten vorhanden sind. Dieses Naherholungsgebiet ermöglicht eine neue Freizeitgestaltung und wird zugleich zum Treffpunkt für viele Bürger, was sich auf das Wohlbefinden der Menschen positiv auswirkt.

Anpassungsfeindliche Transaktionen wirken beeinträchtigend auf die biologische, kognitive, emotionale und soziale Entwicklung des Menschen. Umwelten können durch sie zerstört werden. Solche ungünstigen Bedingungen erfordern von Menschen wiederum eine erhöhte Anpassungsleistung.

Eine als Erholungsgebiet vielgenutzte Wiesen- und Waldlandschaft wird dem Bau einer Autobahn geopfert. Damit wird ein ehemaliges Erholungsgebiet der Menschen zu einer Umwelt, welche die Gesundheit der dort lebenden Menschen durch Abgase und viel Lärm belastet.

„Anpassung ist ein aktiver, dynamischer und oftmals kreativer Prozeß." (C.B.Germain/A.Gitterman, 1988[2])

Transaktionen
die ständige gegenseitige Beeinflussung von Individuum und Umwelt im Sinne von Wirkung und Rückwirkung, die sich selbst im Verlauf der Zeit formt, verändert oder beeinflußt

können sein

anpassungsfördernd
begünstigen eine positive Entwicklung der Menschen und ihr physisches und emotionales Wohlbefinden

anpassungsfeindlich
wirken beeinträchtigend auf die biologische, kognitive, emotionale und soziale Entwicklung des Menschen

Anpassung ist somit ein **Wechselwirkungsvorgang.** Sie erfolgt einerseits durch das aktive Bemühen um individuelle Wandlungsprozesse entsprechend neuer Umweltanforderungen, andererseits durch die Veränderung der Umwelt, damit die räumliche Umgebung den Bedürfnissen und Zielen der Menschen besser entspricht. Das Ergebnis von anpassungsfördernden Austauschbeziehungen ist ein optimales Person-Umwelt-Verhältnis.

Durch die Austauschprozesse zwischen der Person und ihrer Umwelt entsteht eine **Nische.** Sie kommt zustande durch das Einräumen von Handlungsmöglichkeiten. Nische ist damit das gesellschaftlich zugestandene Handlungsfeld einer Person, in der sie Funktionen und Aufgaben übernimmt und ihre Rollen spielt.

Vereine zum Beispiel vergeben Posten, der Klassenclown hat in seiner Schulklasse sein Publikum und so weiter.

Damit umschreibt der Begriff Nische die *Anordnung von Beziehungen zwischen Individuen und Gruppen.*

Nische ist der soziale Standort, den ein Mensch in einer Gruppe bzw. in der Gesamtgesellschaft einnimmt. Gemeint ist damit das Handlungsfeld einer Person. (vgl. C.B. Germain/A. Gitterman, 1986)

Die vom Individuum vorgenommene Bewertung seines Platzes im Beziehungsgefüge und die damit verbundenen Handlungsmöglichkeiten verweisen auf eine **gute oder schlechte Nische.**

Beispiele:

Gute Nische:	Der Klassensprecher engagiert sich sehr für die Belange der Klasse, er erlebt seine Rolle und die damit verbundenen Aufgaben als sinnvoll. Er wird von seinen Mitschülern geschätzt und anerkannt.
Schlechte Nische:	Dem Klassensprecher in der Parallelklasse wird von seinen Mitschülern Geringschätzung entgegengebracht, er verspürt wenig Lust, sich für schulische Aufgaben einzusetzen. Er gerät dadurch zunehmend mehr in eine Außenseiterrolle.

Für den Sozialarbeiter liefert die Analyse der Nischenstruktur und die durch das Individuum oder die Gruppe vorgenommene Bewertung wichtige Hinweise für das zu planende helfende Eingreifen. Neue Nischen entstehen dann durch die Begegnung mit herausfordernden Situationen.

Menschen „wohnen" immer in baulichen, sozialen und kulturellen Gegebenheiten. Diese wirken verhaltensbeeinflussend und können soziale Beziehungen sowohl unterstützen als auch beeinträchtigen, wie etwa bei Fehlplanungen.

Beispiele:

- bauliche Gegebenheiten:
  Wohnhäuser, städtische Architektur, Fabriken, dörfliche Ansiedlung usw.
- soziale Gegebenheiten:
  zum Beispiel Familie, Arbeit, gesellschaftliches Leben usw.
- kulturelle Einrichtungen:
  Bürgerhaus, Theater, Museen usw.

Dieser verhaltensbeeinflussende Lebensraum eines Menschen wird als **Habitat** bezeichnet und umfaßt die baulichen, sozialen und kulturellen Gegebenheiten.

Habitat ist der Ort, an dem ein Lebewesen anzutreffen ist, der verhaltensbeeinflussende Lebensraum eines Menschen. Dies sind bauliche, soziale und kulturelle Gegebenheiten. (vgl. C.B. Germain/A. Gitterman, 1986)

Der Sozialarbeiter richtet sein Bemühen darauf, Defizite zu erkennen und zusammen mit den Bürgern ein anregendes und unterstützendes Habitat zu gestalten, was wiederum gute Voraussetzungen für Nischenbildungen bietet.

Aufgaben zur Gestaltung eines Habitats können zum Beispiel Tempo 30 im Wohngebiet, Einrichtung verkehrsberuhigter Zonen, kulturelle Angebote auf dem Land und dgl. sein.

Zur Beschreibung einer positiven oder negativen Person-Umwelt-Beziehung wurde der Begriff **Lebens-Streß** eingeführt.

Lebens-Streß ist Ausdruck für eine positive oder negative Person-Umwelt-Beziehung.

Entsprechend einer positiven oder negativen Person-Umwelt-Beziehung kann man von einem **positiven** und einem **negativen Lebens-Streß** sprechen. Ein positiver Lebens-Streß liegt vor, wenn das Individuum eine Umweltanforderung als persönliche Herausforderung betrachtet und es selbstverständlich deren Bewältigung erwartet. Folglich sind die damit einhergehenden Gefühle (Neugier, Hoffnung auf Erfolg) und die Selbstachtung positiv, obwohl beizeiten körperlicher Streß empfunden wird. Negativer Lebens-Streß liegt vor, wenn reale oder vermutete Umweltanforderungen, der Verlust nahestehender Personen oder Konflikte im zwischenmenschlichen Bereich die tatsächlichen oder vermuteten Fähigkeiten für deren Bewältigung übersteigen. Diese Person-Umwelt-Beziehung ist negativ und ist begleitet von Gefühlen der Angst, Schuld, Hilflosigkeit, Minderwertigkeit und dgl.

Jedes Individuum wird versuchen, streßreiche Situationen zu bewältigen. Alle Versuche, mit streßreichen Situationen fertig zu werden, bezeichnen die Psychologen als Bewältigung oder **Coping.**

Coping ist jeder Versuch, streßreiche Situationen zu bewältigen.

Sind die Bewältigungsbemühungen einer Person positiv, gelingt es ihr also, die Umweltanforderungen, die den Lebens-Streß hervorgerufen haben, zu beseitigen, zu mindern oder die Situation zu meistern, so spricht man von einem **positiven Coping.** Bleiben aber die Bewältigungsversuche erfolglos, so daß der Lebens-Streß weiter vorliegt oder sich sogar verstärkt, so spricht man von einem **negativen Coping.** Somit beeinflussen sich Streß und Bewältigung wechselseitig.

„Bewältigung bezeichnet ein erfolgreiches Fertigwerden mit Belastungen. Nötig sind dafür Anstrengungen." Problemlösen und Bewältigen erfordert persönliche Fähigkeiten und Hilfsmittel aus der Umwelt. (Wolf Rainer Wendt, 1990)

11.5.3 Die ökologische Sichtweise der Sozialarbeit/Sozialpädagogik

Der ökologische Erklärungsansatz beinhaltet eine ganzheitliche, auf den wechselseitigen Austausch zwischen Person und Umwelt bedachte Sichtweise. Diese Mensch-Umwelt-Beziehungen haben eine lebenserhaltende Bedeutung, sie verlaufen aber trotzdem nicht immer befriedigend, so daß beide Seiten „Schaden nehmen" können.

Mit der Erfindung des Autos beispielsweise hat sich die Umwelt verändert: zerstörte Landschaft durch ein ausgebautes Straßennetz, Abgase, Lärm. An diese veränderten Umweltbedingungen mußte sich der Mensch anpassen. Andererseits haben sich aber auch die Lebensverhältnisse geändert, die Form des Familienlebens, höheres gesundheitliches Risiko und dergleichen mehr.

Ungleichgewichte und Störungen in der Wechselbeziehung und im Gleichgewicht gegenseitiger Anpassung von Person und Umwelt gefährden somit die Lebens- und Beziehungsqualität. Diese Störungen rufen beim Menschen Streß hervor. Streß entsteht durch das Auseinanderklaffen der Bedürfnisse einer Person mit ihrer Anpassungsfähigkeit an veränderte Umweltbedingungen. Streß aufgrund solcher Anpassungsschwierigkeiten des Menschen entsteht im Laufe eines Lebens in drei miteinander verbundenen Problembereichen (vgl. C.B.Germain/A.Gitterman, 1988[2]):

- in **kritischen Lebensereignissen,**
  zum Beispiel entwicklungsbedingte Probleme in der Pubertät, im Alter, Rollen- und Statusprobleme, Arbeitslosigkeit, Krisen.
- in **belastenden Umweltbedingungen,**
  zum Beispiel physische Umweltbedingungen wie Wohnverhältnisse, Naturkatastrophen und dgl.; soziale Umweltbedingungen wie Beziehungssysteme zu Nachbarn, Verwandten, Arbeitskollegen usw.
- bei **Kommunikations- und Beziehungsproblemen,**
  zum Beispiel in Ehe und Familie, Freundesgruppen u. ä.

Erklären lassen sich die hier genannten Lebensprobleme mit unbewältigten und unbefriedigten Transaktionen der Menschen mit ihrer – näheren – Umwelt. Das „Life Model" betont deshalb die Notwendigkeit, die *Anpassungsfähigkeit der Menschen zu stärken und die Strukturen der Umwelt im Sinne des Klienten zu verbessern.*

Um dieser sozialen Aufgabe gerecht zu werden, muß es der Sozialarbeit/Sozialpädagogik gelingen, *die auf Veränderung drängenden Stärken und Kräfte des Menschen sinnvoll zu nutzen und andererseits die Umwelt so zu beeinflussen, daß diese besser den Bedürfnissen der Menschen entspricht.* Daraus ergibt sich eine doppelte Verpflichtung wie Zielsetzung der Sozialarbeit/Sozialpädagogik:

1. Hilfe für den Menschen, seine Probleme und Lebensaufgaben zu meistern und sein Anpassungspotential zu stärken.
2. Beeinflussung und Gestaltung der Umwelt: Situationen und gesellschaftliche Bedingungen sind dahingehend zu verändern, daß sie menschlichen Bedürfnissen angepaßt sind.

Ein Mann, kurz vor der Pensionierung, sucht Hilfe bei einem Sozialarbeiter in der Familienberatungsstelle, weil er sich depressiv fühlt. Er ist alleinstehend, lebt in einer wenig ansprechenden Wohnung und hat in seinem Wohnort kaum einen Bekanntenkreis.

Die Hilfe des Sozialarbeiters wird einmal darauf abzielen, die Entwicklungsaufgabe des Alterns und den bevorstehenden Rollen- und Statuswechsel vom Arbeitnehmer zum Rentner zu bewältigen. Zur Stärkung des Selbstbildes und Anpassung an die veränderte Situation wäre eine Unterstützung bei der Suche nach sinnvoller Freizeitgestaltung und Gesundheitsvorsorge sinnvoll. Zum anderen wäre die soziale Umwelt dahingehend zu beeinflussen, daß der Kontakt zu Nachbarn oder Freunden ausgebaut und intensiviert wird. Die physische Umwelt, hier die Wohnung, müßte bedürfnisgerechter gestaltet werden.

Diese soziale Aufgabe erfordert eine Methode für die Praxis, welche stärker auf die Bedürfnisse der Klienten bezogen ist. Nach Aussage der Autoren könnte das „Life Model" diese Methode sein.

> **„Aus der sozialen Aufgabe der Sozialarbeit/Sozialpädagogik und der ökologischen Perspektive leiten wir eine bestimmte Methode für die Praxis ab und verbinden sie mit dem begrifflichen Rahmen. Alle diese Momente zusammengenommen – die soziale Aufgabe, die ökologische Perspektive, der begriffliche Rahmen und die praktische Methode – umfassen, was wir das ‚Life Model' der Praxis nennen." (C.B.Germain/A.Gitterman, 1988[2])**

11.5.4 Die praktische Methode des Life Model

Im Mittelpunkt ökologisch betriebener Sozialarbeit stehen folgende Fragen:

- Inwieweit stimmen die beim Menschen vorherrschenden Bedürfnisse und Ziele mit den Eigenschaften ihrer Umwelt überein?
- Wie verlaufen die wechselseitigen Austauschbeziehungen zwischen dem Menschen und seiner Umwelt?

Nach dem „Life Model" ist die Entstehung von Problemen im Feld zwischen Person und Umwelt anzusiedeln. Der Sozialarbeiter definiert diese als fehlangepaßte Transaktionen innerhalb des Lebensraumes. Die professionelle Hilfe zielt auf die Stärkung der Anpassungsfähigkeit der Person und Verbesserung der Umweltbedingungen ab.

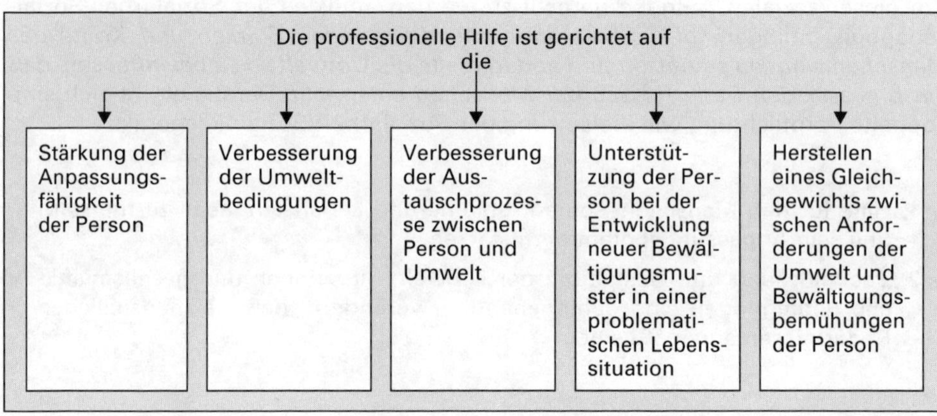

Zur Bewältigung individueller Probleme und dem damit verbundenen Streß werden für die Sozialarbeit folgende **Vorgehensweisen** empfohlen:

- **bei kritischen Lebensereignissen:**

  Der Sozialarbeiter versucht mit Hilfe psychologischer Techniken, die individuellen Fähigkeiten des Klienten zur Problembewältigung zu verbessern. Lernprozesse sollen dazu beitragen, daß der Klient die Bewältigung seines Problems als Herausforderung betrachtet.

  Gruppenarbeit mit Personen beispielsweise, welche dieselben Probleme haben (Jugendliche, Arbeitslose, Alleinerziehende Mütter, Väter) zum Erlernen neuer Bewältigungsstrategien.

- **bei belastenden Umweltbedingungen:**

  Es erfolgt die Suche nach Unterstützungsmöglichkeiten in der Umgebung des Klienten mit dem Ziel, die Transaktionen zwischen dem Klienten und seinem sozialen Beziehungsgefüge zu verbessern. Organisationen sind darauf aufmerksam zu machen, daß sie angemessene Leistungen anbieten.

  Aktivierung und Stärkung primärer Bindungen (Familie, Nachbarschaft), das Knüpfen neuer und Wiederauflebenlassen alter Verbindungen, Unterstützung bei der Ablösung von Verbindungen mit negativem Einfluß (aggressive Jugendgruppen, kriminelle Kreise, Drogenszene).

- **bei Kommunikations- und Beziehungsproblemen:**

  Der Sozialarbeiter bietet Hilfestellung, um fehlangepaßte Kommunikations- und Beziehungsmuster zu revidieren oder familiale Beziehungsstrukturen zu ändern.

  Durch eine Familienberatung sind gestörte Kommunikationsvorgänge bewußt zu machen. Festgeschriebene negative Rollen (Sündenbock-Rolle) eines Familienmitgliedes sind zu ändern.

Kennzeichnend für das praktische Vorgehen im „Life Model" ist eine *ganzheitliche Betrachtungsweise* der Problemlage. Die Beziehung zwischen Klient und Sozialarbeiter wird „transaktional" verstanden: Jeder bringt Einflüsse aus dem eigenen Lebensraum mit in die Beziehung ein. Die zwischen ihnen stattfindenden Austauschprozesse wirken auf alle Beteiligten ein, als Folge davon wird jeder die Reaktionen des anderen beeinflussen. Dieses auf Wechselseitigkeit ausgerichtete Rollenverständnis schreibt dem Klienten nicht mehr zwangsläufig die Empfänger- und dem Sozialarbeiter die Expertenrolle zu (vgl. C.B.Germain/A.Gitterman, 1988[2])

★ Kritisch anzumerken ist, daß der sozialpädagogische Handlungsrahmen entsprechend dem „Life Model" die gestörten Austauschprozesse zwischen Individuum, Gruppe und aktuellen Umweltbedingungen sind. Überspitzt formuliert bleibt dieser Ansatz in der Therapie sozialer Probleme und der Entwicklung entsprechender Hilfsangebote für das Individuum, für Gruppen und die Umwelt stecken. Eine Ausweitung des Handlungsrahmens auf Politik und Gesellschaft ist jedoch unumgänglich, wenn Sozialarbeit langfristig die Lebensbedingungen positiv beeinflussen will. Sozialökologische Maßnahmen sind wesentlich wirkungsvoller, wenn die Steuerungsebene also politisch-administrative Einflüsse auf Individuen und Gruppen aber auch auf professionelles Handeln berücksichtigt werden. Eine Möglichkeit, in diesem Sinne ökologisch orientiert zu arbeiten ,bietet das Arbeitsprinzip der Gemeinwesenarbeit.

Zusammenfassung der wichtigsten Aussagen des ökologischen Ansatzes der Sozialpädagogik/-arbeit nach C.B.Germain/A.Gitterman (life-model):

▶ Die ökologische Perspektive liefert eine Sicht vom Menschen, der sich in ständigem wechselseitigen Austausch mit allen Elementen seiner Umwelt befindet: Menschen verändern ihre Umwelt und werden dadurch von ihr verändert. Zudem erlebt jede Person ihre Lebensverhältnisse individuell und nimmt kognitiv eine Beurteilung vor, welche von der subjektiven Wahrnehmung abhängig ist. Dieser Prozeß ständiger wechselseitiger Beeinflussung wird als Transaktion bezeichnet. Solche Austauschprozesse bewirken aber nicht nur eine mögliche Veränderung der Person bzw. der Umwelt, zu berücksichtigen ist auch eine dadurch hervorgerufene Verhaltensänderung und veränderte Umweltwahrnehmung des Individuums.

- ▶ Transaktionen können sowohl anpassungsfördernd als auch anpassungsfeindlich sein. Das Ergebnis dieses Wechselwirkungsprozesses ist ein positives oder negatives Person-Umwelt-Verhältnis. Anpassungsfördernde Austauschbeziehungen begünstigen die Entwicklung der Menschen, ihr physisches und emotionales Wohlbefinden, anpassungsfeindliche Transaktionen wirken beeinträchtigend auf die biologische, kognitive, emotionale und soziale Entwicklung des Menschen.

- ▶ Durch die Austauschprozesse zwischen der Person und ihrer Umwelt entsteht eine Nische. Damit ist der soziale Standort gemeint, den ein Mensch in einer Gruppe bzw. in der Gesamtgesellschaft einnimmt. Gemeint ist damit das Handlungsfeld einer Person. Die vom Individuum vorgenommene Bewertung seines Platzes im Beziehungsgefüge und die damit verbundenen Handlungsmöglichkeiten verweisen auf eine gute oder schlechte Nische.

- ▶ Zudem „wohnen" Menschen immer in baulichen, sozialen und kulturellen Gegebenheiten. Diese wirken verhaltensbeeinflussend und können soziale Beziehungen sowohl unterstützen als auch beeinträchtigen, wie etwa bei Fehlplanungen. Dieser verhaltensbeeinflussende Lebensraum eines Menschen wird als Habitat bezeichnet.

- ▶ Zur Beschreibung einer positiven oder negativen Person-Umwelt-Beziehung wurde der Begriff Lebens-Streß eingeführt. Entsprechend einer positiven oder negativen Person-Umwelt-Beziehung kann man von einem positiven und einem negativen Lebens-Streß sprechen. Ein positiver Lebens-Streß liegt vor, wenn das Individuum eine Umweltanforderung als persönliche Herausforderung betrachtet und es selbstverständlich deren Bewältigung erwartet. Negativer Lebens-Streß liegt vor, wenn reale oder vermutete Umweltanforderungen, der Verlust nahe stehender Personen oder Konflikte im zwischenmenschlichen Bereich die tatsächlichen oder vermuteten Fähigkeiten für deren Bewältigung übersteigen.

- ▶ Jedes Individuum wird versuchen, streßreiche Situationen zu bewältigen (= coping). Sind die Bewältigungsbemühungen einer Person positiv, gelingt es ihr also, die Umweltanforderungen, die den Lebens-Streß hervorgerufen haben, zu beseitigen, zu mindern oder die Situation zu meistern, so spricht man von einem positiven Coping. Bleiben aber die Bewältigungsversuche erfolglos, so daß der Lebens-Streß weiter vorliegt oder sich sogar verstärkt, so spricht man von einem negativen Coping.

- ▶ Austauschprozesse zwischen Person und Umwelt verlaufen nicht immer befriedigend. Dies hat zur Folge, daß auch die wechselseitige Anpassung mißlingt, was heißt, beide Seiten können dadurch Schaden erleiden. Die Lebens- und Beziehungsqualität wird somit durch Störungen in den Person-Umwelt-Transaktionen gefährdet. Brennpunkte im Leben eines Menschen sind: kritische Lebensereignisse, belastende Umweltbedingungen und Kommunikations- und Beziehungsstörungen.

- ▶ Sozialpädagogische Hilfe zielt einerseits darauf ab, die Anpassungsfähigkeit des Menschen zu stärken, andererseits die Umwelt, gesellschaftliche Bedingungen dahingehend zu verändern, daß sie menschlichen Bedürfnissen angepaßt sind.

11.6 Das Arbeitsprinzip Gemeinwesenarbeit als Möglichkeit ökologisch orientierten Arbeitens

In der traditionellen Sozialpädagogik/-arbeit gilt Gemeinwesenarbeit neben der Einzelhilfe und der Gruppenarbeit als dritte Methode der Sozialpädagogik/-arbeit und steht für eine Vielzahl von Tätigkeiten und Maßnahmen, durch welche Einrichtungen – zum Beispiel Sozialdienste –, Einzelpersonen, Gruppen und/oder Organisationen zur Verbesserung der Wohlfahrt in einer räumlichen Einheit – Straße, Gemeinde, Stadtteil, Wohnsiedlung, Stadt – beitragen. Die heutige Sichtweise von Gemeinwesenarbeit hat sich etwas geändert und bedeutet nach Wolfgang Hinte und Fritz Karas (1989) die *Art, in einem Gemeinwesen* – in einer räumlichen Einheit – *Probleme und Schwierigkeiten anzufassen und nach Lösungen zu suchen.* Dabei geht es darum, daß die Bevölkerung dieser räumlichen Einheit ihre Probleme erkennt, alte Ohnmachtserfahrungen überwindet und eigene Kräfte entwickelt, um diese Probleme und deren Ursachen anzugehen und zu beseitigen. Dabei sollen die einzelnen Personen gleichzeitig lernen, persönliche Defizite aufzuarbeiten und individuelle Stabilität zu entwickeln. Gemeinwesenarbeit versteht sich dabei als *Methode,* als ein durchdachter Weg zu diesem Ziel.

Gemeinwesenarbeit ist eine Methode, die einen Komplex von Initiativen auslöst, durch die die Bevölkerung einer räumlichen Einheit (= Gemeinwesen) ihre Probleme erkennt, alte Ohnmachtserfahrungen überwindet und eigene Kräfte entwickelt, um diese Probleme und deren Ursachen gemeinsam anzugehen und zu beseitigen sowie an der Verbesserung der Wohlfahrt und der Gesundheit zu arbeiten.

11.6.1 Gemeinwesenarbeit als Arbeitsprinzip

Der Schwerpunkt traditioneller Sozialarbeit liegt bei der Arbeit mit Individuen und Gruppen. Der Mensch wird als Teil einer Gruppe – zum Beispiel Familie – gesehen, welche in Beziehung zu Freunden, Bekannten und dgl. steht, und ist schließlich Mitglied eines örtlichen Gemeinwesens, das einer bestimmten Gesellschaft angehört. Traditionelle Sozialarbeit erfolgt also vorwiegend auf „unteren Ebenen", was jedoch nicht ausschließt, daß ein traditionell orientierter Sozialarbeiter in seiner Arbeit auch mit den höheren Ebenen in Berührung kommt (vgl. Abschnitt 11.6.4). Der Handlungsverlauf geht jedoch eindeutig von unten (Individualebene) nach oben (Gesellschaftsebene).

Ein Klient zum Beispiel ist in seinem sozialen Milieu einsam und isoliert. In der traditionellen Sozialarbeit macht der Sozialarbeiter primär mit Hilfe individueller Arbeitsmethoden den Klienten etwas froher, weniger verschlossen. Der Klient ist verändert, aber das System bleibt unverändert (vgl. Peter Friese: in Kirsten Ebbe/Peter Friese, 1989).

In der moderneren Sozialpädagogik wird Gemeinwesenarbeit nicht mehr als „dritte Methode" neben Einzelhilfe und Gruppenarbeit verstanden, sondern als übergreifendes **Arbeitsprinzip,** welches Einzelhilfe und Gruppenarbeit miteinschließt.

Ein Arbeitsprinzip ist ein Grundsatz, der sich auf bestimmte Erfahrungswerte über erfolgreiches Handeln stützt und von dem deshalb angenommen wird, daß er auch erfolgversprechende Orientierungshilfe für künftiges Handeln sein kann. (vgl. Max Fuchs, 1984; zitiert nach Dieter Oelschlägel, 1986)

Wird Gemeinwesenarbeit zum handlungsleitenden Prinzip, so richtet der Sozialarbeiter seine Aufmerksamkeit auf das gesamte Gemeinwesen, welches als **System von Beziehungen, Gruppen und Individuen** gesehen wird. Soziale Arbeit kann zwar auf allen Ebenen stattfinden, aber Ausgangspunkt ist das örtliche Gemeinwesen, verbunden mit der Annahme, daß *Veränderungen im Gemeinwesen eine Veränderung von Individuen mit sich bringt.* Die Bewegung geht folglich von der Gesellschafts- zur Individualebene, der Akzent liegt auf der Systemorientierung weg von der Fallorientierung.

In der Gemeinwesenarbeit, verstanden als Arbeitsprinzip, verbessert der Sozialarbeiter (evtl. zusammen mit den Einwohnern) die Rahmenbedingungen für soziales Zusammensein. Grundlage für die dort stattfindende Arbeit sind die Lebensverhältnisse dieser Menschen.

Ein Sozialarbeiter will etwas gegen die rechtsradikalen Tendenzen in einer Kleinstadt unternehmen. Zunächst muß er die örtlichen Verhältnisse der Bürger genau analysieren. Zentrale Fragen hierbei könnten sein: Wie hoch ist der Ausländeranteil? Wie verläuft die Arbeitslosenquote? Welche spezifischen Konflikte zwischen Ausländern und anderen Bewohnern in der Kleinstadt liegen vor? Wie ist die Wohnungssituation? Welche Gruppierungen haben sich im Laufe der Zeit gebildet? Zwangsläufig muß er auch einen Bezug zur deutschen Vergangenheit und Geschichte dieser Kleinstadt herstellen. Mit seinen Strategien zur Problembewältigung muß er möglichst vielfältige Tatbestände berücksichtigen und mit den Bürgern gemeinsam entsprechende Schritte einleiten wie Öffentlichkeitsarbeit, Einflußnahme auf politische Instanzen, um durch bauliche Maßnahmen die Wohnsituation zu verbessern, versuchen die ausländischen Mitbewohner in das örtliche Geschehen zu integrieren usw.

Damit dieser Ansatz eine Orientierungshilfe für erfolgversprechendes Vorgehen sein kann, müssen sowohl die individuellen als auch die damit im Zusammenhang stehenden strukturellen Probleme innerhalb eines Gesellschaftssystems erfaßt werden. Eine zentrale Zielsetzung ist damit die Aktivierung der im Gemeinwesen lebenden Menschen im Sinne „politisch aktiven Lernens und Handelns" (Dieter Oelschlägel, 1986). Damit wird deutlich, daß es sich hier in erster Linie um einen politischen, nicht pädagogisch-methodischen, psychologie-orientierten Ansatz handelt.

„Gemeinwesenarbeit hat einen politischen Charakter, der auf gesellschaftliche Veränderungen zielt; gleichzeitig auch einen pädagogischen Charakter, denn gesellschaftliche Veränderungen sind an Bewußtsein und Lernprozesse des je einzelnen Menschen gebunden; schließlich hat sie einen therapeutischen Charakter, da es ja auch um das Aufbrechen von krankhaften und krankmachenden Strukturen geht. Diese Postulate sind allesamt aufgehoben in dem strategischen Ansatz, den wir ‚Arbeitsprinzip Gemeinwesenarbeit' genannt haben." (Dieter Oelschlägel, 1986)

Gemeinwesenarbeit als Arbeitsprinzip versucht die Aufsplitterung in methodische Bereiche zu überwinden. Es werden die Vorgehensweisen gewählt, die gerade zweckmäßig erscheinen, wie politische und kulturelle Aktionen, Gruppenarbeit usw. Der hinter diesen Maßnahmen stehende Anspruch ist ein politischer, da es nicht um die Beeinflussung von Einzelpersonen oder Gruppen geht, sondern um die Veränderung von defizitären Bedingungen in einer lokalen Lebenswelt.

Gemeinwesenarbeit als Arbeitsprinzip ist ein „integratives Konzept", sie enthält „die Integration von Theorie und Praxis, von Methoden und Trägern; sie integriert in ihrer Praxis Menschen in dem Sinne, daß sie Herausfallen aus Lebenswelten verhindern, die Einbindung in (selbst-)organisierte Handlungszusammenhänge fördern will." (Dieter Oelschlägel, 1986)

11.6.2 Merkmale des Arbeitsprinzips der Gemeinwesenarbeit

Das Arbeitsprinzip der Gemeinwesenarbeit ist durch folgende Merkmale gekennzeichnet:

- ökologische ganzheitliche Sichtweise
- Überwindung methodischer Aufsplitterung
- Politisierung der Bewohner mit dem Ziel der Aktivierung
- der Mensch als aktiver Gestalter seiner Lebensverhältnisse
- Entwicklung gemeinwesenbezogener Strategien
- Bearbeitung sozialer Probleme in ihrem geschichtlichen und gesellschaftlichen Zusammenhang
- kollektives (gemeinsames) Handeln
- Mobilisierung von Selbsthilfen
- Schaffung von Bedingungen, die Selbst- und Mitbestimmung ermöglichen

Da einige der hier genannten Merkmale später als Ziele oder Aufgaben wiederzufinden sind, sollen an dieser Stelle lediglich drei wesentliche Merkmale näher beschrieben werden:

- ökologische ganzheitliche Sichtweise
- der Mensch als aktiver Gestalter seiner Lebensverhältnisse
- kollektives (gemeinsames) Handeln

• Ökologische ganzheitliche Sichtweise

Sinnvoll betriebene Gemeinwesenarbeit ist dadurch gekennzeichnet, daß Person und Umwelt, die sozialen Strukturen der Lebenswelt und die Prozesse, die in ihnen und zwischen ihnen ablaufen, als voneinander abhängig gesehen und als System analysiert werden. Eine am System orientierte Gemeinwesenarbeit berücksichtigt das ganze Milieu mit seinen ökonomischen, politischen und kulturellen Prozessen.

• Der Mensch als aktiver Gestalter seiner Lebensverhältnisse

Die Bewohner kennen die Probleme und Bedürfnisse in ihrem Gemeinwesen. Deshalb müssen sie Mit-Akteure bei der Planung und Durchführung von Projekten sein. Die Ideen sollten aus den Reihen der Bewohner kommen. Die Verantwortung dafür, was im Gemeinwesen geschieht, und die Planung entsprechender Veränderungen liegt folglich bei den Einwohnern selbst. Nur durch die Aktivität der Bürger sind soziale Mißstände langfristig zu beheben. Selbst wenn neue Pläne für Verbesserungen „von oben“, also von Sozialarbeitern und Politikern kommen, so kann deren Ausführung nicht ohne Mithilfe der Bürger erfolgen.

- **Kollektives (gemeinsames) Handeln**

Gemeinsames Handeln ist zwar keine Garantie, aber eine notwendige Voraussetzung für strukturelle Veränderungen in einem Gemeinwesen. Gemeinwesenarbeit kann vielleicht dazu beitragen, die heute vielfach beobachtbare Isolation von Menschen zu durchbrechen, indem sie sich durch das gemeinsame Engagement für eine Sache wieder näherkommen und Stadtteile wieder wie Gemeinwesen funktionieren.

Eine gemeinsame Problembewältigung fällt leichter als eine individuelle, weil sich die Belastungen auf viele aktiv handelnde Menschen verteilen. Kollektives Handeln erweist sich in zweifacher Hinsicht als nützlich, es beugt Überlastungen vor und schult die Fähigkeiten, die auch in anderen Problemsituationen zu deren Bewältigung gebraucht werden. Voraussetzung für die Bereitschaft, sich für bestimmte Ziele zu engagieren, wird wohl eine individuelle und kollektive Betroffenheit sein.

11.6.3 Ziele des Arbeitsprinzips der Gemeinwesenarbeit

Strategisches Vorgehen in der beruflichen Praxis erfordert Überlegungen hinsichtlich möglicher Ziele der Gemeinwesenarbeit. *Das übergeordnete Ziel der Gemeinwesenarbeit ist die qualitative Verbesserung menschlicher Lebensräume.* Dies bedeutet:

- Schaffung von Bedingungen, die Selbstbestimmung erlauben
- Stärkung sozialer Beziehungen
- Aufhebung der Benachteiligung bestimmter Personen und Personengruppen

- **Schaffung von Bedingungen, die Selbstbestimmung erlauben**

Die Rahmenbedingungen müssen so beschaffen sein, daß Menschen sich wegen eines bestimmten Anlasses treffen und sich für einen bestimmten Zweck organisieren können.

Eine Möglichkeit, um Menschen zusammenzubringen, sind soziale und kulturelle Angebote in einem Bezirk, zum Beispiel Einwohnertreffs, Kulturzentren, Jugendhäuser und dgl. Unter Umständen entwickeln sich hier Initiativen zur Behebung bestimmter Mißstände.

Der Sozialarbeiter bietet die nötigen Organisationshilfen und stellt sein Fachwissen zur Verfügung.

- **Stärkung sozialer Beziehungen**

Da der Mensch ein soziales Wesen ist und auf Kontakte angewiesen ist, gehört es wohl zu den wichtigsten Zielen der Gemeinwesenarbeit, Beziehungen zwischen Menschen herzustellen und zu unterstützen. Wir sprechen in diesem Zusammenhang von einem **sozialen Netzwerk,** welches die Kontakte insgesamt meint, die eine Person mit anderen pflegt (vgl. Klaus Hurrelmann, 1988).

Ein **Netz** ist ein Gefüge von sozialen Beziehungen, in das eine Person eingebunden ist.
Das **Netzwerk** sind die Kontakte insgesamt, die diese Person mit anderen pflegt.

Bei Netzwerkarbeit geht es vor allem um den Aufbau und die Pflege von Beziehungen.

- **Aufhebung der Benachteiligung bestimmter Personengruppen**

Die Benachteiligung bestimmter Personengruppen ist durch die Entwicklung der Beziehungsstrukturen in einem Stadtteil entstanden, das heißt, die Art und der Umfang der Interaktionen mit anderen Bewohnern haben sich so entwickelt, daß sie in ein Randgruppendasein abgedrängt wurden. Folglich wird durch die generelle Verbesserung der Beziehungen und Aktivitäten in einem Lebensumfeld die Möglichkeit geschaffen, daß auch Einzelpersonen oder Randgruppen wie Obdachlose, Ausländer, Behinderte besser akzeptiert und integriert werden.

Ziel
der Gemeinwesenarbeit als Arbeitsprinzip ist
die **qualitative Verbesserung menschlicher Lebensräume**

Aufhebung der Benachteiligung bestimmter Personen und -gruppen	Stärkung sozialer Netzwerke	Schaffung von Bedingungen, die Selbstbestimmung erlauben

11.6.4 Aufgaben der Gemeinwesenarbeit

Eine Gemeinwesenarbeit auf der Grundlage des Arbeitsprinzips mit ökosozialer Orientierung hat folgende Aufgaben:

1. Ein ökologisch orientiertes Arbeiten unter Berücksichtigung sozio-ökonomischer, politischer und kultureller Bedingungen im Lebensbereich der Menschen
2. Aktivierung der Menschen im Sinne aktiven Lernens und Handelns
3. Vernetzung verschiedener Handlungsebenen der Sozialarbeit
4. Vorbeugung sozialer Probleme
5. Konflikt- und Krisenbewältigung
6. Entwicklung von Strategien für professionelles Handeln

1. Ökologisch orientiertes Arbeiten unter Berücksichtigung sozio-ökonomischer, politischer und kultureller Bedingungen im Lebensbereich der Menschen

Eine ganzheitliche Erfassung der Person-Umwelt-Beziehungen wird erst durch ein ökologisch orientiertes Grundkonzept möglich. Ökologisch orientierte Gemeinwesenarbeit hat sowohl die **Lebensverhältnisse** als auch die **Lebenswelt** eines Individuums zu berücksichtigen. Die Lebensverhältnisse beinhalten dabei ist *Lebenslage,* die *-situation* und die *Nischenstruktur.* Bei der Lebenswelt geht es um die *Kultur* und die *räumliche Umgebung,* um die *sozialen Strukturen* sowie um die *gesellschaftlichen Verhältnisse* und deren Entwicklung (vgl. Wolf Reiner Wendt, 1990).

Ökologisch orientierte Gemeinwesenarbeit
berücksichtigt

Lebensverhältnisse	**Lebenswelt:**
– Lebenslage – Lebenssituation – Nischenstruktur	– Kultur und räumliche Umgebung – Soziale Strukturen – gesellschaftliche Verhältnisse und deren Entwicklung

In der **Lebenslage** ist das Verhältnis der Person zur Innenwelt (zu sich selbst) und zur Umwelt (zu anderen Menschen, zur räumlichen Umgebung usw.) zu berücksichtigen. Das Verhalten eines Individuums wird beeinflußt durch die Wahrnehmung der Umwelt im Inneren der Person und davon wie diese Wahrnehmung individuell verarbeitet wird. Lebensgeschichtliche Erfahrungen beeinflussen die körperliche und seelische Verfassung des Menschen, und diese wiederum steuert die individuelle Strukturierung der Wahrnehmung von Chancen, welche die Umwelt bietet.

Lebenslage umfaßt die Beziehung des Individuums zu sich selbst und zur Umwelt, beeinflußt durch lebensgeschichtliche Erfahrungen und zukünftige Perspektiven. (vgl. Wolf Rainer Wendt, 1990)

Die **Lebenssituation** wird beeinflußt durch die momentane Lebenslage und konkreten Handlungsmöglichkeiten. Die Lebenslage wirkt sich zwangsläufig auf die Befindlichkeit der Person aus (Zufriedenheit, Unzufriedenheit).

Die Zufriedenheit einer Person in ihren Umweltbeziehungen wird maßgeblich bestimmt durch Faktoren wie zum Beispiel Einkommen, berufliche und soziale Position, den Wohnstandard, die Zahl und Qualität der Kontakte usw.
Eine soziale Basis für den Menschen entsteht durch die Absicherung und Unterstützung von seiten der Umwelt, zum Beispiel dessen Einbindung in Familien- und Verwandtschaftsverhältnisse, Wohn- und Arbeitsbedingungen, Bildungsmöglichkeiten, Versorgung mit sozialen Diensten usw.
Durch existentiell bedrohliche Situationen wie zum Beispiel Arbeitslosigkeit, Einkommensausfall, Wohnungslosigkeit und soziale Isolation wird die Person-Umwelt- Beziehung dagegen sehr beeinträchtigt.

Die Arbeit von Sozialarbeitern, welche im System der Dienste und Einrichtungen beschäftigt sind, zielt auf die Einschätzung und Veränderung der momentanen Problem- bzw. Lebenslage hin zur Problemlösung. Langfristig ist damit die Veränderung der Lebenssituation in einem örtlichen Aktionsfeld zu erreichen. (vgl. Wolf Rainer Wendt, 1990)

Bei der **Nischenstruktur**[1] interessiert den Sozialarbeiter die Konstellation des Beziehungsgefüges und die individuelle Bewertung des eigenen Handlungsfeldes einer Person.

Die **Lebenswelt** umfaßt drei strukturelle Komponenten:

- Die Kultur und die räumliche Umgebung wie Umweltgegenstände natürlicher und künstlicher Art
- Die sozialen Strukturen wie die Kommunikation in Familie, in Gruppen, im Betrieb; Normen, Regeln, Produktionsverhältnisse
- die gesellschaftliche Entwicklung wie zum Beispiel Veränderung von Normen, Regeln, Familienstrukturen, wirtschaftliche, technische, politische Entwicklung usw. (vgl. Hans Mogel, 1984)

[1] Der Begriff Nische ist in Abschnitt 11.5.2 aufgeführt

Lebenswelt ist die räumliche, kulturelle und soziale Umwelt, in der ein Individuum lebt und sich alltäglich darauf eingerichtet hat (vgl. Hans Mogel, 1984).

Gemeinwesenarbeit hat hier aufzuklären, was in der räumlichen Umgebung geleistet und welche Defizite systematisch angegangen werden müssen.

Beispiele hierfür sind: Schaffung neuer Kinderspielplätze, Spielstraßen, verkehrsberuhigter Zonen, Jugendzentren, Kulturzentren, Sportstätten, Vereinsheime, Altentagesstätten, Veranstaltung von Bürgerfesten, Altennachmittagen.

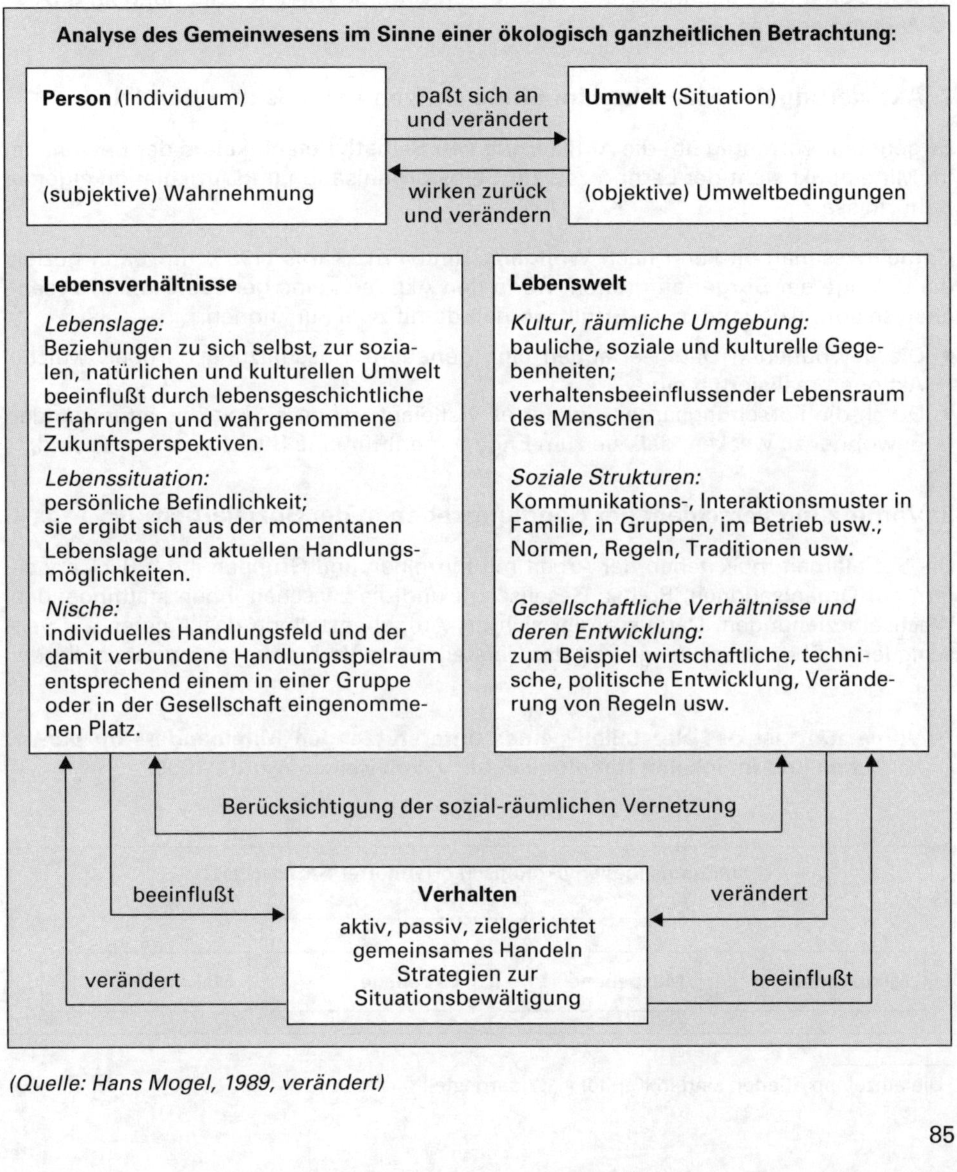

(Quelle: Hans Mogel, 1989, verändert)

Die Individuumseite ist charakterisiert durch die Besonderheit seiner Lebensverhältnisse, welche bestimmt werden durch die spezifische Lebenslage, Lebenssituation und das Handlungsfeld der Person. Davon hängen seine Einflußmöglichkeiten auf die Umwelt und umgekehrt seine Beeinflußbarkeit durch die Umwelt ab.

Die Umweltseite ist gekennzeichnet durch räumliche, kulturelle, soziale und gesellschaftliche Verhältnisse. Umweltverhältnisse sind dafür verantwortlich, inwieweit die Lebensverhältnisse sich verändern oder unter Umständen gleichbleiben. Menschen verändern durch ihr Handeln sich und ihre Umwelt.

Wie sich jemand verhält, ist jedoch nicht lediglich eine Frage der Umweltbedingungen. Das Verhalten ist zudem abhängig von individuellen Zielen, gegebenen Handlungsmöglichkeiten und vom Verhaltensspielraum. Zielsetzungen und Handlungsmöglichkeiten sind zwar von der Lebenswelt beeinflußt, jedoch nicht durch sie festgelegt. Durch die Solidarisierung mit anderen kann das individuelle Handeln größere Wirkung erzielen.

2. Aktivierung der Menschen im Sinne aktiven Lernens und Handelns

Es geht hier vorrangig um die **Aktivierung von Selbsthilfefähigkeiten** der Bewohner. Im Mittelpunkt steht der Lernprozeß zur Selbstorganisation und Artikulation eigener Bedürfnisse.

Gemeinwesenarbeit kann nach Wolfgang Hinte/Fritz Karas (1989) nur dann gezielt die Belange der Bürger aufgreifen, wenn den Aktionen eine genaue **Gemeinwesenanalyse** vorausgegangen ist. Erfüllt werden damit zwei Funktionen:

- Die gewonnenen Daten erlauben eine genauere Einschätzung darüber, welche Aktionen realisierbar sind.
- Durch die Forschungsarbeit gelingt es vielleicht, schon soweit das Interesse der Bewohner zu wecken, daß sie zum Engagement für eine Sache eher bereit sind.

3. Vernetzung verschiedener Handlungsebenen der Sozialarbeit

Die Sozialarbeit muß neben der Arbeit mit Einzelnen und Gruppen ihren Blick erweitern auf Organisationen, Politik, Gesellschaft und die zwischen ihnen stattfindenden Wechselbeziehungen. Daraus ergibt sich als Aufgabenstellung das Agieren auf verschiedenen Ebenen und langfristig das Herstellen von Verbindungen zwischen diesen.

Vernetzung ist das Herstellen „eines unterstützenden Miteinanders im persönlichen und im lokalen Handlungsfeld." (Wolf Rainer Wendt, 1990)

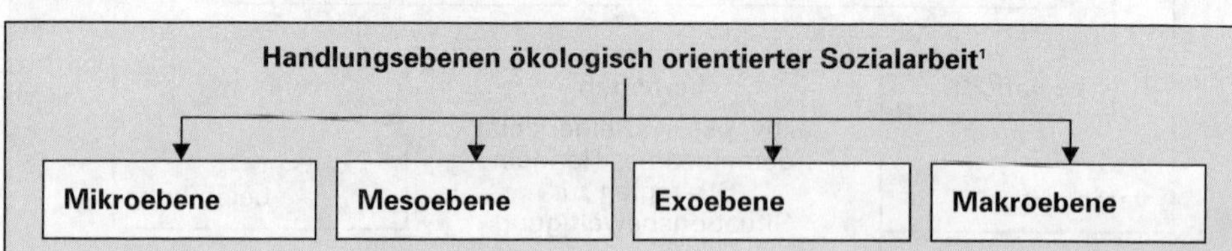

[1] Die einzelnen Ebenen sind in Kapitel 4.1.2 dargestellt

Wie in Kapitel 4.1.2 ausgeführt, können wir die Umwelt als ein **System verschiedener untereinander zusammenhängender Ebenen verstehen:**

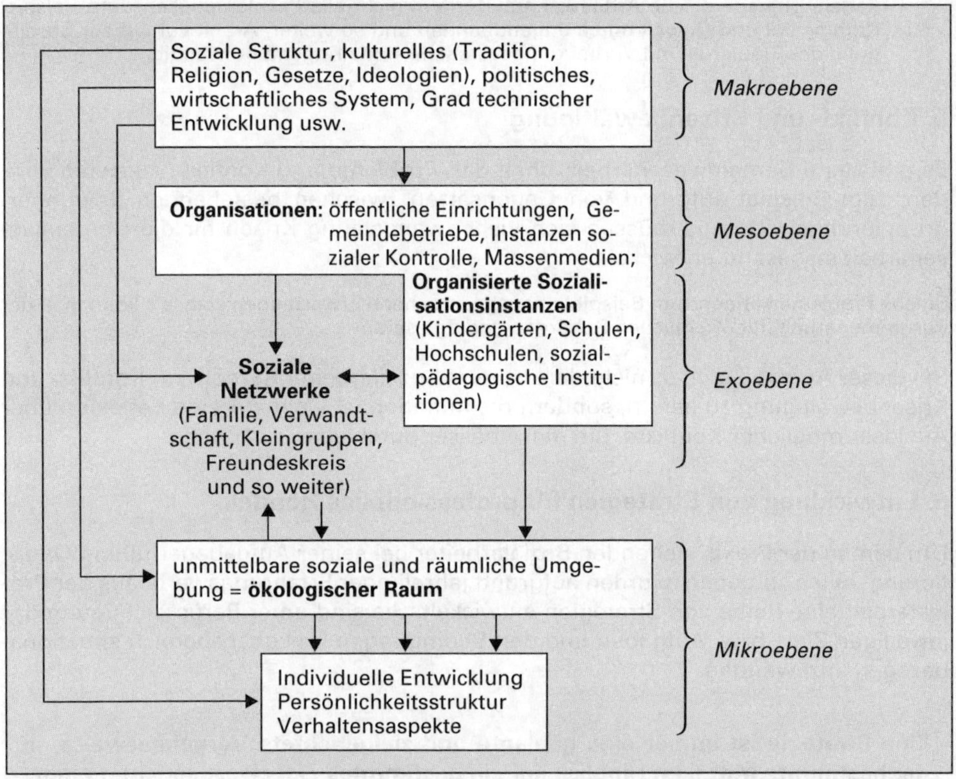

(Quellen: Urie Bronfenbrenner; in Rudolf Miller, 1986; D. Geulen/K. Hurrelmann; in: Rolf Haubl u.a., 1985)

In jedem Gemeinwesen besteht ein Beziehungsnetz formeller (organisierter) Beziehungen wie zum Beispiel zum Kindergarten, zur Schule, zum Betrieb) und informeller (nichtorganisierter) Beziehungen wie beispielsweise zu Freunden, Nachbarn, Mitschülern, Arbeitskollegen, existieren Verknüpfungen zwischen den Bewohnern und ihrer näheren Umwelt. Vor Beginn der Vernetzungsaufgabe muß eine genaue Analyse von Defiziten im bestehenden Beziehungsgefüge durchgeführt werden.

4. Vorbeugung sozialer Probleme

Genaugenommen ist diese Aufgabe langfristig gesehen die wichtigste, denn sinnvoll betriebene Sozialarbeit sollte das Schwergewicht ihrer Arbeit auf die Vorbeugung sozialer Probleme legen.

Dabei sind einmal grundlegende, ursächliche Faktoren sozialer Probleme aufzugreifen. Zum anderen soll bei besonders gefährdeten Gruppen oder in einem gefährdeten Bezirk versucht werden, soziale Probleme erst gar nicht entstehen zu lassen. Und schließlich soll das Wachsen bzw. Chronischwerden von bereits bestehenden sozialen Problemen in einer Risikogruppe verhindert werden (vgl. Peter Friese, 1989).

★ Es sollte nicht übersehen werden, daß präventiv betriebene Sozialarbeit langfristig gesehen zu sinnvollen Einsparungen in den staatlichen Sozialausgaben führen könnte, weil künftig weniger Menschen Bedarf an finanzieller als auch therapeutischer Unterstützung hätten. Therapeutische Arbeit kann außerdem nicht alle Probleme lösen, zum Beispiel Kriminalität und Gewalt durch Jugendbanden und so weiter. Arbeit vor Ort zur Beseitigung der Probleme und Vorbeugungsversuche sind dringend notwendig.

5. Konflikt- und Krisenbewältigung

Es gibt keine Gemeinwesenarbeit, ohne daß Probleme und Konflikte auftreten würden, zum Beispiel aufgrund von Gegensätzen zwischen bestehenden Bewohnergruppierungen. Daraus müssen sich nicht zwangsläufig Krisen für die Gemeinwesenarbeit insgesamt entwickeln.

Solche Probleme können zum Beispiel unausgesprochene Erwartungen sein, sie können in der Zusammenarbeit mit öffentlichen Behörden und dgl. sein.

Bei dieser Aufgabe geht es nicht darum, dem Sozialarbeiter Rezepte zur Konflikt- und Krisenbewältigung zu liefern, sondern die Intention ist vielmehr eine Reflexion über Auslöser möglicher Konflikte, um diese besser durchleben zu können.

6. Entwicklung von Strategien für professionelles Handeln

Um dem in der Praxis stehenden Sozialarbeiter bei seiner Aufgabenerfüllung Orientierungshilfen zu geben, wurden aufgrund jahrelanger Erfahrungswerte aus der Projektarbeit eine Reihe von Strategien entwickelt. Sie sind unter Berücksichtigung der jeweiligen Ziele bzw. Aufgaben und den Bedingungen im Lebensbereich situationsbezogen anzuwenden.

Eine Strategie ist immer eine geplante und zielgerichtete Vorgehensweise, in der bestimmte Mittel im Hinblick auf ein bestimmtes Ziel zweckgerichtet eingesetzt werden.

„Erst wird die Lage eingeschätzt, problematisiert und analysiert, dann eine günstigere erwünschte Lage simuliert (zur Zielerreichung), eine Entscheidung über das Vorgehen getroffen (...) sodann das Beschlossene in einem Prozeß der Durchführung kontrolliert vollzogen – mit begleitender Bewertung des Erfolgs und erneuter Einschätzung der jeweils erreichten Lage. (H. Ulrich/G.J.B. Probst (1988); zitiert nach Wolf Rainer Wendt, 1990)

Strategie

Er tut so, als würde sie ihn nicht interessieren.
Sie tut so, als würde sie nicht merken, daß er nur so tut.
Ihr Desinteresse interessiert ihn,
deshalb tut er so, als wüßte er genau, daß sie nur so tut.
Sein Interesse interessiert sie,
deshalb tut sie so, als täte sie nur so, wie sie tut ...
O heiliger Sankt Josef, wann tut sich denn endlich was?

Jörn Pfennig, 1989[5]

Die Beschreibung der geplanten Durchführung gemeinwesenorientierter Aufgaben beinhaltet mögliche Strategien für die Praxis. Deshalb decken sich die Strategien mit den Aufgaben der Gemeinwesenarbeit: Der Weg um die Aufgaben zu erreichen, muß geplant, organisiert, zielgerichtet und kontrolliert durchgeführt werden.

★ Die vorher beschriebenen Aufgaben sind keinesfalls so zu verstehen, daß der Sozialarbeiter sie zu erfüllen hat; er ist Ansprechpartner für die Gruppen, er stellt sein Wissen zur Verfügung, initiiert, koordiniert die eingeleiteten Aktivitäten der Menschen in ihrem Lebensbereich.

Zusammenfassung:

▶ In der sozialpädagogischen Praxis gibt es eine Reihe von Handlungsmodellen (Konzepten), an denen der Sozialarbeiter sich bei personen- und gegenstandsbezogenen Entscheidungen orientiert. Ein Konzept ist ein Handlungsmodell, in welchem die Ziele, die Inhalte, die Methoden und die Verfahren in einen sinnhaften Zusammenhang gebracht sind. Handlungskonzepte im Sinne der Einzelhilfe sind durch folgende Merkmale gekennzeichnet:

- Im Mittelpunkt steht das Individuum mit seinen Problemen und seiner außergewöhnlichen Belastung.
- Die Hilfe geschieht auf der Grundlage wissenschaftlicher Erkenntnisse vom Menschen und in der effektiven Gestaltung der Beziehung zwischen dem Sozialpädagogen und dem Klienten.
- Das Ziel ist es, daß das Individuum sein Problem lösen und sich aus seiner Belastungssituation befreien kann.

▶ Das psychoanalytische und verhaltensorientierte Handlungskonzept nahmen auf die Sozialpädagogik den größten Einfluß. Die wissenschaftlichen Grundlagen für die Erklärung menschlichen Verhaltens stellen die tiefenpsychologischen Theorien bzw. die Lerntheorien dar. Die Schritte des Vorgehens (Analyse, Planung, Handlung und Bewertung) sind bei jedem Konzept dieselben, unterschiedlich sind die jeweiligen Verfahren, um die gesetzten Ziele zu erreichen.

▶ Die Bedeutung ökologisch orientierter Sozialpädagogik/Sozialarbeit besteht darin, daß sie eine Verbindung herstellt zwischen der bisher einseitig betriebenen Problemzuschreibung entweder dem „Innern" der Person oder den Umweltbedingungen. Aus ökologischer Sichtweise entstehen Probleme als Folge fehlangepaßter Austauschprozesse zwischen Person und Umwelt. Ziel sozialpädagogischer Unterstützung ist deshalb die Stärkung der Anpassungsfähigkeit der Person und Verbesserung der Umweltbedingungen.

▶ Im „Life Model" verbinden Carel B. Germain und Alex Gitterman die ökologische Sichtweise mit dem begrifflichen Rahmen aus einer Reihe unterschiedlicher Denkansätze und leiten daraus eine Methode für die Sozialarbeit ab. Sozialpädagogische Hilfe zielt nach diesem Modell einerseits darauf ab, die Anpassungsfähigkeit des Menschen zu stärken, andererseits die Umwelt, gesellschaftliche Bedingungen dahingehend zu verändern, daß sie menschlichen Bedürfnissen angepaßt sind.

▶ Gemeinwesenarbeit ist eine Methode, die einen Komplex von Initiativen auslöst, durch die die Bevölkerung einer räumlichen Einheit gemeinsame Probleme erkennt, alte Ohnmachtserfahrungen überwindet und eigene Kräfte entwickelt, um diese Probleme und deren Ursachen gemeinsam anzugehen und zu beseitigen sowie an der Verbesserung der Wohlfahrt und der Gesundheit zu arbeiten. Das Arbeitsprinzip der Gemeinwesenarbeit ist schwerpunktmäßig politische Arbeit, da sie als übergeordnetes Ziel die Förderung von Solidarität unter den Bürgern zur aktiven Lösung kollektiver Probleme hat. Neu ist, daß Gemeinwesenarbeit zum handlungsleitenden Prinzip, zu einer Grundorientierung sozialer Arbeit werden soll.

▶ Kennzeichnend für das Arbeitsprinzip der Gemeinwesenarbeit sind folgende Merkmale:

- eine ökologische ganzheitliche Sicht
- der Mensch als Produzent seiner Lebensverhältnisse
- kollektives Handeln

Strategisches Vorgehen in der beruflichen Praxis erfordert Überlegungen hinsichtlich möglicher Ziele der Gemeinwesenarbeit. Das übergeordnete Ziel der Gemeinwesenarbeit ist die qualitative Verbesserung menschlicher Lebensräume. Dies bedeutet:

- Schaffung von Bedingungen, die Selbstbestimmung erlauben
- Stärkung sozialer Beziehungen
- Aufhebung der Benachteiligung bestimmter Personen und Personengruppen

Aufgaben bzw. Strategien einer Gemeinwesenarbeit mit ökosozialer Orientierung sind:

- ökologisch orientiertes Arbeiten unter Berücksichtigung sozioökonomischer, politischer und kultureller Bedingungen
- Aktivierung der Menschen im Sinne aktiven Lernens und Handelns
- Vernetzung verschiedener Ebenen
- Vorbeugung sozialer Probleme
- Konflikt- und Krisenbewältigung
- Entwicklung von Strategien für professionelles Handeln

Aufgaben und Anregungen — Kapitel 11

Reproduktion von Informationen:

1. Bestimmen Sie den Begriff „Konzept". (Abschnitt 11.4.1)
2. Stellen Sie wichtige Merkmale der sozialpädagogischen Einzelhilfe dar. (Abschnitt 11.4.1)
3. Beschreiben Sie das Ziel des psychoanalytischen Handlungskonzeptes. (Abschnitt 11.4.2)

4. Zeigen Sie die Analyse des psychoanalytischen Handlungskonzeptes auf. (Abschnitt 11.4.2)

5. Welche Unterschiede bestehen zwischen dem psychoanalytischen Erstinterview und der tiefenpsychologischen Anamnese?
a) Welche Daten werden erfragt?
b) Mit welchem Ziel wird eine Anamnese beziehungsweise ein Erstinterview durchgeführt?
(Abschnitt 11.4.2)

6. Stellen Sie die Handlung des psychoanalytischen Konzeptes dar. (Abschnitt 11.4.2)

7. Zeigen Sie Verfahrensweisen zur Behebung von psychischen Störungen aus psychoanalytischer Sicht auf. (Abschnitt 11.4.2)

8. Beschreiben Sie die Schritte des Vorgehens nach dem psychoanalytischen Konzept. (Abschnitt 11.4.2)

9. Stellen Sie das Ziel des verhaltensorientierten Handlungskonzeptes dar. (Abschnitt 11.4.3)

10. Beschreiben Sie die Analyse aus verhaltensorientierter Sicht. (Abschnitt 11.4.3)

11. Stellen Sie verschiedene Möglichkeiten zur Änderung des Verhaltens dar auf der Grundlage
a) des klassischen Konditionierens
b) des operanten Konditionierens
c) der sozial-kognitiven Lerntheorie.
(Abschnitt 11.4.3)

12. Beschreiben Sie die Methode der „Reizüberflutung". (Abschnitt 11.4.3)

13. Beschreiben Sie die Schritte des Vorgehens nach dem verhaltensorientierten Konzept. (Abschnitt 11.4.3)

14. Bestimmen Sie den Begriff „Ökologie" und beschreiben Sie die Bedeutung ökologisch orientierter Sozialpädagogik/-arbeit (Abschnitt 11.5.1)

15. Bestimmen Sie folgende Begriffe: Transaktion, Nische, Habitat, Lebens-Streß und coping. (Abschnitt 11.5.2)

16. Stellen Sie das „Life Model" nach Carel B. Germain und Alex Gitterman dar. Berücksichtigen Sie dabei zentrale Annahmen und Begriffe dieses Modells. (Abschnitt 11.5.2)

17. Welche Konsequenzen ergeben sich für die Sozialpädagogik/-arbeit aus dem „Life Model"? (Abschnitt 11.5.3)

18. Zeigen Sie Vorgehensweisen zur Bewältigung individueller Probleme und dem damit verbundenen Streß für die Sozialarbeit aus ökologischer Sicht. (Abschnitt 11.5.3)

19. Bestimmen Sie den Begriff „Gemeinwesenarbeit", und stellen Sie dar, was man mit dem „Gemeinwesenarbeit als Arbeitsprinzip" meint.
(Abschnitt 11.6.1)

20. Beschreiben Sie Merkmale des Arbeitsprinzips der Gemeinwesenarbeit.
(Abschnitt 11.6.2)

21. Zeigen Sie Ziele der Gemeinwesenarbeit als Arbeitsprinzip auf.
(Abschnitt 11.6.3)

22. Stellen Sie wichtige Aufgaben der Gemeinwesenarbeit als Arbeitsprinzip dar.
(Abschnitt 11.6.4)

Anwendungsaufgaben:

23. Bestimmen Sie den Begriff „Handlungskonzept der Sozialpädagogik" und beschreiben Sie ein Ihnen bekanntes Handlungskonzept im Sinne der Einzelhilfe an einem ausgewählten Beispiel.
(Abschnitt 11.4.1 und 11.4.2 oder 11.4.3)

24. Formulieren Sie zu den zentralen Themenkomplexen einer tiefenpsychologischen Anamnese mögliche Fragen zur Gewinnung lückenloser Informationen über den Klienten.
(Abschnitt 11.4.2)

25.

Fallbeschreibung: Christoph

„Christoph ist 10 Jahre und macht immer noch nachts ins Bett. Dabei war er schon einige Jahre ganz sauber. Dies war bei seiner Großmutter. Dort lebte er mit seiner Mutter zusammen bis zu seinem 7. Lebensjahr. Die Mutter war tagsüber berufstätig. Sie war nicht verheiratet. Versorgt wurde Christoph von seiner Großmutter. Er war ein sehr lieber und stiller Junge. Mit ca. 3 Jahren war Christoph Tag und Nacht vollständig sauber. Der spätere Ehemann der Mutter adoptierte Christoph. Die neue Familie zog zusammen in eine andere Stadt, die von der Großmutter weit entfernt war. Christoph konnte die Großmutter jetzt höchstens in den Ferien besuchen. Ein halbes Jahr nach dem Umzug begann Christoph bis zu viermal in der Woche nachts einzunässen." (Ulrike Petermann, 1991)

a) Stellen Sie mögliche Ursachen für das Einnässen dar.
b) Erklären Sie die mögliche Entwicklung dieses Problemverhaltens mit Hilfe der psychoanalytischen Theorie.
c) Beschreiben Sie anhand dieses Beispiels die Schritte sozialpädagogischen Vorgehens entsprechend dem psychoanalytischen Konzept.
(Abschnitt 11.4.2)

26.

Fallbeschreibung: Elke

Elke, 10 Jahre, hat vor vielen Dingen Angst, aber am meisten vor der Schule. Vor allem hat Elke Angst, in der Schule einen Fehler zu machen, sie möchte immer perfekt sein. Schon wenn Elke daran denkt, daß sie vielleicht in einer Klassenarbeit einen Fehler gemacht hat, wird sie ganz unruhig, fängt an zu schwitzen, ihr Herz schlägt schneller und lauter. Manchmal bekommt Elke ganz schlimme Angst, dann kommt ihr Kreislauf so in Schwung, daß sie sofort zur Toilette muß. Elke sitzt schon richtig die Angst im Nacken, und sie weiß nicht, wie sie diese wieder loswerden kann. (aus: Ulrike Petermann, 1991)

a) Beschreiben Sie das problematische Verhalten Elkes.
b) Analysieren Sie die Bedingungen, unter denen das ängstliche Verhalten auftritt.
c) Formulieren Sie mögliche Ziele hinsichtlich einer erstrebenswerten Verhaltensänderung.
d) Erläutern Sie anhand des vorliegenden Sachverhalts mögliche verhaltenstherapeutische Verfahrensweisen, um Elkes Angst abzubauen.
e) Zeigen Sie Möglichkeiten für eine Erfolgssicherung und Stabilisierung positiver Veränderungen auf.

27.

Fallbeschreibung: Frau Reisig

Als Frau Reisig im vergangenen Jahr mit einer Reisegesellschaft in Italien unterwegs war, verschuldete der Busfahrer einen Unfall, bei dem mehrere Personen schwer verletzt wurden. Obwohl Frau Reisg selbst unverletzt blieb und mit einem Schock davonkam, hat sie seither panische Angst, in einen Bus einzusteigen. Bereits wenn sie einen Bus sieht oder an einer Bushaltestelle vorbeikommt, bricht sie in Schweiß aus und empfindet starkes Unbehagen. Ein einziges Mal hat sie versucht, mit schweren Einkaufstaschen aus der Stadt mit dem Bus heimzufahren, mußte aber aufgrund starker Übelkeit an der nächsten Haltestelle wieder aussteigen. Inzwischen vermeidet Frau Reisig nicht nur jede Busfahrt, sondern läßt auch ihren 7jährigen Sohn durch Nachbarn von der Bushaltestelle abholen.

a) Formulieren Sie an diesem Beispiel Grundannahme und Zielsetzung des verhaltensorientierten Konzeptes, und nehmen Sie anhand diesen Falles eine Verhaltensanalyse vor.
b) Zeigen Sie auf der Grundlage **einer** Lerntheorie (klassisches Konditionieren, operantes Konditionieren oder sozial-kognitive Lerntheorie) Möglichkeiten auf, wie Frau Reisig geholfen werden kann.

(Abschnitt 11.4.3)

28. Beschreiben Sie an einem ausgewählten Beispiel grundlegende Annahmen und Begriffe eines ökologischen Modells.
(Abschnitt 11.5.2)

29. Zeigen Sie an einem geeigneten Beispiel die Bedeutung ökologisch orientierter Sozialpädagogik/-arbeit auf.
(Abschnitt 11.5.1 und 11.5.3)

30. Bestimmen Sie den Begriff „Gemeinwesenarbeit als Arbeitsprinzip" und stellen Sie an einem Beispiel Merkmale dieses Arbeitsprinzips dar.
(Abschnitt 11.6.1 und 11.6.2)

31. Stellen Sie an einem geeigneten Beispiel Ziele der Gemeinwesenarbeit dar.
(Abschnitt 11.6.3)

32. Beschreiben Sie an einem Beispiel aus der Sozialarbeit mögliche Aufgaben der Gemeinwesenarbeit als Arbeitsprinzip.
(Abschnitt 11.6.4)

33. In einem städtischen Neubauviertel mit 20 Hochhäusern soll ein Streetworker mit Hilfe der Gemeinwesenarbeit als Arbeitsprinzip das Problem steigender Jugendkriminalität und zunehmender Brutalität effektiv bekämpfen.
Beschreiben Sie an diesem Beispiel Aufgaben der Gemeinwesenarbeit als Arbeitsprinzip.
(Abschnitt 11.6.4)

34.

Die Stadt Schwandt

Die Stadt Schwandt hat sich aufgrund der steigenden Kriminalitätsrate bei Jugendlichen und zunehmender Konflikte zwischen Jugendgruppen und Asylanten zur Anstellung eines Sozialpädagogen für Gemeinwesenarbeit durchgerungen. Nach ihrer Anstellung findet die Sozialpädagogin folgende Situation vor:

Schwandt zerfällt in zwei sehr unterschiedliche Stadtteile: Altenschwandt und Neuenschwandt. Für den Stadtteil Altenschwandt ist eine eher kleinstädtisch dörfliche Struktur charakteristisch. Er ist durch eine breite Straße von Neuenschwandt getrennt. Der Ortskern Altenschwandt kann auf eine langjährige Geschichte und eigene Tradition zurückblicken mit langsam gewachsenen Beziehungsstrukturen zwischen den Bewohnern. Das neu entstandene Wohngebiet in Neuenschwandt besteht aus einfachen Hochhäusern und Wohnblocks. Es lebt dort eher die einkommensschwache Bevölkerung, bevorzugt Arbeiterfamilien, Alleinerziehende mit Kindern, Spätaussiedler, Gastarbeiter, und neuerdings wurde dort auch auf einem Grundstück der Stadt eine Containersiedlung für Asylanten errichtet. Die Bewohner sind darüber entrüstet, weil einige engagierte Eltern beim Stadtrat schon des öfteren die mangelnden Spielmöglichkeiten für ihre Kinder auf den sterilen Grünflächen zwischen den Hochhäusern beklagten. Sie forderten schon seit Jahren, auf diesem Grundstück ein Spiel- und Freizeitgelände zu errichten.

Die Unzufriedenheit über die Wohnsituation in Neuenschwandt ist groß, sie äußert sich in der Einstellung, dort nur vorübergehend zu wohnen. Die Integrationsbereitschaft in diesem Stadtteil ist folglich nicht besonders hoch. Dazu trägt auch ein Defizit im Sozial- und Freizeitbereich bei. Die Möglichkeiten, sich nach Feierabend zu treffen, sind stark eingeschränkt, weil es außer einem Speiselokal und einer Eisdiele keine weiteren Kneipen gibt.

Ganz anders sieht die Situation in Altenschwandt aus. Ein Teil der Bewohner lebt in dem Ortsteil bereits über Generationen. Die verwandtschaftlichen Verflechtungen sind demnach auch entsprechend hoch. Es existieren eine große Anzahl informeller[1] Treffpunkte (Metzger, Bäcker, Friseur etc.), die als Orte der Kommunikation intensiv genutzt werden. Außer einigen Kneipen gibt es noch eine große Anzahl von Vereinen, die von vielen Bewohnern mitgetragen werden. All diese Faktoren tragen mit dazu bei, daß das Zugehörigkeits- und Zusammengehörigkeitsgefühl sehr groß ist.

Ein reicher Geschäftsmann aus Altenschwandt möchte auf dem städtischen Grundstück mit der Containersiedlung ein Tennis- und Squashcenter errichten. Da er gute Verbindungen zum Stadtrat besitzt, erhofft er sich einen günstigen Preis für den Kauf dieses Grundstückes. Die Stadt sucht allerdings noch nach einer anderen Unterbringungsmöglichkeit für die Asylanten. Stattdessen fordert eine der Oppositionsparteien die Errichtung eines Bürgerzentrums, was die Mehrheitspartei aufgrund der Finanzknappheit jedoch für nicht realisierbar hält. Die andere Oppositionspartei dagegen favorisiert angesichts der sozialen Probleme in diesem Stadtteil eher den Bau eines Jugendbegegnungszentrums, das von der Stadt Schwandt und der katholischen Kirche gemeinsam getragen werden sollte. Die Sozialarbeiterin steht nun vor dem Problem: Wie ist unter diesen Bedingungen eine möglichst qualifizierte Gemeinwesenarbeit durchzuführen?

(Name der Stadt und Situationsbeschreibung entspricht nicht realen Gegebenheiten)

a) Analysieren Sie die Wohn- und Lebensbedingungen in Schwandt im Sinne einer ökologisch ganzheitlichen Betrachtung.
(Abschnitt 11.6.4)

b) Beschreiben Sie die aktuellen Probleme in Schwandt, und formulieren Sie mögliche Ziele der Gemeinwesenarbeit zur Verbesserung der Lebensverhältnisse im Stadtteil Neuenschwandt.
(Abschnitt 11.6.3)

c) Welche langfristigen Aufgaben hat die Sozialpädagogin zu bewältigen? Beschreiben Sie anhand der vorliegenden Situation Möglichkeiten zu deren Realisierung.
(Abschnitt 11.6.4)

[1] informell: formlos, nicht organisiert

35.

Das Stadtviertel St. Leo

Das Stadtviertel „St. Leo" ist vor ca. dreißig bis vierzig Jahren entstanden infolge des großen Zuzuges von Arbeitskräften in erster Linie für eine große Autofirma; es hat in den letzten zwei Jahrzehnten an Bewohnern erheblich zugenommen. In den letzten Jahren kamen noch viele Aussiedler und Flüchtlinge hinzu. Gemeinnützige Vereine, aber auch die Stadt Aubruck selbst, haben hier für sozial schwächer gestellte Menschen Wohnblocks errichtet. Der Stadtteil hat einen sehr hohen Anteil von Ausländern, es wohnen hier vor allem sehr viele türkische Familien. Für die Jugendlichen gibt es dort so gut wie keine Möglichkeiten, sich zu treffen, miteinander etwas zu machen. Viele Jugendliche wollen in die Stadt fahren, weil dort „etwas los ist", doch die Busverbindungen zur Stadtmitte sind vor allem abends nicht optimal.

a) Bestimmen Sie den Begriff ‚Gemeinwesenarbeit als Arbeitsprinzip' und beschreiben Sie Merkmale der Gemeinwesenarbeit als Arbeitsprinzip.
(Abschnitt 11.6.1 und 11.6.2)

b) Beschreiben Sie mögliche Ziele, die die Gemeinwesenarbeit in St. Leo erfordert.
(Abschnitt 11.6.3)

c) Zeigen Sie am oben beschriebenen Beispiel Aufgaben der Gemeinwesenarbeit als Arbeitsprinzip auf.
(Abschnitt 11.6.4)

Anregungen:

36. Auch in Ihrer Wohnsiedlung gibt es möglicherweise Defizite, welche bei den Bürgern Unzufriedenheit auslösen. Um Veränderungswünsche festzustellen, könnten Sie mit anderen Mitschüler(n)/innen eine Bewohnerbefragung durchführen.

Das Interview könnte nach folgenden Fragen ablaufen:
- Womit im Bezirk sind Sie zufrieden?
- Womit sind Sie unzufrieden?
- Was könnte Ihrer Meinung nach getan werden?
- Meinen Sie, daß Sie selbst an Veränderungen mitwirken könnten?
- Wie lange wohnen Sie schon im Bezirk?
- Welche Kontakte pflegen Sie innerhalb oder außerhalb des Wohngebiets?

37. Sammeln Sie alle möglichen Meldungen in Zeitungen, Flugblättern und anderem über Initiativgruppen, Aktionen, Nachbarschaftshilfen usw. in Ihrer Wohngegend.

a) Fertigen Sie aus dem gesammelten Material gemeinsam eine Collage an.
b) Begründen Sie, in welchen Gruppen Sie selbst gern mitarbeiten würden.

38. Photographieren Sie für eine Wandtafel Gebäude und für Sie wichtige Eindrücke aus Ihrem Wohnbereich.

a) Beschreiben Sie die wesentlichen Merkmale Ihrer Umwelt.
b) Diskutieren Sie die Vor- und Nachteile des Lebens in der Großstadt bzw. auf dem Land.
c) Welche Bereiche Ihrer Umgebung bestimmen Ihr Verhalten?
Diskutieren Sie, in welchen Bereichen Sie an der Belastung der Umwelt mitwirken.
Was könnten Sie tun, um Ihr Verhalten zu ändern?

39. Zeichnen Sie den Grundriß Ihrer Wohnung, Ihres Zimmers, mit der entsprechenden Anordnung der Möbel.

a) Nehmen Sie in Absprache mit einem(r) Mitschüler(in) zweckmäßige Veränderungen vor.

b) Beschreiben Sie die Auswirkungen dieser veränderten Umwelt auf Ihr Verhalten und damit auf Sie als Person.

40. Rollenspiel: „Eine Siedlung in Germering fordert einen dritten Kindergarten."

Information:

Dieses Neubaugebiet am Stadtrand ist in den letzten (zwanzig) Jahren infolge der Industrialisierung Germerings, aber vor allem durch den Zuzug von Arbeitskräften für Münchner Unternehmen entstanden. Versicherungen, aber auch die Stadt Germering selbst, haben hier für sozial schwächer gestellte Menschen – darunter verhältnismäßig viele Spanier, Italiener und Türken – Wohnblocks errichtet. An Garagen mangelt es nicht, wohl aber an geeigneten Spielmöglichkeiten für Kinder und an natürlichem Lebensraum. Die zwei in dieser Siedlung vorhandenen Kindergärten sind überfüllt. Nur etwa jedes vierte Kind im Alter von drei oder vier Jahren kann aufgenommen werden. Bei ausländischen Kindern ist dieses Verhältnis noch ungleich ungünstiger. In Germering ist deshalb eine Initiativgruppe entstanden. Ihrer Aktivität ist es zu verdanken, daß heute eine Bürgerversammlung stattfindet.

Gruppe 1: Bürgerinitiative „Germering" (sie setzt sich vornehmlich aus deutschen, aber auch einigen ausländischen Eltern zusammen, die sich bislang vergeblich um einen Kindergartenplatz für ihre Sprößlinge bemühten; Initiatorin dieser Gruppe ist eine betroffene Mutter).

Gruppe 2: Vertreter des Stadtrates (Äußerungen zu gemachten Wahlversprechen; beabsichtigte Bauvorhaben und sonstige Planungen für Germering).

Gruppe 3: Sozialarbeiter und Erzieher (Vertreter des Jugend- und Sozialamtes; Leiterinnen der bereits vorhandenen überfüllten Kindergärten).

Gemeinsame Auswertung mit Rollenbesprechung.

41. Rollenspiel: „Wir wollen in St. Leo einen Jugendtreff"

Lesen Sie bitte die Fallbeschreibung „Das Stadtviertel St. Leo" in Aufgabe 35.

Es ist eine Initiativgruppe entstanden, die im Leoviertel einen Jugendtreff errichten will.

Gruppe 1: Inititativgruppe, die sich vornehmlich aus Jugendlichen, aber auch aus einigen Erwachsenen aus dem Leoviertel zusammensetzt.

Gruppe 2: Vertreter des Stadtrates (Äußerungen zu gemachten Wahlversprechen; sonstige Planungen für Germering).

Gruppe 3: Vertreter des Stadtjugendringes sowie des Jugend- und des Sozialamtes

Gruppe 4: Einige Jugendliche vom Leoviertel, die nicht der Initiativgruppe angehören. Darunter befinden sich auch viele ausländische Jugendliche

Gemeinsame Auswertung mit Rollenbesprechung.

42. Sie haben als Sozialpädagogin/-pädagoge vor, mit Betroffenen ein Problem im Gemeinwesen zu bearbeiten (zum Beispiel fehlende Kindergartenplätze, fehlenden Jugendtreff, fehlenden Wohnraum).
Entwerfen Sie eine Strategie, wie dieses Problem auf der Grundlage des Arbeitsprinzips der Gemeinwesenarbeit angegangen werden könnte.

12 Erziehung unter erschwerten Bedingungen

12.1 Krankheit und Gesundheit

Daß wir gesund sind, ist uns in der Regel nicht bewußt. Erst wenn ein Zahn schmerzt, wenn wir Schweißausbrüche und Schwindelgefühle haben, wenn wir bestimmte Speisen nicht mehr zu uns nehmen dürfen oder wenn wir nicht mehr „arbeitsfähig" sind, erkennen wir, daß der scheinbare Normalzustand „Gesundheit" nicht selbstverständlich ist. Wie sehr unser Leben durch Krankheit und Gesundheit bestimmt ist, erfahren wir meistens erst dann, wenn wir tatsächlich auch krank bzw. wieder gesund werden. Krankheit erleben wir als Einschränkung, Gesundheit als Erweiterung unserer Möglichkeiten. Bei diesen Prozessen des Gesund- und Krankwerdens ist nie genau festzustellen, wann der jeweils andere Zustand genau eingetreten ist, die Übergänge sind immer fließend. Das zeigt sich auch daran, daß es eine eindeutige, allgemein akzeptierte Definition von Krankheit und Gesundheit bis heute nicht gibt.

12.1.1 Krankheit ist nicht das Gegenteil von Gesundheit

Es gibt im Alltag viele Begriffe, um Auffälligkeiten im Verhalten und Erleben einer Person zu bezeichnen: gestreßt, nervös, kaputt, abgeschlafft, niedergeschlagen, down usw. Von „krank" spricht man erst dann, wenn der Zustand der betroffenen Person nicht mehr als „normal" betrachtet werden kann und einer besonderen Erklärung bedarf. Es handelt sich dann um beobachtbare oder drohende Störungen im Verhalten, in der Leistungsfähigkeit, meistens aber im Wohlbefinden – Krankheit ist oft auch mit Schmerz verbunden.

Ob ein Mensch krank ist und wie krank er ist, das ist oft schwer feststellbar. Wer glaubt, daß er Fieber hat, prüft dies normalerweise mit dem Fieberthermometer nach. Wenn das Thermometer über 38° zeigt, weiß er, daß er tatsächlich krank ist. Er kann dann Medikamente nehmen, kann zum Arzt gehen und sich „krankschreiben" oder pflegen lassen; er kann auch versuchen, die Krankheitssymptome zu ignorieren und hoffen, daß sie wieder verschwinden. Wenn das Empfinden jedoch nicht eindeutig vom Thermometer bestätigt wird, so bleibt dem Betroffenen trotzdem das Gefühl, daß es ihm „nicht gut geht". Während Krankheitssymptome wie „Fieber" noch leicht objektivierbar sind, sind solche von außen überprüfbare Anzeichen bei „Übelkeit" oder „Kopfweh" schwerer zu finden.

Wenn man das Wort ‚Krankheit' hört, denkt man in erster Linie daran, daß körperlich irgend etwas nicht in Ordnung ist. Durch die Verwendung des Begriffs „Krankheit" werden **körperliche Veränderungen** angesprochen: Sie sind Folge irgendwelcher vermuteter oder beobachtbarer Störungen der normalen Funktionen des Körpers bzw. seiner Organe oder Organsysteme sowie des normalen Stoffwechsels. Dieser veränderte Zustand läßt sich in der Regel objektiv bestimmen.

Beispiele für eine objektive Bestimmung sind Temperaturmessung, Erhebung von Blutwerten, Messung des Blutdrucks usw.

Diese Beobachtungen entsprechen oft, jedoch nicht immer, dem subjektiven Eindruck, den ein Mensch von sich hat, der sich selbst als krank bezeichnet.

Doch damit ist der Begriff Krankheit nur unzureichend beschrieben, es muß auch der psychologische Aspekt berücksichtigt werden: Der einzelne erlebt ein **seelisches Unwohlsein,** er kann sich mehr oder weniger krank *fühlen.*

★ Es läßt sich nicht bei jedem, der sich krank fühlt, eine Störung im Zusammenspiel der Funktionsabläufe und des Stoffwechsels nachweisen; dies kann möglich sein, muß aber nicht.

Und schließlich bedeutet Krankheit auch eine **soziale Beeinträchtigung:** Das Individuum ist eingeschränkt in seiner Leistungsfähigkeit, in der Erfüllung der Rollen und Aufgaben, die es zu bewältigen hat, sowie in seinen sozialen Kontakten.

So zum Beispiel kann ein Kranker (vorübergehend) seinen Beruf nicht mehr ausüben, er kann seine Freunde nicht mehr besuchen oder einfach nicht mehr „weggehen", da er möglicherweise an das Bett gefesselt ist.

Krankheit ist in der Regel ein **heilbarer Zustand:** Wer krank ist, kann mit Ausnahme von chronischen Krankheiten auch wieder gesund werden. Dabei läßt sich oft nicht präzise feststellen, ob eine Person „noch nicht" oder „nicht mehr" krank bzw. gesund ist.

Gegenüber der medizinischen Sicht ist bei Krankheit oft das **subjektive Empfinden** ausschlaggebend: Von zwei Menschen, die sich in einem vergleichbaren körperlichen Zustand befinden, kann sich einer krank und der andere gesund fühlen.

Gesundheit wird allgemein verstanden als die Abwesenheit von Krankheit. Gesund fühlt man sich jedoch meistens nicht in einer besonderen Weise – so wie man sich krank fühlt. Gesundsein bezeichnet eher einen allgemeinen Zustand des „Normalen" und „Nicht-Krankseins". Die Welt-Gesundheits-Organisation (WHO) geht in ihrer Bestimmung von Gesundheit jedoch noch darüber hinaus. Demnach ist Gesundheit nicht einfach das Gegenteil von Krankheit; völlige Gesundheit ist mehr, sie bedeutet einen Zustand allseitigen körperlichen, seelischen und sozialen Wohlbefindens und nicht nur ein Freisein von Krankheit und Gebrechen (Definition der Welt-Gesundheits-Organisation)

Gesundheit ist ein Zustand allseitigen körperlichen, seelischen und sozialen Wohlbefindens und nicht nur ein Freisein von Krankheit und Gebrechen.

Sieht man sich diese Definition der Welt-Gesundheits-Organisation näher an, so kann man davon ausgehen, daß sich kein Mensch als gesund bezeichnen kann; Gesundheit wird hier als statischer Zustand gesehen, doch in Wirklichkeit sind Gesundheit und Krankheit ein *dynamischer und sich immer wieder verändernder Prozeß.* Eine klare Trennungslinie zwischen ‚gesund' und ‚krank' ist deshalb nicht möglich, die Grenzen sind fließend.

Es ist deshalb kaum möglich, daß ein Mensch immer ganz gesund ist; nur Gesunde und nur Kranke sind als Grenzfälle zu betrachten, die es in der Realität nicht gibt. Aus dieser Sichtweise heraus sind *Gesundheit und Krankheit wesentliche Prozesse, die im menschlichen Leben immer wieder auftauchen.* Beides, Krankheit und Gesundheit, gehört zum Leben.

12.1.2 Krankheit kann jeden Menschen treffen

Krankheiten können in unterschiedlicher Schwere auftreten und jeden Menschen zu jeder Zeit treffen.

- Als leichtere Krankheiten mit völliger Ausheilung ohne bleibende Folgen können sie ein Signal oder sogar eine Chance sein, etwa unsere Lebensgewohnheiten zu überdenken. Auch wenn sie im akuten Zustand schmerzhaft sein können, so werden sie doch nur als ein Zwischenfall im Leben wahrgenommen.

  So kann zum Beispiel eine Erkrankung der Leber oder der Lunge bewirken, daß über die Rauch- und Trinkgewohnheiten nachgedacht wird; eine Allergie kann in Zusammenhang mit den Ernährungsgewohnheiten gebracht werden und dort Veränderungen nach sich ziehen.

- Als schicksalhaft sich einstellende Krankheiten, als schwere und chronische oder mit bleibenden Folgen verbundene Krankheiten können sie auch eine Krise im Leben auslösen oder diese bewußt machen. Durch die mit einer Krankheit verbundenen Schmerzen und Leiden kann sie auch Anlaß sein, Lebenseinstellungen zu ändern. Wenn sie nicht nur als körperliche Veränderung oder Verschlechterung des Körperzustandes aufgefaßt wird, kann eine Krankheit auch als Zeichen mit einer tieferen Bedeutung aufgefaßt werden. Weil sie den ganzen Menschen und sein Lebensumfeld betrifft, ist mit jeder Krankheit auch die Chance verbunden, sich selbst und seine gesamten Lebensbedingungen zu überdenken.

Krankheit kann Schmerz, Leid und Krise bedeuten, sie kann aber auch Chance und Bewährung sein.

„Viele Menschen, die außergewöhnliche Heilungen erlebten, beschrieben ihr Leben vor der Krankheit als düster und sinnentleert. Manche hatten sich in ihrem tiefen seelischen Schmerz verloren, und einige sehen die Krankheit als physische Manifestation ihres Schmerzes. Oft war es der erste Schritt zur Heilung, einen neuen Lebenssinn zu finden." (Paul C. Roud, 1992)

Da die Menschen ihre körperlichen, geistigen und sozialen Bedingungen mitgestalten, ist der Umgang mit Krankheiten und das Streben nach Gesundheit auch eine **Aufgabe,** die sich jedem einzelnen stellt. Zwar ist jeder in der modernen Welt eingebunden in Verhältnisse, die aufgrund fortschreitender Technisierung und Umweltzerstörung mit vielen gesundheitlichen Gefahren und Risiken verbunden sind. Andererseits kann er durch eine vernünftige Lebensweise und Vermeidung zusätzlicher Risiken auch zum eigenen Wohlbefinden und zur eigenen Gesundheit beitragen. Hierzu gehört auch die Fähigkeit, sich zu öffnen, zu genießen und positiv zu denken.

„Es ist also an der Zeit, eine Medizin und eine Psychologie des Lustprinzips zu (re-)etablieren und den Blick wieder auf die engen Zusammenhänge zwischen Genuß und Gesundheit zu lenken. Dieser Zusammenhang ist vor allem psychologischer Natur. Psychische und physische Widerstandskraft gegen Krankheiten und Zivilisationsrisiken ist das Ergebnis der vielen kleinen (und großen) Freuden des Alltags, von Zufriedenheit, Vergnügen, Lachen und Lebensfreude. ... Angst, Feindseligkeit und Depression hingegen schwächen das Immunsystem und gehen einher mit einem deutlich höheren Erkrankungsrisiko." (Heiko Ernst, 1990)

12.1.3 Krank oder gesund ist der ganze Mensch, nicht nur sein Körper

Allzuoft wird bei Krankheiten nur der körperliche Aspekt bedacht. Der Schmerz wird am Körper wahrgenommen, die vom Arzt verordneten Heilmaßnahmen wie Medikamente oder Hilfsmittel sind auf den Körper bezogen, und am körperlichen Wohlbefinden wird die Gesundheit festgemacht. Der Mensch ist jedoch mit seinen körperlichen und psychischen Anteilen von den Krankheiten betroffen; dies gilt sogar für scheinbar rein körperliche Erkrankungen.

Es gibt „praktisch keine Krankheit, bei der die psychische Seite keine Berücksichtigung erforderte. Auch wenn der Mensch durch einen Unfall eine Knochenfraktur erlitten hat, hängt der Heilungsprozeß wesentlich davon ab, welche innere Einstellung er zu diesem Geschehen hat. (...) Wenn aber einmal ein Mensch auch zunächst aus im Organischen gelegenen Ursachen krank geworden ist, ist immer der ganze Mensch krank." (Arthur Jores, 1981[2])

Körperliche und seelische Vorgänge stehen nicht nebeneinander, zwischen **Körper** (griech.: soma: der Körper) und **Psyche** (= Seele) besteht ein enger Zusammenhang; sie stehen zueinander in einer engen Wechselwirkung. Leib und Seele sind also nicht zwei voneinander getrennte Erscheinungen, sondern bilden eine Einheit, die von vorneherein zusammengehört. Veränderungen im Körper führen auch zu Veränderungen des Erlebens und Verhaltens und umgekehrt.

So werden zum Beispiel gefühlsmäßige Erregungen von körperlichen Vorgängen begleitet, andererseits haben körperliche Vorgänge seelische Begleiterscheinungen.

Diese Wechselwirkung zwischen Körper und Psyche kann sowohl unter **psychosomatischen** als auch unter dem **somatopsychischen Gesichtspunkt** betrachtet werden:

Die psychosomatische Betrachtungsweise bringt zum Ausdruck, daß *die Psyche den Körper beeinflußt.*

Starke Gefühlsregungen wie beispielsweise Angst und Wut werden von körperlichen Erregungen im Nervensystem begleitet. Angstzustände gehen zum Beispiel einher mit erhöhter Puls- und Atemfrequenz, erhöhtem Blutdruck und Hautwiderstand, hormonellen Veränderungen und erhöhtem Muskeltonus.

Wenn solche Erregungszustände aufgrund äußerer Umstände länger andauern, belasten sie den Organismus. Diese Dauerbelastung kann dann zu Schäden bestimmter Körperorgane führen. Die Krankheit zeigt sich hierbei am Körper, hat aber psychische Ursachen.

Psychosomatische Krankheiten können zum Beispiel Hautkrankheiten, Erkrankungen der Atemorgane, des Herz- und Kreislaufsystems, des Blutes und des Lymphsystems, des Magen- und Darmtraktes, Störungen der Sinnesorgane oder der Skelettmuskulatur sein.

Die somatopsychische Betrachtungsweise bringt zum Ausdruck, daß *seelische Vorgänge ihren Ursprung in körperlichen Zuständen oder körperlichen Veränderungen haben* können.

Eine Überproduktion des Schilddrüsenhormons Thyroxin hat zum Beispiel als körperliche Folgen Nervosität, Konzentrationsstörungen, Überempfindlichkeit und Stimmungsschwankungen. Länger andauernde körperliche Krankheiten oder Beeinträchtigungen können zu psychischer Verstimmung oder zu Depression führen.

Die Auswirkungen zeigen sich also zuerst im psychischen Bereich, haben aber körperliche Ursachen. Insbesondere bei psychischen Beeinträchtigungen (vgl. Abschnitt 12.3) ist abzuklären, ob das Verhalten durch körperliche Prozesse bedingt ist oder nicht.

12.2 Beeinträchtigungen

Von einer Beeinträchtigung spricht man immer dann, wenn die *Entwicklung des Menschen* durch verschiedene Bedingungen **erschwert** ist.

Wenn beispielsweise ein Kind aufgrund einer spastischen Lähmung seine Gliedmaßen nicht frei und ungehindert bewegen kann, kann es manche Tätigkeiten wie etwa „ein Spielzeug Festhalten" oder „auf den anderen Zugehen" gar nicht bzw. erschwert ausführen.

Beeinträchtigten sind manche Erfahrungsmöglichkeiten verwehrt, durch eingeschränkte Erkundungs- und Erprobungsmöglichkeiten kann ihr Selbstvertrauen und ihre Leistungsfähigkeit gemindert werden. Dies erschwert ihre **persönliche Entwicklung**. Durch diese Einschränkung sind Beeinträchtigte auch in verstärktem Ausmaß als andere Kinder auf ihre Mitmenschen angewiesen.

Wenn ein Kind zum Beispiel aufgrund seiner Lähmung nur undeutlich sprechen kann oder beim Lächeln sein Gesicht verzieht, wird es oft mißverstanden, und seine Gefühlsäußerungen werden falsch interpretiert. Mit einer Lähmung ist auch eine intensivere medizinische Versorgung sowie ein erhöhter Pflegeaufwand verbunden, der alle Betroffenen viel Zeit und Anstrengung kostet.

Das stärkere Angewiesensein auf die anderen und die damit verbundene Abhängigkeit ist ebenfalls eine erschwerende Bedingung für die **soziale Entwicklung** eines Menschen.

Ein körperbehinderter Mann berichtet: „Bin mehr an die Gesellschaft gekettet. Weil ich auf Leute angewiesen bin. Vielleicht liegt darin auch eine Chance." (Jürgen Hobrecht, 1981[3])

Die Entstehungsbedingungen für solche Erschwerungen der Entwicklung liegen jedoch nicht nur im **körperlichen Bereich;** dort sind sie nur am deutlichsten sichtbar. Bei einem extrem ängstlichen oder aggressiven Kind können die erschwerenden Bedingungen auch im **psychischen Bereich** liegen. Wenn dies nicht rechtzeitig erkannt wird, so daß geeignete pädagogische oder psychologische Maßnahmen ergriffen werden, kann sich dies ebenfalls sehr stark auf die soziale Entwicklung auswirken. Oft kann jedoch nicht genau geklärt werden, ob körperliche oder psychische Ursachen für die Erschwerung ausschlaggebend sind, wie beispielsweise bei manchen Lernstörungen. Benachteiligungen im *sozialen und materiellen Bereich* können sich ebenfalls erschwerend auf die Entwicklung auswirken. Kinder, die nicht die entsprechende soziale Unterstützung erhalten, können ihre Fähigkeiten nicht voll ausschöpfen und versagen vielleicht in der Schule.

Beeinträchtigungen sind Erschwerungen in der persönlichen und sozialen Entwicklung des Menschen. Beeinträchtigungen können in unterschiedlicher Intensität und in unterschiedlichen Bereichen der Entwicklung auftreten.

Eine Beeinträchtigung kann auftreten als:

- **Behinderung,** wenn sie aufgrund einer Schädigung im körperlichen Bereich umfänglich, schwer und langfristig eine Person an ihrem unmittelbaren Lebensvollzug und ihrer Teilhabe am gesellschaftlichen Leben einschränkt (vgl. Abschnitt 12.2.1),
- **Störung,** wenn sie teilweise, weniger schwer und kurzfristig negativ auf die Entwicklung eines Menschen einwirkt (vgl. Abschnitt 12.2.2), und
- **Gefährdung,** wenn sie aufgrund körperlicher, ökonomischer und sozialer Lebens- und Lernbedingungen eine Störung oder eine Behinderung bewirken oder verstärken kann (vgl. Abschnitt 12.2.3).

Eine Beeinträchtigung kann sich zeigen:
- im körperlichen Bereich als Behinderung oder schwere Krankheit
- im psychischen Bereich als psychische Beeinträchtigung
- im erzieherischen Bereich als negative Beeinflussung
- im sozialen Bereich als soziale Benachteiligung
- im materiellen Bereich als materielle Benachteiligung

des betroffenen Menschen.

12.2.1 Behinderungen als schwerste Form der Beeinträchtigung

Durch den Gebrauch des Begriffs „behindert" entsteht leicht der Eindruck, als handle es sich bei behinderten Menschen um eine homogene Gruppe. Wir begegnen jedoch nicht einer Behinderung, immer begegnen wir behinderten Menschen. Manchmal kann man leicht erkennen, ob ein Mensch behindert ist: Er sitzt im Rollstuhl, er hat ein gelbes Band mit schwarzen Punkten um den Arm gebunden. Manchmal erschließen wir die Behinderung aus dem Verhalten, zum Beispiel wenn sich ein gehörloser Mensch mit Gesten verständigt. Behinderung ist somit ein Begriff, der verschiedene **Behinderungsarten** zusammenfaßt. Behinderung meint das Gemeinsame der verschiedenen Behinderungsarten und gilt als schwerste Form der Beeinträchtigung.

Von einer Behinderung spricht man immer dann, wenn
- eine nachweisbare körperliche, geistige oder seelische **Schädigung** vorliegt,
- die Folgen dieser Schädigung nicht wie bei einer Krankheit nach relativ kurzer Zeit aufgehoben bzw. geheilt werden können – sie sind **langfristig,**
- die Folgen dieser Schädigung mehrere Lebensbereiche betreffen – sie sind **umfänglich** – und
- die Folgen dieser Schädigung für den gesamten Lebensvollzug der Betroffenen unzumutbare Auswirkungen haben – sie sind **schwer**.

Eine Person gilt als behindert, wenn sie aufgrund einer Schädigung ihrer körperlichen, geistigen oder seelischen Funktionen schwer, umfänglich und langfristig in ihrem unmittelbaren Lebensvollzug und in ihrer Teilhabe am gesellschaftlichen Leben eingeschränkt ist.

12.2.2 Störungen als weniger schwere Form der Beeinträchtigung

Nicht jeder Mensch, bei dem in einem oder mehreren Teilbereichen seiner persönlichen Entwicklung Beeinträchtigungen vorliegen, ist behindert. Während bei Behinderungen oft die zwischenzeitliche oder dauerhafte Förderung in einer Sondereinrichtung (zum Beispiel in einer Sonderschule) nötig ist, können Störungen durch ambulante Behandlung oder durch Fördermaßnahmen gemildert bzw. kompensiert[1] werden. Eine Störung ist also **kurzfristig,** und man kann davon ausgehen, daß sie bei Einleitung von entsprechenden Maßnahmen innerhalb eines Zeitraums von ein bis zwei Jahren wieder verschwindet; in diesem Sinne kann auch eine länger andauernde Krankheit eine Störung sein. Eine Störung ist auch weniger umfänglich und betrifft in der Regel nur einen Persönlichkeitsbereich, sie ist **partiell.** Zudem ist sie **weniger schwer,** so daß sie durch entsprechende Maßnahmen ausgeglichen bzw. beseitigt werden kann. Solche Störungen in der Entwicklung zeigen sich oft bereits in früher Kindheit, sie können aber bis in das Erwachsenenalter auftreten.

Von einer Störung spricht man, wenn die persönliche und soziale Entwicklung eines Menschen beeinträchtigt ist, diese Beeinträchtigung aber kurzfristig, partiell und weniger schwer ist.

Störungen können demnach sein (vgl. Heinz Bach, 1989[13]):

- **Längerfristige Beeinträchtigungen** eines Persönlichkeits-, Lern- oder Sinnesbereichs, die jedoch weniger umfänglich und nicht so schwer sind.

  Ein Beispiel hierfür sind Wahrnehmungsstörungen.

- **Schwere Verletzungen,** die aber weniger umfänglich sind und kürzere Zeit bestehen.

  Schwer heilende Knochenbrüche zählen hierzu.

- **Schwere Krankheiten,** die aber vorübergehen.

  Zum Beispiel Krankheiten, die einen längerfristigen Klinikaufenthalt erfordern.

Im allgemeinen Sprachgebrauch wird meistens nur der erstgenannte Typus als „Störung" bezeichnet. Solche Störungen können auftreten als:

- Lernstörungen
- Bewegungsstörung
- Hörstörungen
- Sprachstörungen
- Sehstörungen
- Wahrnehmungsstörungen

★ Ob eine Lernstörung in eine Lernbehinderung übergeht, eine Sehstörung in eine Sehbehinderung oder eine Hörstörung in eine Schwerhörigkeit, hängt davon ab, ob die Störung rechtzeitig erkannt wird und ob entsprechende Fördermaßnahmen eingeleitet werden können.

---

[1] kompensieren: ausgleichen

12.2.3 Gefährdungen

Sehr häufig sind Kinder Bedingungen ausgesetzt, die eine Behinderung oder eine Störung erwarten lassen.

So zum Beispiel kann es möglich sein, daß ein Säugling auf einen bestimmten Reiz nicht altersgemäß reagiert, die Eltern dies aber nicht wahrhaben wollen und sie deshalb keine entsprechenden Maßnahmen ergreifen.

Ein Kind wird von seinen Eltern abgelehnt und vernachlässigt, so daß es zu „verwahrlosen" droht.

Wenn die persönliche und/oder die soziale Entwicklung eines Menschen aufgrund körperlicher, materieller und gesellschaftlicher Lebensbedingungen so weit von der Norm abweicht, daß eine Behinderung oder eine Störung droht, wenn nicht entsprechende Maßnahmen ergriffen werden, spricht man von einer Gefährdung.

Von einer Gefährdung spricht man immer dann, wenn die persönliche und soziale Entwicklung aufgrund körperlicher, materieller und gesellschaftlicher Lebensbedingungen so weit vom Normbereich abweichen, daß sie Behinderung oder Störungen nach sich ziehen können, wenn nicht unterstützende Maßnahmen ergriffen werden.

Gefährdungen können sich in verschiedenen Bereichen zeigen, und zwar als:

- **körperliche Gefährdungen,** zum Beispiel bei bestimmten Schwangerschaftserkrankungen und Geburtskomplikationen oder bei frühkindlichen sowie bei chronischen Erkrankungen;

- **soziale Gefährdungen,** zum Beispiel bei unzureichenden und beengten Wohnverhältnissen, aber auch bei Überbehütung oder luxuriösem Milieu (Verwöhnungsverwahrlosung), sehr langen Krankenhausaufenthalten, Heimunterbringung;

- **familiäre Gefährdungen,** zum Beispiel bei Unregelmäßigkeiten in der Familie (Alkoholismus der Eltern; zerrüttete Familien; Überlastung der Eltern durch Kinderzahl, behinderte Geschwister, schwere Erkrankungen der Eltern).

Gefährdungen können bewirken, daß Störungen auftreten oder daß sich bei vorliegender Störung eine Behinderung manifestiert. Während die Heil- bzw. Sonderpädagogik für die Erziehung bei Störungen und Behinderungen zuständig ist und Maßnahmen entwickelt, wie Lernen und Leben bei vorliegender Behinderung möglich wird bzw. wie Störungen behandelt werden können, ist die Beeinflussung von Gefährdungen eher eine Aufgabe der Sozialpädagogik.

12.2.4 Die Problematik und Komplexität[1] des Beeinträchtigungs-Begriffs

Bei der Einschätzung menschlicher Verhaltensweisen spielen eine Rolle:

die statistische Norm	die ideale Norm	die funktionale Norm
Maßstab: der statistische Durchschnittswert einer Bezugsgruppe bzw. der Gesellschaft	*Maßstab:* Vorstellungen, die in einer Gesellschaft herrschen	*Maßstab:* die subjektive Einstellung bzw. die persönlichen Vorstellungen eines Individuums
das objektive Kriterium	**das soziokulturelle Kriterium**	**das subjektive Kriterium**

Ob eine Person als „beeinträchtigt" bzw. deren Verhalten als „nicht normal" zu bezeichnen ist, hängt somit von der Beachtung aller drei Kriterien ab. Im konkreten Fall sind in Bezug auf die Beeinträchtigung neben der Berücksichtigung der statistischen, der idealen und der persönlichen Norm noch weitere Aspekte zu berücksichtigen: die **Häufigkeit,** die **Intensität** und die **Dauer** eines bestimmten Verhaltens:

Ist ein Kind beispielsweise beeinträchtigt, wenn es

- trotzig ist: *wie oft? warum?*
- wütet und tobt: *wie lange? wie oft?*
- andere Kinder schlägt: *wie fest? wie oft? warum?*

Der Begriff „Beeinträchtigung" ist nicht ganz unproblematisch: *Normalität ist nicht objektiv meßbar* und läßt sich auch nicht aufgrund objektiver Kriterien exakt bestimmen. Aus diesem Grunde kann auch kaum befriedigend geklärt werden, wann eine Beeinträchtigung vorliegt und wann nicht. Gesellschaftliche und individuelle Normalität ist immer *subjektiv* und entzieht sich einer objektiven Messung.

Was für eine Person „normal" ist, ist für eine andere vielleicht „noch hinnehmbar", für eine dritte vielleicht schon „nicht mehr normal". Kriterien der „Nicht-Normalität" sind in diesem Zusammenhang Gefühle der Unzufriedenheit, des Unglücklichseins, der Angst oder Depression des Individuums. Oft wird dabei übersehen, daß Verhalten immer einen Spielraum hat. So gibt es viele Personen, die sich als „zu dick" oder als „gestört" empfinden und unter diesem Zustand sogar leiden, obwohl ihre körperlichen Parameter weder von den Idealvorstellungen der Gesellschaft noch vom Durchschnittswert abweichen.

Die statistische Norm besagt lediglich, was die Mehrheit tut; sie entspricht aber meist nicht der Realität und trifft so gut wie nie auf den Einzelfall zu.

Dies wird deutlich an der Norm „Jeder Deutsche trinkt täglich 0,87 l Alkohol": Kaum einer trinkt 0,87 l Alkohol am Tag, entweder mehr oder weniger – Abweichungen sind das „Normale".

Werte- und Normvorstellungen sind zudem relativ und weichen von Gruppe zu Gruppe bzw. von Gesellschaft zu Gesellschaft voneinander ab.

---
[1] komplex bedeutet „vielschichtig", „vieles umfassend"

Ebenso können Begriffe wie „schwer – nicht schwer", „kurzfristig – langfristig", „umfänglich – partiell" usw. nicht genau und eindeutig bestimmt werden. So können auch die Begriffe „Behinderung", „Störung" oder „Gefährdung" im konkreten Fall nur schwer gegeneinander abgegrenzt werden. Die Dauer einer Beeinträchtigung kann noch am ehesten objektiv festgestellt werden. Ob eine Beeinträchtigung jedoch umfänglich oder weniger umfänglich bzw. schwer oder weniger schwer ist, ist im Einzelfall selten eindeutig zu entscheiden.

Neben der im Einzelfall schwer zu lösenden Frage der Abgrenzung der Begriffe „Behinderung", „Störung" und „Gefährdung" voneinander steckt noch ein weiteres Problem in diesen Begriffen. Die Zuschreibung des Begriffs „Behinderter" oder „Gestörter" zu einem Menschen ist fast immer mit der Festschreibung einer Normabweichung und dadurch mit einer **Stigmatisierung** verbunden. Sie weist den Betroffenen automatisch einen Status außerhalb des Normbereichs zu, der sie in den Gedanken der „normalen" Menschen zu Außenseitern stempelt und ausschließt. Gerade deshalb wenden sich viele der Betroffenen dagegen, als „Behinderte" bzw. „Gestörte" bezeichnet zu werden, insbesondere in einer Zeit, da „Behinderter", „Spasti" oder „Gestörter" bereits als Schimpfwörter benutzt werden.

Ein körperbehinderter Mann fragt: Was ist das eigentlich für eine Gesellschaft, die beim Anblick eines an den Beinen gelähmten Menschen auf eine Lähmung seines Geistes, seiner Phantasie, seiner Sprache, seiner Sexualität, seiner gesamten Sinnesorgane schließt? (Jürgen Hobrecht, 1981[3])

„Beeinträchtigung" ist ein vieles umfassender und schwer erfaßbarer Begriff. Folgende Fragen sind zu beantworten:

Unter dem **Aspekt der Behinderung:** Liegen organische Ursachen zugrunde? Wie langfristig ist die vorliegende Beeinträchtigung? Welche Lern- und Persönlichkeitsbereiche sind betroffen, die Teilhabe am Leben der Gesellschaft dauerhaft behindern? Wie schwer ist die Beeinträchtigung – kann sie in einzelnen Teilbereichen durch Maßnahmen der Heil- bzw. Sonderpädagogik kompensiert werden? Wie notwendig ist die Einweisung in eine Sonderschule?

Unter dem **Aspekt der Störung:** Kann die Beeinträchtigung in absehbarer Zeit kompensiert werden? Ist die Beeinträchtigung nur deshalb so schwer, weil die zugrundeliegende (Wahrnehmungs- und Sprach-) Störung nicht rechtzeitig erkannt wurde? Hätte eine frühere Erkennung und Förderung der Störungen positive Auswirkung auf die Intelligenz und die Schulleistung gehabt? Wie ist die Prognose bei ausreichender Förderung zum jetzigen Zeitpunkt? Durch welche Institution kann die bestmögliche Förderung geleistet werden? Wer ist für die Finanzierung zuständig? Inwieweit hat das ungünstige Milieu dazu beigetragen, daß sich die vorhandenen Störungen zum Erscheinungsbild einer Behinderung verfestigt haben?

Unter dem **Aspekt der Gefährdung:** Welche körperlichen, sozialen oder familiären Bedingungen liegen oder lagen vor, die zur Verstärkung und Erschwerung der vorliegenden Beeinträchtigungen geführt haben? Durch welche Maßnahmen können sie gemildert oder aufgehoben werden?

Die Komplexität des Begriffs der Beeinträchtigung zeigt sich am deutlichsten bei den Behinderungen. Es handelt sich nie nur um eine isolierte Schädigung, immer sind mehrere Persönlichkeitsbereiche davon betroffen, immer ziehen sie Folgeerscheinungen in mehreren Lebensbereichen nach sich.

Eine Beeinträchtigung kann hierbei betrachtet werden unter dem

- **medizinischen Aspekt**: Welche organischen Ursachen (bzw. welche Schädigungen) liegen der Beeinträchtigung zugrunde? Wie können sie ausgeglichen werden? Wie können sie nachgewiesen werden?

- **pädagogischen Aspekt**: Welche erziehlichen Maßnahmen sind angemessen bzw. notwendig, um die durch die Beeinträchtigung gestörten Erziehungsvorgänge aufrechtzuerhalten bzw. zu gewährleisten? Welche pädagogischen Institutionen (Sonderkindergärten, Sonderschulen) sind hierzu notwendig?

- **sozialen Aspekt**: Wie wirkt sich die Beeinträchtigung auf die soziale Umgebung aus? Wie wird die Teilhabe an der Gesellschaft bzw. der Sozialkontakt erschwert? Welche Aufgaben hat die Gesellschaft, um Menschen mit einer Beeinträchtigung zu unterstützen bzw. zu integrieren?

- **psychologischen Aspekt**: Welche Rückwirkungen hat die Beeinträchtigung selbst bzw. die sozialen Folgeerscheinungen auf die Betroffenen (behinderte Menschen, Eltern, Geschwister)? Wie verarbeiten sie die mittelbaren und unmittelbaren Folgen der Beeinträchtigung?

- **sozialrechtlichen Aspekt**: Wem stehen bestimmte stützende Maßnahmen der Gesellschaft zu (zum Beispiel „Schwerbehinderten-Ausweis"; Finanzierung therapeutischer Maßnahmen)? Wer bezahlt diese (zum Beispiel Krankenkassen, Sozialhilfe, Arbeitsamt)?

12.3 Psychische Störung

Neben Beeinträchtigungen, die Folge eines organischen Defekts sind – wir sprechen hier von Behinderungen –, gibt es auch Beeinträchtigungen, deren Ursachen nicht auf eine körperliche Schädigung oder eine Sinnesschädigung zurückgeführt werden können. Diese Beeinträchtigungen zeigen sich im Verhalten und im Erleben der Betroffenen. Bezüglich des Verhaltens ergeben sich Konflikte mit der familiären und sozialen Umgebung, die über das „normale Maß" hinausgehen, im Erleben sind sie verbunden mit negativen Gefühlen und Stimmungen, wie beispielsweise mit extremer Ängstlichkeit oder Depression. In diesem Falle hat sich der Begriff **psychische Störung** eingebürgert.

12.3.1 Der Begriff „psychische Störung"

Von einer psychischen Störung spricht man,

- wenn das Verhalten bzw. das Erleben einer Person insgesamt oder in einzelnen Teilbereichen so stark **von der Norm abweicht,** daß es sowohl für den Betroffenen als auch für seine Umgebung zu **Einschränkungen im sinnvollen Lebensvollzug** kommt,
- wenn diese Abweichung besondere **pädagogische bzw. psychologische Maßnahmen** erfordert, um den Betroffenen bzw. seine Umgebung zu unterstützen, und
- wenn diese Abweichungen **nicht auf organische Ursachen** zurückgeführt werden können

Psychische Beeinträchtigung bezeichnet alle Erlebens- und Verhaltensweisen, die von der Norm abweichen, so daß es für den Betroffenen und/oder seine Umwelt zu Einschränkungen im sinnvollen Lebensvollzug kommt und besondere pädagogische bzw. psychologische Maßnahmen erforderlich sind. Diese Abweichungen sind nicht organisch bedingt.

Wenn die psychische Störung intensiver, langfristiger und umfänglicher ist, spricht man häufig von einer **Verhaltensstörung,** gelegentlich auch von einer „Verhaltensbehinderung"[1] (Heinz Bach, 1989[13]). Weitere Begriffe, die in diesem Zusammenhang verwendet werden, sind: Erziehungsschwierigkeit, Verhaltensschwierigkeit, Emotionale Störung, Persönlichkeitsstörung, Verhaltensbeeinträchtigung, Soziale Fehlanpassung. Die Vielzahl der in der Fachliteratur verwendeten Begriffe zeigt auch die Schwierigkeit, den Sachverhalt angemessen zu umschreiben.

Weil bei der Bewertung von Verhalten immer die persönlichen Werte und Einstellungen der Beurteiler eine wichtige Rolle spielen, ist die Festlegung eines bestimmten Verhaltens als „psychische Störung" immer problematisch. Einerseits werden viele Verhaltensweisen von Kindern, die sowohl der statistischen als auch der gesellschaftlichen Norm entsprechen, wie zum Beispiel Hyperaktivität, oder Ablenkbarkeit, von überbesorgten Eltern vorschnell als „psychische Störung" eingeschätzt und damit vor schnell „pathologisiert"[2]. Dies kann bewirken, daß das „problematische" Verhalten zu sehr in den Blickpunkt gerät und vielleicht dadurch erst verfestigt wird. Andererseits werden manche Verhaltensweisen als Ausdruck eines mangelnden Willens bzw. fehlender Kooperationsbereitschaft wahrgenommen. So wird eine bestehende psychische Störung nicht rechtzeitig erkannt, es werden keine stützenden Maßnahmen eingeleitet, und das Problem kann sich evtl. verfestigen.

12.3.2 Erscheinungsformen psychischer Störungen

Psychologie, Sonderpädagogik und Medizin haben schon immer versucht, die Vielfalt der beobachtbaren Verhaltensabweichungen und psychischen Störungen zu ordnen. Dabei wurden folgende Einteilungskriterien verwendet:

- nach den **Ursachen,**
- nach den **Erscheinungsweisen,**
- nach den **Erfahrungswerten** bzw. statistischen Analysen.

Daß bisher kein allgemeingültiges Schema zur Klassifikation von Verhaltensabweichungen und psychischen Störungen gefunden wurde, ist auf den komplexen Zusammenhang zwischen Ursachen und Wirkungen zurückzuführen. Die gleiche psychische Störung kann bei einem Jugendlichen diese, bei einem anderen jene Ursache haben. Zudem haben die meisten psychischen Störungen mehrere Ursachen.

Hyperaktivität[3] und Konzentrationsmangel sowie die damit verbundene Lernstörung können in dem eine Fall auf eine geringfügige hirnorganische Schädigung, im anderen auf zu hohe Leistungsanforderungen der Eltern oder auf innerpsychische Konflikte zurückgeführt werden.

---

[1] In diesem Zusammenhang von einer ‚Behinderung' zu sprechen, ist jedoch wenig sinnvoll: Behinderungen sind in der Regel immer die Folge einer organischen Schädigung, während eine psychische Störung und eine Verhaltensstörung nicht organisch bedingt sind.

[2] pathologisch: krankhaft

[3] Hyperaktivität: eine über die Maßen gesteigerte, eine übersteigerte Aktivität

In der nachfolgenden Übersicht werden immer nur die Schwerpunkte einer möglichen psychischen Störung den einzelnen Bereichen zugeordnet. Diese vier Bereiche sind nicht unabhängig voneinander zu sehen: Eine schwerwiegende Kontaktstörung zum Beispiel ist immer auch psychisch bedingt und hat auch soziale Auswirkungen. Eine depressive Verstimmtheit wird sich immer auch im Verhaltens- und Sozialbereich auswirken.

Psychische Störungen können ihren Schwerpunkt haben im			
körperlichen Bereich	**psychischen Bereich**	**Verhaltensbereich**	**sozialen Bereich**
und zeigen sich dort			
als • Magenbeschwerden (Bauchschmerzen) • Eßstörungen (Gier, Verweigerung, Magersucht, Fettsucht) • Einnässen, Einkoten • motorische Funktionsstörungen (Tic, Zittern) • Sprachstörungen • Atemstörungen • Zähneknirschen • Jaktationen (Schaukelbewegungen) • Lutschen (Daumenlutschen) • Nägelbeißen • Schlafstörungen • Haare ausreißen = Funktionsstörungen innerhalb der Körpersphäre sowie abnorme Gewohnheiten	als • Angsterscheinungen wie z.B. Schul-, Prüfungs- oder Sprechangst) • Angst vor bestimmten Tieren (Phobien) • Zwangsvorstellungen • Depressive Verstimmungen	eher **aggressiv** als: • Streitsucht • häufiges Schlagen • Trotz • Zerstören von Gegenständen • Wutanfälle, Jähzorn eher **gehemmt** als: • Kontaktstörungen • Clownerien • Überangepaßtheit • Überempfindlichkeit, häufiges Weinen im **Leistungsbereich** als: • mangelnde Ausdauer und Konzentration • Hyperaktivität • erhöhte Ablenkbarkeit • Verträumtheit • fehlende Initiative • kurze Aufmerksamkeitsspanne • Schulversagen trotz angemessener Intelligenz	als • Teilnahme an Diebstählen • Brutalität gegenüber Gleichaltrigen • Bandenzugehörigkeit • Schulschwänzen/Streunen • Lügen

Mit der hier vorgenommenen Festlegung des Schwerpunkts ist jedoch nichts über die Ursachen ausgesagt. Psychische Störungen, deren Schwerpunkt im körperlichen Bereich liegen, können ihre Ursachen im psychischen oder im sozialen Bereich haben. Aus der Klassifikation geht jedoch hervor, daß bei der Feststellung sowie der Behandlung einer psychischen Störung medizinische, psychologische, pädagogische und sozialpädagogische Aspekte berücksichtigt werden müssen.

12.3.3 Ursachen psychischer Störungen

Oft wird der Ausdruck „psychische Störung" zur Erklärung bestimmter Verhaltensweisen herangezogen, zum Beispiel wenn man sagt „Ein Kind hat Eßstörungen, weil es psychisch gestört ist". Die Bezeichnung eines bestimmten Verhaltens als „psychisch gestört" sagt jedoch nichts über die Ursachen aus, es handelt sich lediglich um eine Beschreibung. Die Ursachen müssen im konkreten Fall erst herausgefunden werden. Deshalb ist es wichtig, das problematische Verhalten nicht als Ausdruck eines „schlechten Charakters" oder eines fehlenden Willens zu interpretieren, sondern nach Ursachen für seine Entstehung zu suchen.

Folgende Ursachen können eine psychische Störung bewirken bzw. an ihrer Entstehung beteiligt sein:

- **soziokulturelle Faktoren** wie Siedlungsform (Stadt – Land); soziale Bezugsgruppe; übermäßiger Fernsehkonsum; (schichtspezifischer) Leistungsdruck; Reizüberflutung durch Überangebot an Spielzeug und Konsumgütern;
- **ökonomische Faktoren** wie Vermögensverhältnisse der Eltern bzw. des Elternteils; mangelnder Wohnraum; fehlende Kontaktmöglichkeiten im Wohnbezirk;
- **familiäre Faktoren** wie unvollständige Familie, disharmonische Familienatmosphäre; Berufstätigkeit beider Elternteile; Geschwisterkonstellation;
- **Fehlformen in der Erziehung** wie Ablehnung, Vernachlässigung, Überbehütung und Verwöhnung; mangelnde emotionale Zuwendung oder zu starke emotionale Bindung in der Beziehung Eltern(teil)-Kind; inkonsequente bzw. widersprüchliche Erziehungseinstellungen und -maßnahmen eines oder beider Elternteile; Überforderung; Übertragung unbewußter Wünsche und Einstellungen der Eltern auf das Kind; „schlechtes" Vorbild durch die Eltern bzw. andere Erzieher;
- **individuelle Erlebnisse** wie Mißhandlungen und sexueller Mißbrauch; Verlust eines Elternteils oder einer Bezugsperson; schicksalhafte Erlebnisse wie zum Beispiel Unfälle; Erleben vermeintlicher Minderwertigkeit wie zum Beispiel Aussehen, Körpergestalt, Geschlecht, Behinderung;
- Verknüpfung und Wechselwirkung dieser Einflußfaktoren in der **persönlichen Geschichte** des Betroffenen.

Wenn durch das Zusammenspiel einer oder mehrerer dieser Ursachen die Verhaltens- und Erlebnismöglichkeiten eines Menschen stark eingeschränkt werden, so kann es zu einer psychischen Störung kommen. Die Verknüpfung der Einflußfaktoren zeigt sich im aktuellen Erleben und Verhalten.

Eine psychische Störung kann auch ein Folgesymptom einer Behinderung sein. Wenn etwa die organischen Ursachen bestimmter Verhaltensweisen nicht erkannt werden und die Umwelt nicht angemessen reagiert, dann kann eine psychische Störung als Sekundäreffekt eines organischen Defekts auftreten.

Ein Kind, das aufgrund einer Wahrnehmungsstörung unsicher und „tolpatschig" zu Hause viele Gegenstände kaputt macht, wird als Folge der vielen Ermahnungen und Zurechtweisungen durch die Eltern unter Umständen extrem aggressiv und unfähig, berechtigte Kritik zu ertragen.

12.3.4 Erklärungsansätze psychischer Störungen

Auch wenn bei einer psychischen Störung mehrere der aufgeführten Ursachen vorliegen, so kann sie durch diese alleine nicht erklärt werden; Erklären bedeutet in diesem Zusammenhang, der Frage nachzugehen, *warum bestimmte Ursachen* – wie die oben aufgezeigten – *zu psychischen Störungen führen.*

Warum beispielsweise zeigen Menschen depressive Verhaltensweisen, wenn sie eine geliebte Person verlieren? Warum wird ein Kind aggressiv, wenn es dauernd Frustrationen erfährt?

Nicht jedes Kind, bei dem oben genannte möglichen Ursachen vorliegen, wird zwangsläufig eine psychische Störung entwickeln. Um zu erklären, warum sich auf der Grundlage einer oder mehrerer dieser Ursachen eine psychische Störung ausbildet, müssen die Prozesse untersucht werden, die durch Ursachen ausgelöst werden. Diese Prozesse sind nicht direkt beobachtbar und werden mit Hilfe von **Theorien** erklärt. Die bedeutendsten Theorien dabei sind:

- die **Psychoanalyse,**
- die **Konditionierungstheorien** und
- die **sozial-kognitive Theorie.**

Im folgenden werden Erklärungsansätze für **eine** psychische Störung gegeben: *starke Aggresivität bzw. die Bereitschaft zu einem Verhalten mit schädigenden Absichten und Folgen.*

Beschreibung einer psychischen Störung:
Sebastian, 8 Jahre, zweites von vier Kindern, fällt in der 2. Klasse einer Sonderschule durch folgende Verhaltensweisen auf: Er kann nicht sitzen bleiben, läuft in der Klasse herum, zappelt, wackelt fast immer mit dem Stuhl. Gegenüber seinen Mitschülern ist er extrem aggressiv, es gab schon schwere Verletzungen (Platzwunden, ein Armbruch, Kopfverletzungen). Dabei attackiert er seine Mitschüler häufig heimtückisch, ohne ersichtlichen Grund und ohne Vorankündigung. Auch in Streitsituationen reagiert er sofort mit körperlicher Aggression.

Die Entstehung dieser problematischen Verhaltensweisen aus den vorliegenden Ursachen kann hierbei aus der Sichtweise der verschiedenen Theorien betrachtet werden. Je nach Theorie wird jede Erklärung unterschiedliche pädagogische oder therapeutische Maßnahmen nach sich ziehen. Solche gezielten therapeutischen oder pädagogischen Maßnahmen, die sich auf eine Theorie der Verhaltensänderung stützen, werden **Intervention** genannt.

Mit Intervention bezeichnet man gezielte pädagogische und therapeutische Maßnahmen, die als wissenschaftliche Grundlage eine Theorie der Verhaltensänderung haben.

• Die Erklärung von psychischen Ereignissen aus psychoanalytischer Sicht

1. Grundfragen zur psychoanalytischen Erklärung

Aus psychoanalytischer Sicht sind zur Erklärung eines bestimmten Ereignisses zwei Gesichtspunkte wichtig:

Aussagen zur Struktur der Persönlichkeit:
- Wie sieht (sah) die Dynamik der Persönlichkeit aus?
- Besteht (bestand) ein Gleichgewicht oder ein Ungleichgewicht zwischen den einzelnen Persönlichkeitsinstanzen und der Realität zueinander?
- Welche Abwehrmechanismen werden (wurden) eingesetzt?

Aussagen zur Entwicklung der Libido:
- Welche Bedürfnisse herrschen (herrschten) in der jeweiligen Entwicklungsphase vor?
- Was ist mit diesen Bedürfnissen geschehen? Werden (wurden) die Bedürfnisse ausreichend oder unzureichend bzw. über die Maßen hinaus befriedigt?

Auf diese Art und Weise können Erziehungssituationen auf der Basis der psychoanalytischen Theorie erfaßt und bewertet werden.

2. Gesichtspunkte zur Erklärung der Aggression aus der Sicht der Psychoanalyse

Aggression wird als **triebbedingtes Verhalten** gesehen: Aus psychoanalytischer Sicht besitzt jeder Mensch einen Todestrieb (Thanatos), der die Auflösung bzw. Zurückführung des Lebens in den anorganischen Zustand und somit dessen Vernichtung zum Ziel hat. Er ist entweder in Form von Selbsthaß und -vernichtung nach innen – gegen die eigene Person – oder als Aggression, Abstoßung, Haß Vernichtungswille nach außen, also gegen andere Personen, -gruppen und/oder deren Gegenstände, gerichtet. Destruktivität, Aggression oder Lust am Zerstören und Vernichten sind also Äußerungsformen des Todestriebes (vgl. Karl-Heinz Ahlheim, 1981). Dabei kommt es zu aggressivem Verhalten, wenn das Über-Ich zu schwach ist und sich das ES mit seinen aggressiven Impulsen und Wünschen gegenüber dem ICH durchsetzen kann.

Aggression läßt sich aus psychoanalytischer Sicht auch als Reaktion auf ungünstiges Erzieherverhalten und die damit verbundene **Fixierung** auf einer Stufe der psychischen Entwicklung erklären. Wie sich Störungen auf den verschiedenen Entwicklungsstufen auswirken können, zeigt die nachfolgende Zusammenfassung (vgl. Luise Merkens, 1993[2]):

Phase der psychischen Entwicklung	**Beispiele für mögliche ungünstige Entwicklungsbedingungen**	**Kindliche Reaktionen**
orale Phase	Offene bzw. versteckte Ablehnung des Kindes durch die Eltern. Entfremdung zwischen Bezugspersonen und Kind. Kindesmißhandlung.	Die körperliche und seelische Entwicklung des Kindes verkümmert. Spätere Zuwendungsangebote der Umwelt werden aggressiv eingefordert oder destruktiv abgewehrt.
anale Phase	Widersprüchliche, ablehnende oder extrem harte Erziehungspraktiken.	Scheinanpassung an die Übermacht der Eltern. Späteren Bindungsangeboten steht das Kind mißtrauisch gegenüber. Sachbeschädigung und selbstschädigendes Verhalten treten gehäuft auf.
phallische Phase	Ambivalenzverhalten durch Härte und Verwöhnung, Labilität der elterlichen Gefühle. Ablehnung durch die Eltern. Fehlende elterliche Erziehungsfähigkeit.	Das Kind kann die Symbiose mit der Mutter nicht aufgeben, versucht, seine Mittelpunktstellung beizubehalten, und reagiert mit Provokation oder Selbstschädigung auf Frustration und Anforderungen. Aggressions- und Zerstörungsakte werden zu einer Form der Selbstwahrnehmung des Kindes. Identifikation mit aggressiven Vorbildern.
Latenzperiode	Familiäre Unsicherheit oder Zurückweisung des Kindes. Die Eltern erkennen nicht den selbstverschuldeten Anteil an der Verhaltensproblematik des Kindes, was zur Entfremdung zwischen Eltern und Kind bzw. zum Verlust der emotionalen Bindung führen kann.	Durch die Verunsicherung können Schulschwierigkeiten entstehen. Anerkennung wird in aggressivem Verhalten in der Bezugsgruppe gesucht. Selbstbestätigung und Gruppenzugehörigkeit wird erfahren durch zusätzliche geplante Gewaltanwendungen und Zerstörungsakte.

3. Interventionsmöglichkeiten auf der Grundlage der Psychoanalyse

Ziel psychoanalytischer Intervention ist die Klärung unbewußter Zusammenhänge und die emotionale Auf- und Verarbeitung der bewußt gemachten Konflikte. Hierbei können verdrängte Ängste wieder spürbar gemacht werden, Möglichkeiten zur Verarbeitung können gefunden werden. Durch diese Reaktivierung und die anschließende Verarbeitung wird der Kern der Person (das Ich) entlastet und gestärkt[1].

Entscheidend vor allem in der *Kindertherapie* ist die Beziehung zum Therapeuten: Das Kind muß in ihm eine Beziehungs- und Vertrauensperson sehen, in schweren Fällen muß er eine **Übertragungsperson** sein, auf die es seine verfehlten Projektionen abladen kann, was eine positive Veränderung des Verhaltens nach sich zieht.

Zur Aufdeckung unbewußter psychischer Inhalte und Vorgänge bedient sich die psychoanalytisch orientierte Kindertherapie hauptsächlich des **Spieles** als Möglichkeit, *Probleme des Kindes aufzudecken und aufzuarbeiten.* Dabei steht ein Spielmaterial zur Verfügung, das sich zur Darstellung von Konflikten und Problemen eignet.

So zum Beispiel enthält das Spielmaterial Figuren, die als Mutter oder Vater, Onkel, Nachbar oder Arzt u. dgl. verwendbar sind, und Gegenstände, mit denen das Kind möglicherweise unangenehme Erlebnisse verbindet – etwa eine Toilette, einen Stock oder ein Tier.

So kann das Kind seine Familien-, Wohn- oder Gruppensituation mit Puppen nachstellen, nachbauen, malen oder mit Handpuppen nachspielen. Die zugrundeliegenden Ängste bzw. die jeweilige Problematik wird dann im Gespräch mit dem Therapeuten oder durch Veränderungen der Spielsituation aufgedeckt und bearbeitet. Im Spiel kann das Kind stellvertretend jene Bedürfnisse befriedigen, die es in der realen Situation unterdrücken muß. Durch das Spielen seiner Ängste und Probleme bzw. durch das Sprechen darüber kann es diese thematisieren und nach bisher nicht zugänglichen Bewältigungsstrategien suchen. Dabei stellt das Kind im Spiel nicht nur seine Probleme dar, sondern verarbeitet diese zugleich. Das kindliche Spiel besitzt „heilende Kräfte" im Sinne des Aufarbeitens und Abreagierens von Konflikten und Problemen (vgl. Hans Zulliger, 1979[6]).

Sebastian schlug in seinen Therapiestunden ständig auf eine Puppe ein, die den Vater einer Familie darstellte. Diese Handlungen offenbarten den Konflikt Sebastians mit seinem Vater. Zudem nahm im Laufe der Zeit sein aggressives Verhalten, das er im Spiel abreagieren konnte, immer mehr ab.

Verdrängte Inhalte können auch durch **Sport, Musik, Malen,** im **Rollenspiel** oder im **Umgang mit Materialien** wie zum Beispiel Knetmasse, Ton, Fingerfarben, im **Gespräch** sowie durch **kombinierte Verfahren** aufgedeckt und aufgearbeitet werden.

Gerade Aggressionen können beispielsweise durch Gestalten mit Lehm und Ton, durch Ballwurfspiele oder auch durch Rollenspiele abgebaut werden (vgl. Hans Zulliger, 1979[6]).

Durch die kreative Selbstgestaltung erfährt das Ich des Kindes Bestätigung und Stärkung, die erlebte Bedrohung wird vermindert, Raum für Veränderungen wird geschaffen.

---

[1] Möglichkeiten der Intervention aus psychoanalytischer Sicht sind in Kapitel 11.4.2 ausführlich dargestellt.

• Die Erklärung von psychischen Ereignissen aus der Sicht der Konditionierungstheorien

1. Grundfragen zur Erklärung aus der Sicht der Konditionierungstheorien

Aus der Sicht der Konditionierungstheorien (das klassische und das operante Konditionieren) sind zur Erklärung von psychischen Störungen folgende Gesichtspunkte wichtig:

- Welche Reiz-Reaktions-Verbindungen bestehen?
  Welcher Reiz löst die problematischen Verhaltensweisen aus?
- Was ist (war) es, das das Individuum aktiv werden läßt (ließ)?
  Welche Verhaltensweisen kommen (kamen) dabei des öfteren zum Erfolg, welche nicht?
- Mit welchen Verhaltensweisen können (konnten) des öfteren angenehme Situationen herbeigeführt bzw. aufrechterhalten und unangenehme vermieden, verringert bzw. beendet werden?
  Welche kurz-, mittel- oder langfristigen Konsequenzen haben (hatten) diese Verhaltensweisen?
  Welchen „Gewinn" zieht (zog) das Individuum aus den problematischen Verhaltensweisen?
- Welche Bedingungen sind (waren) für den Erwerb und die Aufrechterhaltung des Problemverhaltens verantwortlich?
- Welche Verhaltensweisen werden (wurden) durch Bestrafung unterdrückt?

2. Gesichtspunkte zur Erklärung der Aggression aus der Sicht der Konditionierungstheorien

Gegenstand und Ausgangspunkt der Analysen durch die Konditionierungstheorien ist das **beobachtbare Verhalten.** Das *operante Konditionieren* geht davon aus, daß aggressives Verhalten im Laufe der persönlichen Geschichte gelernt wurde und durch **Verstärkungsprozesse** aufrechterhalten wird. Zwischen den aggressionsauslösenden Reizen und aggressiven Reaktionen bestehen Verknüpfungen, die durch erfolgreiche Konsequenzen bekräftigt werden. Demzufolge wird Aggressivität durch bestimmte Reize ausgelöst sowie durch Wiederholungen und erfolgreiche Konsequenzen aufrechterhalten.

Folgende Aussagen des operanten Konditionierens sind für eine Erklärung bedeutsam:

• Gesetz der Bereitschaft

Gelernt wird nur, wenn eine Bereitschaft zum Lernen vorhanden ist. Dies ist der Fall, wenn ein Bedürfnis vorliegt, das im Individuum eine bestimmte Spannung erzeugt, wenn es einen angenehmen Zustand herstellen und aufrechterhalten oder einen unangenehmen Zustand vermeiden, beseitigen oder vermindern will. Liegt eine Bedürfnisspannung vor, so geht der Mensch zunächst probierend vor. Dabei kann das Individuum auch mit aggressiven Verhaltensweisen „Versuche anstellen".

So könnte Sebastian verschiedene Verhaltensweisen ausprobiert haben, um einen angenehmen Zustand, nämlich die Zuwendung seiner Mutter und Anerkennung zu bekommen, herbeizuführen. Dabei zeigte er auch aggressives Verhalten.

• **Effektgesetz**

Gezeigte Verhaltensweisen, die zum Erfolg führen, werden wiederholt, Verhaltensweisen, die nicht zum Erfolg führen, werden nicht wiederholt. Wenn also aggressive Verhaltensweisen eines Menschen erfolgreich sind, dann wird er diese weiterhin zeigen.

Sebastian konnte möglicherweise mit seinen aggressiven Verhaltensweisen die Aufmerksamkeit seiner Eltern und auch seiner Geschwister erreichen. War er aggressiv, so drehte sich plötzlich alles um ihn. Auch später im Kindergarten könnte er erfolgreich einem anderen Kind mit Gewalt sein Spielzeug wegnehmen. In der Schule bekam er vielleicht Bewunderung, wenn er sich mit aggressiven Handlungen durchsetzte.

• **Prinzip der Verstärkung**

Eine Verhaltensweise wird häufiger auftreten und erlernt, wenn durch sie ein angenehmer Zustand herbeigeführt und aufrechterhalten (= *positive Verstärkung)* bzw. ein unangenehmer Zustand verringert, beendet oder vermieden werden kann (= *negative Verstärkung).* Kann also ein Individuum mit aggressiven Verhaltensweisen einen angenehmen Zustand herbeiführen und aufrechterhalten bzw. einen unangenehmen Zustand verringern, beenden oder vermeiden, dann wird es diese weiterhin zeigen.

Sebastian konnte vielleicht durch seine Aggressionen einen angemehmen Zustand herbeiführen: Aufmerksamkeit, Zuwendung, Bewunderung. Er konnte damit auch unangenehme Zustände vermeiden, er mußte nicht mehr alleine sein, war im Kindergarten kein Außenseiter mehr und dgl.

• **Frequenzgesetz**

Eine zum Erfolg führende Verhaltensweise wird durch Wiederholung und Übung aufgebaut und erlernt, durch mangelnde Wiederholung und Übung wird sie abgebaut bzw. verlernt. Aggressives Verhalten wird also erlernt, wenn dieses *des öfteren* zum Erfolg kommt.

Sebastian kam möglicherweise mit seinen aggressiven Handlungen des öfteren zum Erfolg, er konnte durch sie des öfteren einen angenehmen Zustand herbeiführen und aufrechterhalten bzw. einen unangenehmen vermeiden: Er bekam zu Hause immer wieder Aufmerksamkeit und Zuwendung, und auch im Kindergarten und in der Schule wurde er immer wieder, wenn er aggressiv war, bewundert.

3. Interventionsmöglichkeiten auf der Grundlage der Konditionierungstheorien

Ziel einer Intervention auf der Grundlage der Konditionierungstheorien ist der *Abbau unerwünschten Verhaltens* – der Aggressionen – und der *Aufbau erwünschten Verhaltens* durch gezielte Lernhilfen. Ausgangspunkt ist die **Verhaltensanalyse,** die in Kapitel 11.4.3 dargestellt ist.

So zum Beispiel muß das aggressive Verhalten genau beschrieben werden: wie es sich äußert, wie oft und wie intensiv es auftritt usw. Die Verhaltensanalyse muß auch klären, in welchen Situationen das aggressive Verhalten auftritt, wodurch es ausgelöst wird, durch welche Bedingungen der Umwelt es aufrechterhalten bzw. verstärkt wird sowie welche Veränderungen erreicht werden sollen.

Je nachdem, welche Konditionierungstheorie zugrunde gelegt wird, ergeben sich verschiedene Techniken des verhaltensorientierten Konzeptes. Die wichtigsten Techniken des verhaltenstherapeutischen Vorgehens sind in Kapitel 6.1 und 11.4.3 ausgeführt.

• Die Erklärung von psychischen Ereignissen aus der Sicht der sozial-kognitiven Theorie

1. Grundfragen zur Erklärung aus der Sicht der sozial-kognitiven Theorie

Zur Erklärung problematischen Verhaltens sind aus der Sicht der sozial-kognitiven Lerntheorie eine Reihe von Gesichtspunkten wichtig. Sie lassen sich mit Hilfe der folgenden Fragen näher untersuchen:

- Welche Effekte hat bzw. hatte das Modellernen?
- Welche Prozesse und Phasen laufen (liefen) beim Beobachter ab?
- Was sind die Bedingungen, von denen die Beobachtung (Aufmerksamkeit) abhängt bzw. abhing:
  Wie ist (war) die Beschaffenheit des Modell, wie die des Beobachters?
  Wie gestaltet(e) sich die Beziehung zwischen Modell und Beobachter?
  Welche Situationsbedingungen sind (waren) vorherrschend?
- Welche unterschiedlichen Erwartungshaltungen sind (waren) im Beobachter aktuell?

★ Zur Analyse und Erklärung können die in der Zusammenfassung von Kapitel 6.2.1 formulierten Aussagen der sozial-kognitiven Theorie herangezogen werden.

2. Gesichtspunkte zur Erklärung der Aggression aus der Sicht der sozial-kognitiven Theorie

Menschen erlernen aggressives Verhalten auch durch **Beobachtung anderer Personen,** die ihnen als Vorbild dienen. Als Vorbilder fungieren dabei *natürliche Modelle* (= Menschen, die real anwesend sind), sowie *symbolische Modelle,* zum Beispiel Personen aus Filmen, Fernsehen, Büchern, Comics und anderen Massenkommunikationsmitteln. Der Erwerb aggressiver Handlungen hängt einmal von deren Aufnahme mit Hilfe von kognitiven Prozessen ab **(Aneignung)** und zum anderen, ob das Individuum motiviert ist, eine Einstellung zu übernehmen und zu zeigen **(Ausführung).** Bezüglich der Beobachtung von Verhaltensweisen konzentriert sich der Lernende in der Regel auf diejenigen, die seine *Aufmerksamkeit* erregen. Die Aufmerksamkeitsprozesse entscheiden darüber, welche Verhaltensweisen überhaupt ‚registriert' und aufgenommen werden.

So zum Beispiel werden wir aggressive Modelle, die unsere Aufmerksamkeit auf sich ziehen, erfassen und aufnehmen.

Die Aufmerksamkeit hängt von einer Reihe von Faktoren ab, unter anderem von den **Persönlichkeitsmerkmalen des Modells und des Beobachters,** von der **Art der Beziehung** zwischen Modell und Beobachter und von den gegebenen **Situationsbedingungen.** Dabei spielt die Beschaffenheit des Modells eine wichtige Rolle: Aggressives Verhalten wird in der Regel eher übernommen, wenn das Modell

- soziale Macht, Prestige und hohes Ansehen besitzt,
- sympathisch und attraktiv erscheint,
- dem Lerndenden gegenüber Wertschätzung und Verständnis zeigt und seine Bedürfnisse befriedigt und
- mit seinen Aggressionen, die es zeigt, zum Erfolg kommt.

In Filmen beispielsweise erfüllt das „Modell" sehr häufig diese Eigenschaften, so daß das aggressive Verhalten nachgeahmt wird.

Zum anderen ist die **Beziehung des Modells zum Beobachter** wichtig: Eine positive Beziehung begünstigt den Erwerb aggressiven Verhaltens.

Bevor das Verhalten jedoch gezeigt werden kann, muß es erst **gespeichert** werden. Der Beobachter wird eine bestimmte Verhaltensweise jedoch nur dann zeigen, wenn er dazu **motiviert** ist. Nur wer sich vom Beobachten und Zeigen von aggressivem Verhalten einen Erfolg bzw. Vorteil verspricht oder einen Mißerfolg bzw. Nachteil abzu wenden glaubt, wird entsprechende Aktivitäten entfalten. Motivation ist daher eng mit der Aussicht auf Bekräftigung bzw. Verstärkung oder ihrem tatsächlichen Eintreten verbunden. Dabei kann es sich um unterschiedliche Arten von Konsequenzen handeln, die entweder den Beobachter oder das Modell betreffen: um die *externe Bekräftigung,* die *stellvertretende Bekräftigung,* die *direkte Selbstbekräftigung* und/oder die *stellvertretende Selbstbekräftigung.*

So zum Beispiel kann die Beobachtung, daß man in einem bestimmten sozialen Umfeld für eine aggressive Handlung belohnt wird, bewirken, diese Handlung in der betreffenden Umgebung auszuführen. Dies kann auch der Fall sein, wenn das Modell für seine aggressive Vorgehensweise die Anerkennung seiner Freunde erfährt.

Dabei ist das Entscheidende, daß bei dem Zeigen von aggressiven Handlungen eine positive Konsequenz oder ein Vermeiden negativer Folgen **erwartet** wird. Aus der Sicht der sozial-kognitiven Theorie sind es letztlich die **Erwartungshaltungen,** die den Beobachter dazu motivieren, eine bestimmte Verhaltensweise zu zeigen oder nicht zu zeigen: Aggressives Verhalten wird eher gezeigt, wenn

- sich der Nachahmer von der Aggression angenehme Konsequenzen verspricht (= **Ergebniserwartung),**
- der Beobachter eine positive subjektive Einschätzung seiner eigenen Fähigkeiten vornimmt (= **Kompetenzerwartung)** und
- wenn er eine Selbstbelohnung entsprechend seinem Selbstbild bzw. -konzept erwartet (= **Aussicht auf Selbstbekräftigung).**

Erhofft sich zum Beispiel ein Individuum vom Nachahmen von aggressiven Verhaltensweisen mehr Anerkennung in seiner Gruppe, so zeigt er sehr wahrscheinlich diese; nimmt er aber an, sie bringe ihm Spott und Ablehnung ein, so wird er sie unterlassen. Eine Person jedoch, die Gewalt aus tiefster Überzeugung ablehnt, wird sich durch das Beobachten eines gewalttätigen Vorbilds nicht ohne weiteres zur Übernahme einer solchen Verhaltensweise bewegen lassen, selbst wenn ihr eine externe Belohnung dafür in Aussicht steht.

Bei der Übernahme von aggressiven Verhaltensweisen kann es sich dabei um den modellierenden, den enthemmenden oder auch um den auslösenden Effekt handeln.

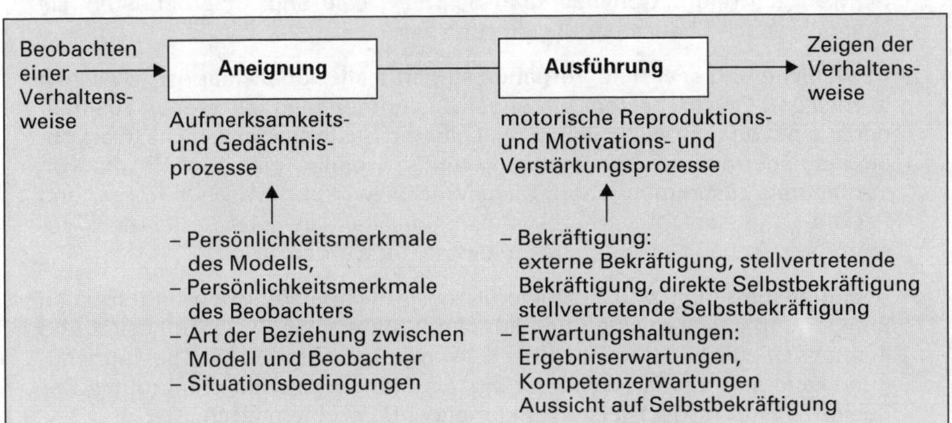

3. **Interventionsmöglichkeiten auf der Grundlage der sozial-kognitiven Theorie**

Ziel einer Intervention auf sozial-kognitiver Grundlage ist es, positive Verhaltensweisen über Nachahmung und Instruktion aufzubauen. Die wichtigsten Möglichkeiten des Vorgehens aus der Sicht der sozial-kognitiven Theorie sind in Kapitel 6.2.2 und 11.4.3 ausgeführt.

Jeder der genannten Erklärungsansätze wird, wie hier bei der Aggressivität, die zugrundeliegenden Ursachen einer psychischen Störung anders deuten und anders gewichten sowie andere Interventions- bzw. Therapiemöglichkeiten ableiten. In der psychologischen und pädagogischen Praxis wird man deshalb nie nur eine Theorie heranziehen, sondern Aspekte aller Theorien in die Analyse des Erlebens und Verhaltens sowie in die Ableitung der Konsequenzen einbeziehen.

Zusammenfassung:

- Krankheit bedeutet nicht das Gegenteil von Gesundheit; Krankheit bedeutet einen biologisch veränderten Zustand der Person, des Körpers oder seiner Teile, sie bedeutet seelisches Unwohlsein und soziale Beeinträchtigung. Gesundheit ist ein Zustand allseitigen körperlichen, seelischen und sozialen Wohlbefindens und nicht nur ein Freisein von Krankheit und Gebrechen. Gesundheit und Krankheit sind ein dynamischer und sich immer wieder verändernder Prozeß. Eine klare Trennungslinie zwischen ‚gesund' und ‚krank' ist nicht möglich, die Grenzen sind fließend.

- Gesundheit und Krankheit sind wesentliche Prozesse, die im menschlichen Leben immer wieder auftauchen. Beides, Krankheit und Gesundheit, gehört zum Leben. Krankheit kann jeden Menschen treffen und in unterschiedlicher Schwere auftreten. Krankheit kann Schmerz, Leid und Krise bedeuten, sie kann aber auch Chance und Bewährung sein.

- Körperliche und seelische Vorgänge stehen nicht nebeneinander, zwischen Körper und Psyche besteht ein enger Zusammenhang; sie stehen zueinander in einer engen Wechselwirkung. Leib und Seele sind also nicht zwei voneinander getrennte Erscheinungen, sondern bilden eine Einheit, die von vorneherein zusammengehört. Diese Wechselwirkung zwischen Körper und Psyche kann sowohl unter psychosomatischen als auch unter dem somatopsychischen Gesichtspunkten betrachtet werden.

- Beeinträchtigungen sind Erschwerungen in der persönlichen und sozialen Entwicklung des Menschen und können in unterschiedlicher Intensität und in unterschiedlichen Bereichen der Entwicklung auftreten. Eine Beeinträchtigung kann auftreten als Behinderung, als Störung und als Gefährdung. Der Beeinträchtigungsbegriff ist sehr komplex und problematisch.

- ▶ Von einer Behinderung spricht man, wenn eine nachweisbare körperliche, geistige oder seelische Schädigung vorliegt, wenn die Folgen dieser Schädigung nicht wie bei einer Krankheit nach relativ kurzer Zeit aufgehoben bzw. geheilt werden können, wenn die Folgen dieser Schädigung mehrere Lebensbereiche betreffen und wenn die Folgen dieser Schädigung für den gesamten Lebensvollzug der Betroffenen unzumutbare Auswirkungen haben.

- ▶ Von einer Störung spricht man, wenn die persönliche und soziale Entwicklung eines Menschen beeinträchtigt ist, diese Beeinträchtigung aber kurzfristig, partiell und weniger schwer ist. Störungen können demnach sein längerfristige Beeinträchtigungen eines Persönlichkeits-, Lern- oder Sinnesbereichs, die jedoch weniger umfänglich und nicht so schwer sind, schwere Verletzungen, die aber weniger umfänglich sind und kürzere Zeit bestehen, und schwere Krankheiten, die aber vorübergehen.

- ▶ Von einer Gefährdung spricht man immer dann, wenn die persönliche und soziale Entwicklung aufgrund körperlicher, materieller und gesellschaftlicher Lebensbedingungen so weit vom Normbereich abweichen, daß sie Störungen oder Behinderung nach sich ziehen können, wenn nicht unterstützende Maßnahmen ergriffen werden. Gefährdungen können sich in verschiedenen Bereichen zeigen, und zwar als körperliche, soziale und familiäre Gefährdungen. Gefährdungen können bewirken, daß Störungen auftreten oder daß sich bei vorliegender Störung eine Behinderung manifestiert.

- ▶ Bei der Einschätzung menschlicher Verhaltensweisen spielen die statistische, die ideale und die funktionale Norm eine Rolle. Der Maßstab der statistischen Norm ist der statistische Durchschnittswert einer Gesellschaft, der der idealen Norm sind die Vorstellungen, was in einer Gesellschaft für wünschenswert gehalten wird, und der Maßstab der funktionalen Norm ist die subjektive Einstellung bzw. die ganz persönlichen Vorstellungen eines Individuums.

- ▶ Von einer psychischen Störung spricht man, wenn das Verhalten bzw. das Erleben einer Person insgesamt oder in einzelnen Teilbereichen so stark von der Norm abweicht, daß es sowohl für den Betroffenen als auch für seine Umgebung zu Einschränkungen im sinnvollen Lebensvollzug kommt, wenn diese Abweichung besondere pädagogische bzw. psychologische Maßnahmen erfordert, um den Betroffenen bzw. seine Umgebung zu unterstützen, und wenn diese Abweichungen nicht auf organische Ursachen zurückgeführt werden können. Wenn die psychische Störung intensiver, langfristiger und umfänglicher ist, kann sie den Charakter einer Behinderung annehmen. Man spricht dann von einer Verhaltensstörung.

- ▶ Selten ist es eine Ursache, die zu einer psychischen Störung führt; es ist immer die Verknüpfung und Wechselwirkung verschiedener Einflußfaktoren in der persönlichen Geschichte des Betroffenen. Erklären läßt sich die Entstehung einer psychischen Störung mit Hilfe einer Theorie. Die bedeutendsten Theorien dabei sind die Psychoanalyse, die Konditionierungstheorien und die sozial-kognitive Theorie. Jede der genannten Theorien wird die zugrundeliegenden Ursachen einer psychischen Störung anders deuten und anders gewichten und deshalb andere Interventions- bzw. Therapiemöglichkeiten nachsichziehen.

Reproduktion von Informationen:

1. Zeigen Sie auf, daß Krankheit nicht das Gegenteil von Gesundheit ist.
(Abschnitt 12.1.1)

2. Bestimmen Sie den Begriff Gesundheit.
(Abschnitt 12.1.1)

3. Beschreiben Sie Krankheit als Schmerz, Leid und Krise sowie als Chance und Bewährung.
(Abschnitt 12.1.2)

4. Beschreiben Sie die Wechselwirkung zwischen Körper und Psyche.
(Abschnitt 12.1.3)

5. Bestimmen Sie den Begriff „Beeinträchtigung", und beschreiben Sie verschiedene Bereiche der Beeinträchtigung.
(Abschnitt 12.2)

6. Bestimmen Sie den Begriff „Behinderung", und zeigen Sie verschiedene Arten von Behinderung auf.
(Abschnitt 12.2.1)

7. Bestimmen Sie den Begriff „Störung", und nennen Sie verschiedene Störungen.
(Abschnitt 12.2.2)

8. Bestimmen Sie den Begriff „Gefährdung", und beschreiben Sie verschiedene Bereiche der Gefährdung.
(Abschnitt 12.2.3)

9. Zeigen Sie die Komplexität des Beeinträchtigungs-Begriffs auf.
(Abschnitt 12.2.4)

10. Erläutern Sie die Problematik des Beeinträchtigungs-Begriffs.
(Abschnitt 12.2.4)

11. Bestimmen Sie den Begriff „Psychische Störung".
(Abschnitt 12.3.1)

12. Beschreiben Sie verschiedene Erscheinungsformen psychischer Störungen.
(Abschnitt 12.3.2)

13. Zeigen Sie mögliche Ursachen von psychischen Störungen auf.
(Abschnitt 12.3.3)

14. Beschreiben Sie den Erklärungsansatz von psychischen Störungen mit Hilfe einer Theorie.
(Abschnitt 12.3.4)

15. Zeigen Sie mögliche Interventionsmöglichkeiten auf der Grundlage einer Ihnen bekannten Theorie auf.
(Abschnitt 12.3.4)

Anwendungsaufgaben:

16. Bestimmen Sie den Begriff „Gesundheit“, und zeigen Sie auf, warum der Begriff Gesundheit nicht einfach als das Gegenteil der Begriffs Krankheit bezeichnet werden kann.
(Abschnitt 12.1.1)

17. Zeigen Sie an Beispielen auf, daß Krankheit als Schmerz, Leid und Krise sowie als Chance und Bewährung begriffen werden kann.
(Abschnitt 12.1.2)

18. Beschreiben Sie an Beispielen, daß krank oder gesund der ganze Mensch ist, nicht nur sein Körper.
(Abschnitt 12.1.3)

19. Beschreiben Sie, inwieweit die Wechselwirkung zwischen Körper und Psyche bei der Entstehung und der Heilung einer Krankheit eine Rolle spielt.
(Abschnitt 12.1.3)

20. Beschreiben Sie an geeigneten Beispielen die Wechselwirkung zwischen Körper und Psyche.
(Abschnitt 12.1.3)

21. Bestimmen Sie die Begriffe „Beeinträchtigung“, „Behinderung“, „Störung“ und „Gefährdung“, und zeigen Sie Gemeinsamkeiten und Unterschiede zwischen diesen Begriffen auf.
(Abschnitt 12.2 bis 12.2.3)

22. Grenzen Sie an einem ausgewählten Beispiel die Begriffe „Behinderung“, „Störung“ und „Gefährdung“ voneinander ab.
(Abschnitt 12.2. bis 12.2.3)

23. Bestimmen Sie den Begriff „Beeinträchtigung“ und stellen Sie die Komplexität und Problematik dieses Begriffes dar.
(Abschnitt 12.2 und 12.2.4)

24. Bestimmen Sie den Begriff „Psychische Störung“ und zeigen Sie mögliche Ursachen von **einer** psychischen Störung auf.
(Abschnitt 12.3.1 und 12.3.3)

25. Erklären Sie die Entstehung **einer** psychischen Störung mit Hilfe einer Ihnen bekannten Theorie.
(Abschnitt 12.3.4)

26. Beschreiben Sie eine psychische Störung und zeigen Sie auf der Grundlage einer Theorie mögliche Interventionsmöglichkeiten auf.
(Abschnitt 12.3.4)

27.

Fallbeschreibung: Bert

Bert, 8. Jahre, zweites von drei Kindern, fällt in der 2. Klasse der Grundschule durch folgende Verhaltensweisen auf: Er kann nicht sitzen bleiben, läuft immer herum, zappelt, wackelt mit dem Stuhl; wenn er einen Stift oder ein Buch in der Hand hat, „fliegt“ es bald irgendwohin. Gegenüber den Mitschülern verhält er sich aggressiv: oft gibt es Streitigkeiten, nicht selten geht er brutal gegen sie vor (stellt ihnen ein Bein, schubst sie); es gab schon Armbrüche und Kopfverletzungen. Die Eltern der Mitschüler sind empört. In der Klasse ist er ein völliger Außenseiter, die Mitschüler beachten jede Aktion von ihm und geben sie unmittelbar an die Lehrkraft weiter. Er selbst ist jedoch sehr empfindlich: Wenn er sich von Erwachsenen unrecht behandelt fühlt, bekommt er Wut- und Tobanfälle, brüllt und wirft Gegenstände durch den Raum. Wenn er nicht beschäftigt ist, ruckt er nervös auf seinem Stuhl umher und kaut an seinen Fingernägeln, die er schon ganz weit abgebissen hat. Gegenüber Erwachsenen tut er sehr großspurig; wenn er nett auf sie zugehen will, dann boxt und kratzt er sie erst einmal. Er trägt ein Spielzeugschwert mit sich herum und verhält sich als „Held". Wenn er angesprochen wird, dann kann er sich über seine Gefühle nicht äußern, er kann auch den Blickkontakt nicht aufrechterhalten. Nach Auskunft der Mutter träumt er viel und wacht von den Angstträumen öfter nachts auf.

Beide Eltern sind berufstätig, so daß Bert den der Schule angeschlossenen Hort besucht, in dem die gleichen Verhaltensweisen wie in der Schule zu beobachten sind. Der Vater ist Binnenschiffer und deshalb oft wochenlang nicht zu Hause. Die Mutter ist selbst sehr nervös, redet schnell und ununterbrochen, und kommt nach eigener Auskunft nicht mit dem Kind zurecht. Zu Hause wird er oft in sein Zimmer eingesperrt; wenn es nicht mehr anders geht, dann schlägt sie ihn. Da sie mit ihm „nicht mehr fertig wird", möchte sie, daß er in ein Heim kommt.

a) Beschreiben Sie das problematische Verhalten von Bert.
b) Zeigen Sie mögliche Ursachen für das problematische Verhalten von Bert auf. (Abschnitt 12.3.3)
c) Erklären Sie dieses Verhalten anhand einer Theorie (z.B. Psychoanalyse, eine Konditionierungstheorie, sozial-kognitive Theorie). Stellen Sie dabei die Begriffe und Aussagen dieser Theorie dar. (Abschnitt 12.3.4)
d) Zeigen Sie auf der Grundlage der in c) dargestellten Theorie Möglichkeiten auf, wie man das problematische Verhalten von Bert abbauen könnte. (Abschnitt 12.3.4)

28.

Fallbeschreibung: Axel, 14 Jahre alt, 8. Klasse Realschule, Einzelkind, Mutter geschieden

Axels Verhalten in der Schule bereitet seiner Klaßlehrerin Frau Baldrum große Sorgen. Seine Hausaufgaben erledigt er nur selten; Hefte, Bücher und Schreibmaterial bringt er unregelmäßig mit zum Unterricht. Als besonders schwierig erlebt Frau Baldrum folgende Situationen:

Sie beobachtet öfter, daß Axel seine Mitschüler unter Druck setzt, ihn abschreiben zu lassen oder ihm Geld zu leihen. Da Axel größer und stärker ist als seine Mitschüler, kann er seine Forderungen nachhaltig stellen: Er teilt Rippenstöße und Ohrfeigen aus. Seine Mitschüler haben daher Angst vor ihm. Eine kleinere Gruppe Schülerinnen seiner Klasse findet sein Verhalten hingegen eher belustigend.

Bei den häufigen körperlichen Attacken Axels gegen seine Mitschüler sieht sich Frau Baldrum nicht in der Lage, wirksam einzugreifen. Darüber hinaus ist es für sie ein Problem, wenn Axel seine Mitschüler dazu bringt, von ihm mitgebrachte Comic-Hefte zu lesen. Der Unterricht wird dadurch empfindlich gestört.

In einem Einzelgespräch mit Axel erwähnt Frau Baldrum sein auffälliges Verhalten, worauf er ihr gegenüber recht ungehalten reagiert. Auf seine familiäre Situation zu Hause angesprochen, bricht er Frau Baldrum gegenüber in Tränen aus.

Im weiteren Verlauf des Gesprächs äußert Axel, daß er schon einsehe, daß sein Verhalten nicht immer richtig sei, aber etwas Spaß müsse man in der Schule doch haben. Für sein Weiterkommen in der Realschule sehe er aufgrund seines Zwischenzeugnisses schwarz. Aber es wäre ganz schön, wenn er die Realschule abschließen könnte.

Mit Axels Einverständnis wendet sich Frau Baldrum an eine Sozialpädagogin der zuständigen Beratungsstelle. Die Sozialpädagogin lädt Axel und seine Mutter zu einem Gespräch ein und erfährt dabei folgendes:

Axels Mutter hat sich vor zwei Jahren scheiden lassen, da der Ehemann sich ihr gegenüber öfters gewalttätig verhalten hat. Seit dieser Zeit ist sie auch wieder berufstätig. Das Verhältnis Axels zu seinem Vater, fand sie, sei damals ganz gut gewesen; seit der Trennung von ihr kümmere er sich jedoch nur selten um seinen Sohn.

Die Mutter berichtet weiter über Axel: „Als Fünfjähriger war er im Kindergarten manchmal etwas schwierig; so zerstörte er grundlos die Spielsachen anderer Kinder; seine Spielkameraden ärgerte er bei sich zu Hause gern und schlug sie auch hin und wieder. Wenn er etwas erreichen wollte, schrie er seine Kameraden an, dies brachte ihm dann auch den gewünschten Erfolg. Mit Bekannten habe ich mich damals über Axels Verhalten unterhalten; diese meinten dazu, Axel sei eben ein richtiger Junge. Ich war auch der Meinung, daß sich Axels aggressives Verhalten von selbst lege, wenn er einmal in der beruflichen Ausbildung stehen werde. Warum soll ich also jetzt darüber so viel Aufhebens machen."

a) Beschreiben Sie mit Hilfe entsprechender Textstellen das aggressive Verhalten von Axel.
b) Bestimmen Sie den Begriff ‚psychische Störung' und begründen Sie, daß es sich bei Axels aggressivem Verhalten um eine psychische Störung handelt. (Abschnitt 12.3.1)
c) Erklären Sie die Entstehung des aggressiven Verhaltens bei Axel mit Hilfe der sozial-kognitiven Theorie. Formulieren Sie dabei die wesentlichen Aussagen und Grundbegriffe dieser Theorie. (Kapitel 6.2.1 und 12.3.4)
d) Zeigen Sie auf der Grundlage einer Ihnen bekannten Theorie Möglichkeiten auf, wie das aggressive Verhalten von Axel abgebaut werden könnte. (Abschnitt 12.3.4)

Anregungen:

29. Versuchen Sie, zusammen mit einem oder mehreren Klassenkameraden mit verbundenen Augen durch Ihren Ort zu gehen. Tauschen Sie dann in der Klasse Erlebnisse und Erfahrungen aus.

30. Klären Sie in einem Rollenspiel, ab welchem Alter Ihr Kind sauber sein muß (nachts durchschlafen muß), bzw. wie lange es mit 4 Jahren aufbleiben bzw. Fernsehen schauen darf.

31. Erläutern Sie im Rollenspiel ihren nichtbehinderten Kindern, warum Ihr behindertes (lern- bzw. wahrnehmungsgestörtes) Kind mehr Fürsorge, mehr Geduld und mehr Nachsicht braucht.

Anhang: Die Anfertigung von schriftlichen Prüfungsarbeiten[1]

Die Hinweise zur Erstellung von Prüfungsarbeiten im Unterrichtsgebiet Pädagogik/Psychologie orientieren sich an der schriftlichen Abschlußprüfung an bayerischen Fachoberschulen.

1 Der Aufbau einer Prüfungsaufgabe

Zwei Arten von Prüfungsaufgaben lassen sich unterscheiden:

- **Aufgaben aus dem Schwerpunkt Pädagogik bzw. Psychologie**

Hierzu ein Beispiel:

> Der Sozialpädagoge steht schwierigen Aufgaben gegenüber: Die vielschichtiger werdenden Probleme ihrer Klientel verlangen wirksame, d.h. situationsgerechte und individuell ausgerichtete Hilfen zu einer besseren Alltagsbewältigung.
>
> 1. a) Beschreiben Sie wesentliche Aufgaben **einer** sozialpädagogischen Institution (z.B. Kindergarten, Einrichtung der Jugendhilfe).
>   b) Stellen Sie Probleme und Grenzen der erzieherischen Arbeit in dieser Institution dar.
>
> 2. Bestimmen Sie den Begriff „Handlungskonzept der Sozialpädagogik" und zeigen Sie auf, wie mit Hilfe eines sozialpädagogischen Handlungskonzeptes **ein** in Frage 1b) dargestelltes Problem bewältigt werden kann.
>
> 3. In der Öffentlichkeit bestehen teilweise negative Einstellungen gegenüber sozialpädagogischen Institutionen.
>   a) Beschreiben Sie die Komponenten einer solchen negativen Einstellung.
>   b) Entwickeln Sie Vorschläge für die Änderung dieser negativen Einstellung. Beziehen Sie sich dabei auf Erkenntnisse einer Einstellungstheorie (z.B. Dissonanztheorie).

Die Aufgaben werden mit einer bestimmten **Aussage** eingeleitet, die über den Themenkreis, um den es in den Aufgaben geht, informiert[2]. Ihr schließen sich **drei Teilfragen bzw. -aufgaben** an, die zu beantworten bzw. zu lösen sind. Diese können zur besseren Übersicht noch einmal unterteilt sein.

Wie aus dem Beispiel hervorgeht, stammen die Teilfragen bzw. Teilaufgaben nur *schwerpunktmäßig* aus einem Fach, eine Teilaufgabe verlangt grundsätzlich Kenntnisse auch aus dem anderen Unterrichtsfach.

So zum Beispiel enthalten die Aufgaben mit dem Schwerpunkt ‚Pädagogik' in der Regel zwei Teilaufgaben aus dem Unterrichtsfach Pädagogik und eine aus dem Unterrichtsfach Psychologie. Bei den Aufgaben mit dem Schwerpunkt ‚Psychologie' verhält es sich entsprechend: Zwei Teilfragen bzw. -aufgaben beziehen sich auf Psychologie und eine auf das Fach Pädagogik.

---

[1] Diese Ausführungen lehnen sich zum Teil an Felix Novak (1981) an.

[2] Es kann möglich sein, daß in der Prüfung die einzelnen Teilfragen bzw. -aufgaben nicht mehr mit einer bestimmten Aussage eingeleitet werden.

- **Aufgaben zu einer Fallbeschreibung**

Es wird ein Fall beschrieben, zu dem mehrere Fragen bzw. Aufgaben – in der Regel sind es drei – gestellt werden.

Beispiele hierfür finden sich in Abschnitt 5, Aufgaben 7 bis 11.

2 Leistungsbereiche einer Prüfungsarbeit

In Prüfungsarbeiten werden grundsätzlich drei verschiedene Leistungsbereiche verlangt: eine **Beschreibung,** eine **Erklärung** und/oder eine **Anwendung.**

2.1 Die Beschreibung

Der Leistungsbereich ‚Beschreibung' wird in der Regel durch eine Anweisung wie *„Beschreiben Sie...", „Zeigen Sie (auf)...", „Stellen Sie dar...", „Bestimmen Sie...", „Klären Sie..."* eingeleitet.

Beschrieben werden können

- **Erlebens-, Verhaltens- und Handlungsweisen,**
- **Situationsbedingungen,** in denen Erleben, Verhalten und Handeln auftreten und die Erleben, Verhalten und Handeln auslösen bzw. aufrechterhalten,
- (mögliche) **Ursachen des Erlebens, Verhaltens und/oder des Handelns** sowie
- **Persönlichkeitsmerkmale** wie zum Beispiel Intelligenz, Begabungen, Fähigkeiten und Fertigkeiten, Gefühle und Stimmungen, Interessen, Einstellungen, Werthaltungen, Bedürfnisse, u.a.

Bei der Frage beispielsweise *„Beschreiben Sie wesentliche Aufgaben einer sozialpädagogischen Institution und stellen Sie Probleme und Grenzen der erzieherischen Arbeit in dieser Institution dar"* handelt es sich um eine Beschreibung der Aufgaben einer sozialpädagogischen Institution (z.B. des Kindergartens, einer Einrichtung der Jugendhilfe), ihrer Probleme und Grenzen der erzieherischen Arbeit:

1. Kurze Darstellung einer sozialpädagogischen Institution (zum Beispiel des Kindergartens, der Erziehungsberatungsstelle)
2. Beschreibung der Aufgaben dieser gewählten sozialpädagogischen Institution
3. Aufzeigen möglicher Probleme und Grenzen der gewählten sozialpädagogischen Institution

Die Beantwortung der Frage *„Stellen Sie **eine** psychische Störung dar und zeigen Sie mögliche Ursachen für diese psychische Störung auf"* ist ebenfalls eine Beschreibung einerseits einer psychischen Störung (zum Beispiel übertriebene Angst, Aggression, Depression), andererseits deren möglicher Ursachen:

1. Beschreibung einer psychischen Störung
2. Aufzeigen möglicher Ursachen der beschriebenen psychischen Störung

Auch eine **Begriffsbestimmung** bzw. -klärung stellt eine Beschreibung dar.

„Bestimmen Sie den Begriff ‚Behinderung'" oder *„Bestimmen Sie die Begriffe ‚Reifung' und ‚Lernen'"* sind Beispiele hierfür.

Ist in einer Teilaufgabe eigens nach einer Begriffsbestimmung gefragt, so sollte diese ausführlicher und genauer erfolgen als dort, wo sie nur als Voraussetzung für ein weiteres Vorgehen notwendig ist.

Bei der Frage *„Bestimmen Sie die Begriffe ‚soziale Kommunikation' und ‚soziale Interaktion' und stellen Sie am Beispiel einer typischen Erziehungssituation eine Kommunikationsstörung dar"* sind die beiden Begriffe ‚soziale Kommunikation' und ‚soziale Interaktion' ausführlicher und wesentlich genauer zu klären als der Begriff ‚Kommunikationsstörung', der als Voraussetzung für das weitere Vorgehen in dieser Frage notwendig ist.

Häufig wird in einer Teilaufgabe nach einer Beschreibung **an einem Beispiel** gefragt, das entweder – wie bei der Fallbeschreibung – vorgegeben ist oder selbst gefunden und formuliert werden muß.

Die Teilaufgaben *„Zeigen Sie an einem Beispiel aus der Kindheit, wie die verschiedenen Entwicklungsbedingungen zusammenwirken"* oder *„Beschreiben Sie wesentliche Begriffe und Aussagen einer Entwicklungstheorie und zeigen Sie die Anwendung dieser Entwicklungstheorie anhand von zwei Beispielen in einem bestimmten Lebensbereich (z.B. Familie, Kindergarten, Schule) auf"* verlangen eine Beispielsbeschreibung.

Dabei kann folgendermaßen vorgegangen werden:

1. **Allgemeine Beschreibung der geforderten Erkenntnisse**
2. **Darstellung eines Beispiels (wenn es nicht schon vorgegeben ist)**
3. **Aufzeigen der beschriebenen Erkenntnisse an dem dargestellten Beispiel**

Die Beantwortung oben genannter Teilaufgabe *„Zeigen Sie an einem Beispiel aus der Kindheit, wie die verschiedenen Entwicklungsbedingungen zusammenwirken"* kann demnach so aufgebaut werden:

1. Beschreibung der Entwicklungsbedingungen (die genetischen Faktoren, die Umwelt, und die Selbststeuerung des Menschen)
2. Allgemeine Beschreibung des Zusammenwirkens dieser Entwicklungsbedingungen
3. Darstellung eines Beispiels aus der Kindheit
4. Aufzeigen des Zusammenwirkens der Entwicklungsbedingungen an diesem Beispiel

Die Teilaufgabe *"Beschreiben Sie wesentliche Begriffe und Aussagen einer Entwicklungstheorie und zeigen Sie die Anwendung dieser Entwicklungstheorie anhand von zwei Beispielen in einem bestimmten Lebensbereich (z.B. Familie, Kindergarten, Schule) auf"* könnte folgendermaßen gegliedert werden:

1. Beschreibung der wesentlichen Begriffe und Aussagen einer Entwicklungstheorie (zum Beispiel der sozial-kognitive Theorie, der Psychoanalyse, der Theorie der kognitiven Theorie von Piaget, der personenzentrierten Theorie von Carl Rogers, einer ökologischen Theorie oder einer anderen)
2. Darstellung eines Beispiels aus dem Lebensbereich „Familie"
3. Aufzeigen der Anwendung der gewählten Theorie am Beispiel
4. Darstellung eines Beispiels aus dem Lebensbereich „Kindergarten"
5. Aufzeigen der Anwendung der gewählten Theorie am Beispiel

2.2 Die Erklärung

Die Pädagogik und die Psychologie verwenden den Begriff ‚Erklären' nicht wie im Alltagssprachgebrauch etwa im Sinne von Offenlegen, wie dies beispielsweise bei der Zollerklärung oder bei der Liebeserklärung der Fall ist, oder im Sinne von Klarlegen, wie etwa bei einer Texterklärung oder der Funktionsweise eines bestimmten Gerätes (vgl. H.Seiffert/G.Radnitzky, 1989). Erklären bedeutet **das Herstellen von Beziehungen zwischen beschriebenen Merkmalen**. Dabei handelt es sich um *Ursache-Wirkungs-Zusammenhänge.* Erklärt werden kann mit Hilfe von **Gesetzmäßigkeiten** und/oder mit Hilfe einer **Theorie.**

Eine Erklärung wird in der Regel durch die Anweisung *„Erklären Sie..."* eingeleitet. Um einen Sachverhalt erklären zu können, sind vier Schritte sinnvoll:

1. Genaue **Beschreibung des zu erklärenden Ereignisses bzw. des Erlebens und Verhaltens,** welches die Wirkung darstellt.

2. **Darstellung der (möglichen) Situationsbedingungen,** die das zu erklärende Ereignis bzw. das in 1. beschriebene Erleben und Verhalten hervorrufen bzw. für seine Aufrechterhaltung sorgen, und/**oder der (möglichen) Ursachen,** die zu dem in 1. beschriebenen Ereignis bzw. Erleben und Verhalten geführt haben (könnten).

   So kann es beispielsweise möglich sein, daß große Angst immer dann auftritt, wenn eine Prüfung ins Haus steht. Bei der Prüfung handelt es sich um eine Situationsbedingung, die Angst (= das zu erklärende Ereignis) hervorruft; das mögliche Vermeiden des Ausgefragt-Werdens, wenn man Angst zeigt, stellt eine Bedingung dar, die diese Angst aufrechterhält. Ursachen von großer Angst können beispielsweise das Erleben von vermeintlicher Minderwertigkeit, soziokulturelle und ökonomische Faktoren wie etwa die Familienverhältnisse oder die Geschwisterkonstellation, Fehlformen in der Erziehung wie zum Beispiel Ablehnung, Vernachlässigung, sehr autoritäre Erziehung u.a. sein.

   Aus der Fragestellung bzw. aus der Wahl der Theorie, mit der der geforderte Sachverhalt erklärt wird, geht hervor, ob Situationsbedingungen oder mögliche Ursachen zur Erklärung herangezogen werden müssen.

   Eine lerntheoretische Erklärung zum Beispiel erfordert das Auffinden möglicher Situationsbedingungen, eine psychoanalytische Erklärung dagegen verlangt die Darstellung möglicher Ursachen, die beispielsweise in der frühen Kindheit liegen können.

   Oft sind die Bedingungen bzw. Ursachen konkret gegeben, wie dies bei der Fallbeschreibung üblich ist, es kann aber auch möglich sein, daß diese entsprechend der Fragestellung selbst zusammengestellt werden müssen.

   Bei der Frage *„Zeigen Sie mögliche Ursachen einer psychischen Störung auf"* müssen mögliche Ursachen einer psychischen Störung, beispielsweise aggressiven Verhaltens, beschrieben werden (siehe Kapitel 12.3.3).

3. **Formulierung der relevanten Gesetzmäßigkeiten bzw. Aussagen einer Theorie,** mit deren Hilfe erklärt werden kann. Aus der Frage- bzw. Aufgabenstellung geht in der Regel eindeutig hervor, womit erklärt werden soll. Oft ist es dem Schüler freigestellt, mit welcher Theorie er den gegebenen Sachverhalt erklären will, oft ist die Theorie vorgegeben.

   Bei der Beantwortung der Frage *„Erklären Sie mit Hilfe einer Entwicklungstheorie, wie und warum sich Verhalten ändert"* kann der Schüler die Theorie, mit der er erklären will, selbst wählen (zum Beispiel eine Konditionierungstheorie, die sozial-kognitive Theorie, die Psychoanalyse, die Theorie der kognitiven Theorie von Piaget, eine ökologische Theorie oder eine andere); bei der Frage *„Erklären Sie die Entstehung einer bestimmten Einstellung mit Hilfe der sozial-kognitiven Theorie von Albert Bandura u.a."* ist die Theorie vorgegeben.

4. **Herstellung des Zusammenhanges** zwischen dem in 1. beschriebenen Ereignis bzw. Erleben und Verhalten und den in 2. dargestellten Situationsbedingungen bzw. Ursachen mit Hilfe der in 3. formulierten Gesetzmäßigkeiten bzw. Aussagen einer Theorie. *In diesem Schritt geschieht die eigentliche Erklärung.*

Die Beantwortung der Teilfrage *„Bestimmen Sie den Begriff ‚psychische Störung' und erklären Sie die Entstehung einer psychischen Störung mit Hilfe einer geeigneten Theorie"* könnte folgendermaßen aufgebaut werden:

1. Klärung des Begriffes ‚psychische Störung'
2. Darstellung einer psychischen Störung (zum Beispiel übertriebene Ängstlichkeit, Aggression, Depression)
3. Aufzeigen möglicher Ursachen für die Entstehung der in 2. dargestellten psychischen Störung
4. Formulierung der relevanten Begriffe und Aussagen einer Theorie (zum Beispiel einer Konditionierungstheorie, der sozial-kognitiven Theorie, der Psychoanalyse oder einer anderen Theorie)
5. Herstellen des Zusammenhanges mit Hilfe der in 4. beschriebenen Theorie

Die Vorgehensweise bei einer Erklärung:

1. Genaue Beschreibung des zu erklärenden Ereignisses bzw. des Erlebens und Verhaltens.
2. Darstellung der (möglichen) Situationsbedingungen bzw. der (möglichen) Ursachen.
3. Formulierung der relevanten Gesetzmäßigkeiten bzw. Aussagen einer Theorie.
4. Herstellung des Zusammenhanges zwischen dem in 1. beschriebenen Ereignis bzw. Erleben und Verhalten und den in 2. dargestellten Situationsbedingungen bzw. Ursachen mit Hilfe der in 3. formulierten Gesetzmäßigkeiten bzw. Aussagen einer Theorie.

Diese Reihenfolge ist nicht zwingend; die Formulierung der Gesetzmäßigkeiten oder der Aussagen einer Theorie kann auch am Anfang geschehen. Entsprechend der Frage- bzw. Aufgabenstellung kann es auch sinnvoll sein, zuerst die Ursachen und dann die Erlebens- und Verhaltensweisen als Auswirkung zu beschreiben.

So zum Beispiel bei folgender Aufgabe: *„Erklären Sie mögliche Auswirkungen von Strafe auf den Lernenden mit Hilfe einer Ihnen bekannten Theorie"*:

1. Begriffsbestimmung von Strafe *(= Ursache).*
2. Darstellung möglicher *Auswirkungen* von Strafe
3. Formulierung der Begriffe und Aussagen einer Theorie (zum Beispiel einer Konditionierungstheorie, der sozial-kognitiven Theorie, der Psychoanalyse oder einer anderen Theorie)
4. Erklärung des Zusammenhanges, warum Strafe zu den in 2. dargestellten Auswirkungen führt, mit Hilfe der in 3. formulierten Begriffe und Aussagen der gewählten Theorie.

2.3 Die Anwendung

Bei diesem Leistungsbereich geht es um die **Anwendung von wissenschaftlichen Erkenntnissen in konkreten Situationen** zum Zwecke der Lösung „praktischer Probleme".

Aufgabenbeispiele:

„Erstellen Sie Maßnahmen, wie Erzieher das Erziehungsziel der pädagogischen Mündigkeit in einem Lebensbereich (zum Beispiel in der Familie, im Kindergarten) verwirklichen können."

„Erarbeiten Sie ein Konzept zur Änderung einer ablehnenden Einstellung gegenüber Behinderten."

„Stellen Sie im Rahmen einer Ihnen bekannten Kommunikationstheorie Möglichkeiten erfolgreicher Kommunikation zwischen Erzieher und Kind dar."

Eine Anwendung erfordert einmal die **Darstellung dessen, was erreicht und geändert werden soll.** Dies kann sich auf eine (oder auch mehrere) bestimmte Erlebens-, Verhaltens- oder Handlungsweise(n), auf eine Einstellung o.ä. beziehen, aber auch auf bestimmte Situationsbedingungen, die diese Erlebens-, Verhaltens- oder Handlungsweise(n) hervorrufen bzw. für ihre Aufrechterhaltung sorgen.

Geht es beispielsweise in einer Teilaufgabe um den Abbau von Angst (= das Ziel, das erreicht, und die Verhaltensweise, die geändert werden soll), so sind auch die Situationsbedingungen, die in diesem Fall Angst hervorrufen bzw. für ihre Aufrechterhaltung sorgen, zu berücksichtigen.

Dem schließt sich eine genaue **Darstellung** von Maßnahmen, Möglichkeiten, eines Konzeptes[1] oder eines Erzieherverhaltens (je nach Frage bzw. Aufgabe) und eine **Begründung** dieser an. Eine Begründung kann *mit Hilfe wissenschaftlicher Erkenntnisse,* wie beispielsweise Ergebnisse empirischer Untersuchungen, statistischer Wahrscheinlichkeiten bzw. bekannter Gesetzmäßigkeiten *oder mit Hilfe theoretischer Aussagen* erfolgen. An der Frage- bzw. Aufgabenstellung ist in der Regel zu erkennen, womit begründet werden soll; sie muß sich jedenfalls auf **wissenschaftliche Erkenntnisse oder Theorien** stützen und darf nicht auf persönlichen Meinungen, Anschauungen oder auf naiv-psychologischem und zirkulärem Denken gründen.

Die Teilaufgabe *„Entwickeln Sie Vorschläge für die Änderung der negativen Einstellung gegenüber einer Einrichtung der Jugendhilfe auf der Grundlage einer Einstellungstheorie"* erfordert die Kenntnis einer Einstellungstheorie (zum Beispiel der Theorie der kognitiven Dissonanz, der funktionalen Theorie oder einer anderen Theorie), auf deren Grundlage Vorschläge für die Änderung der negativen Einstellung gleichsam „abgeleitet" werden. Bei der Frage *„Stellen Sie erzieherische Maßnahmen dar, die für eine gesunde Entwicklung eines Kindes notwendig sind"* sind ganz allgemein entsprechende wissenschaftliche Erkenntnisse erforderlich (zum Beispiel Hospitalismus-Untersuchungen, Untersuchungen von Reinhard und Anne-Marie Tausch), zu denen natürlich auch Theorien zählen.

Folgendes Vorgehen bei einer Anwendung hat sich bewährt:

1. **Darstellung dessen, was erreicht bzw. geändert werden soll.**
2. **Formulierung der wissenschaftlichen Erkenntnisse bzw. Aussagen einer Theorie, die zur Erstellung eines Konzeptes, zur Erarbeitung von Maßnahmen, Möglichkeiten oder Vorschlägen und dgl. notwendig sind.**
3. **Entsprechend der Frage bzw. Aufgabe Erstellen eines Konzeptes oder Erzieherverhaltens, Erarbeiten von Maßnahmen oder Vorschlägen und – je nach Frage- bzw. Aufgabenstellung – Begründung (nicht Erklärung!) mit Hilfe der in 1. dargestellten wissenschaftlichen Erkenntnisse bzw. Theorie. *In diesem Schritt geschieht die eigentliche Anwendung.***

Die Teilaufgabe *„Entwickeln Sie Vorschläge für die Änderung der negativen Einstellung gegenüber einer Einrichtung der Jugendhilfe auf der Grundlage einer Einstellungstheorie"* könnte folgendermaßen gegliedert werden:

1. Kurze Darstellung einer Einrichtung der Jugendhilfe
2. Beschreibung einer Einstellungstheorie (zum Beispiel die Theorie der kognitiven Dissonanz, der funktionalen Theorie)
3. Aufzeigen von Vorschlägen zur Änderung der negativen Einstellung gegenüber der gewählten Einrichtung der Jugendhilfe auf der Grundlage der beschriebenen Einstellungstheorie.

[1] Ein Konzept meint ein Modell, in welchem Ziele, Methoden und Verfahrensweisen in einen sinnhaften Zusammenhang gebracht sind.

3 Leistungskriterien einer Prüfungsarbeit[1] – „Worauf es ankommt"

Folgende Leistungskriterien haben sich in der Praxis bewährt und werden zur Bewertung der Prüfungsarbeiten herangezogen:

- **Art der Darstellung**

  Hier geht es um Anforderungen formaler Art:
  - Erfassen der Fragestellung und des damit verbundenen Themabezuges,
  - sinnvoller und logischer Aufbau,
  - sinnvolle und logische Gliederung,
  - richtige Gewichtung,
  - klare, prägnante, genaue und eindeutige, aber auch nüchterne und sachliche sprachliche Gestaltung.

- **Reproduktion der Kenntnisse**

  Dieses Kriterium meint eine *korrekte Wiedergabe von Kenntnissen,* wie richtige, eindeutige und genaue Begriffsbestimmungen, richtige, klare und genaue sowie nicht verkürzte Wiedergabe von Lehrmeinungen, wissenschaftlichen Erkenntnissen, Gesetzmäßigkeiten und/oder Theorien.

- **Anwendung der Kenntnisse**

  Wissenschaftliche Erkenntnisse sollen nicht nur reproduziert, sondern auch richtig verwendet und angewendet werden. Das umfaßt folgende Fähigkeiten:
  - richtige und sinnvolle An- und Verwendung von Fachtermini,
  - richtige Anwendung von Kenntnissen zum Zwecke der Beschreibung, Erklärung, Begründung, der Problemlösung und/oder der Verhaltensänderung,
  - Unterscheidung zwischen Ursache und Wirkung,
  - Unterscheidung zwischen Beschreiben, Erklären und Begründen,
  - Art und Vorgehensweise bei der Beschreibung, Erklärung und Anwendung,
  - richtige und stimmige Darstellung eines Konzeptes bzw. Erzieherverhaltens,
  - richtige und stimmige Darstellung von Maßnahmen und Vorschlägen zum Zwecke der Verhaltensänderung,
  - korrekte Schlußfolgerungen, (un)zulässige Verallgemeinerungen.
  - Falls es sich um eine Fallbeschreibung handelt: Bezug zum Fall, richtige Anwendung der Kenntnisse bei der Analyse von Fallbeschreibungen.

- **Relative Vollständigkeit**

Von Bedeutung ist hier, wie differenziert und vollständig die Ausführungen sind, gemessen an den im Unterricht behandelten Lerninhalten.

★ Wenn auch an den verschiedenen Schulen unterschiedliche Bewertungsbögen verwendet werden, so bleiben die Bewertungskriterien im Großen und Ganzen dieselben wie oben dargestellt. Die Schulen können jedoch bei den einzelnen Fragen bzw. den einzelnen Bewertungskriterien unterschiedlich gewichten.

---

[1] Die Vorgehensweise bei den einzelnen Leistungsbereichen (Beschreibung, Erklärung, Anwendung) und die Leistungskriterien treffen in der Regel auch auf die mündliche Abschlußprüfung zu.

4 Anfertigung einer Prüfungsarbeit

Die Frage ist hier, wie eine Prüfungsarbeit aufgebaut und angefertigt werden soll.

4.1 Ausführungen

Zur Ordnung und Systematisierung der eigenen Gedanken und zur übersichtlichen Gestaltung der Arbeit ist es sinnvoll, die Beantwortungen entsprechend der Frage **in Abschnitte zu gliedern und durch Überschriften mitzuteilen, was im jeweiligen Abschnitt ausgeführt wird.**

Die Beantwortung der Frage *"Bestimmen Sie den Begriff ‚psychische Störung' und erklären Sie die Entstehung einer psychischen Störung anhand einer Theorie"* könnte sich beispielsweise in fünf Abschnitte gliedern mit folgenden Überschriften:

1. Begriffsbestimmung von ‚psychischer Störung'
2. Beschreibung einer übertriebenen Ängstlichkeit (oder einer anderen psychischen Störung)
3. Darstellung möglicher Ursachen dieser psychischen Störung
4. Formulierung der Aussagen der sozial-kognitiven Lerntheorie (oder einer anderen Theorie)
5. Erklärung des Zusammenhanges mit Hilfe der formulierten Theorie.

Ausführliche Darlegung einer möglichen Gliederung der Prüfungsarbeit, die in Abschnitt 1 abgedruckt ist:

Einleitungsgedanke
..... [Ausführungen]

1. Themafrage:
Als sozialpädagogische Institution wähle ich den Kindergarten.

1.1 Kurze Darstellung des Kindergartens
..... [Ausführungen]

1.2 Beschreibung von wesentlichen Aufgaben des Kindergartens
..... [Ausführungen]

1.3 Darstellung von Problemen und Grenzen der erzieherischen Arbeit im Kindergarten
..... [Ausführungen]

2. Themafrage:

2.1 Begriffsbestimmung 'Handlungskonzept der Sozialpädagogik'
..... [Ausführungen]

Ich möchte als sozialpädagogisches Handlungskonzept auf das verhaltensorientierte Konzept eingehen. Wissenschaftliche Grundlage dieses Konzeptes bilden die Lerntheorien wie die Konditionierungstheorien oder die sozial-kognitive Lerntheorie. Ich wähle als Grundlage das operante Konditionieren.

2.2 Allgemeine Darstellung des verhaltensorientierten Konzeptes nach den Kriterien Analyse, Planung, Handlung und Bewertung
..... [Ausführungen]

2.3 Beschreibung des verhaltensorientierten Konzeptes am Beispiel des Problems eines aggressiven Kindes
..... [Ausführungen]

3. Themafrage:

3.1 Begriffsbestimmung von ‚sozialer Einstellung'
..... [Ausführungen]

3.2 Allgemeine Beschreibung der Komponenten einer sozialen Einstellung
..... [Ausführungen]

3.3 Darstellung der Komponenten am Beispiel einer negativen Einstellung gegenüber sozialpädagogischen Institutionen
..... [Ausführungen]

3.4 Beschreibung der Theorie der kognitiven Dissonanz nach L. Festinger
..... [Ausführungen]

3.5 Aufzeigen von Vorschlägen für die Einstellungsänderung auf der Grundlage der Theorie der kognitiven Dissonanz
..... [Ausführungen]

Schlußgedanke
.....[Ausführungen]

★ *Dies ist eine Möglichkeit, wie eine Prüfungsarbeit aufgebaut sein kann, es gibt jedoch auch andere sinnvolle Möglichkeiten der Gliederung.*

Die Ausführungen einschließlich aller Begriffe, die verwendet werden, sollen **klar, prägnant, genau und eindeutig,** die Sprache nüchtern und sachlich gehalten sein. Durch den Gebrauch von Fachtermini, die geklärt werden müssen, wird eine größtmögliche Exaktheit erreicht. Persönliche Wertung und Stellungnahme widersprechen wissenschaftlichem Charakter; sie haben deshalb nur in der Einleitung oder im Schlußgedanken etwas zu suchen. Entsprechend der Frage- bzw. Aufgabenstellung sollte das Wissen **gezielt eingesetzt sowie richtig geordnet und gewichtet** werden.

Versuchen Sie, nicht möglichst viel Wissen auf das Papier zu bringen, sondern das Wissen gezielt entsprechend der Frage- bzw. Aufgabenstellung einzusetzen!

Schilderungen von unwichtigen Details gehen meist auf Kosten von wichtigen Ausführungen. Die Ausführlichkeit der Darstellungen richtet sich immer nach der Frage- bzw. Aufgabenstellung.

4.2 Einleitung und Schlußgedanke

An manchen Schulen ist es üblich, eine Einleitung und einen Schlußgedanken zu bringen. Einige Bemerkungen über die Aussage in der Feststellung der Prüfungsaufgabe, über die Bedeutung des Themenkreises innerhalb der Wissenschaft bzw. für die Praxis oder ein Problem eignen sich beispielsweise für eine Einleitung. Sie soll zum Thema führen und keine Beantwortung der Fragen vorwegnehmen. Durch einen kurzen Schlußgedanken kann die Arbeit abgerundet werden. Es kann sich dabei beispielsweise um eine Zusammenfassung, eine Wertung oder Stellungnahme zum Thema, um einen Ausblick, einen Wunsch, eine Anregung oder auch um eine Kritik handeln.

4.3 „Checkliste"

Folgende Fragen können bei der Überarbeitung des Ausgeführten in einer Prüfungsarbeit hilfreich sein:

- **Habe ich die Fragestellung richtig erfaßt?**
  Ist der Themabezug eindeutig?
  Ist der Bezug zum Fall gegeben?
- **Sind Aufbau und Gliederung logisch und sinnvoll?**
- **Habe ich alles Wesentliche berücksichtigt?**
  Habe ich richtig gewichtet?
- **Stimmen die Überschriften?**
  Habe ich auch tatsächlich das geschrieben, was die Überschrift erfordert?
- **Habe ich alle Fachtermini, mit denen ich gearbeitet habe, (richtig) geklärt?**
  Habe ich sie richtig ange- und verwendet?
- **Sind meine Ausführungen klar, genau und eindeutig?**
- **Sind die Vorgehensweisen bei den verlangten Leistungsbereichen (Beschreibung, Erklärung, Anwendung) sinnvoll?**
- **Ist die Darstellung eines Konzeptes bzw. Erzieherverhaltens, von Maßnahmen und Vorschlägen richtig und stimmig?**
- **Sind die Schlußfolgerungen korrekt?**
- **Ist wissenschaftliches Denken gegeben?**
- **Sind meine Ausführungen vollständig, oder fehlt Wesentliches?**

5 Prüfungsaufgaben

Die folgenden Aufgaben sind als Übungsthemen zur Vorbereitung auf die schriftliche und mündliche Abschlußprüfung gedacht. Dabei decken die Aufgaben die prüfungsrelevanten Lerninhalte im Unterrichtsfach ‚Pädagogik' ab[1].

1. Aufgabe

Erziehung geschieht im Interesse des Individuums und der Gesellschaft. Erziehungsziele haben die Funktion, die Verwirklichung entsprechender Wertvorstellungen zu steuern.

1. a) Beschreiben Sie wesentliche Merkmale von Erziehung.
   b) Stellen Sie die Bedeutung des pädagogischen Verhältnisses für die gesunde Entwicklung eines Kindes dar.
2. Zeigen Sie an geeigneten Beispielen die Bedeutung der Einflüsse der materiellen, sozialen und ökologischen Umwelt für die Erziehung auf.

[1] In der schriftlichen Abschlußprüfung stammen bei einer Aufgabe die Teilfragen bzw. - aufgaben nur *schwerpunktmäßig* aus einem Fach, eine Teilaufgabe verlangt grundsätzlich Kenntnisse auch aus dem anderen Unterrichtsfach. In der mündlichen Prüfung werden Sie ca. 10 Minuten aus dem Unterrichtsfach Pädagogik und ca. 10 Minuten aus Psychologie geprüft.

3. a) Bestimmen Sie den Begriff ‚Lernen'.
   b) Erklären Sie einen Lernvorgang (z.B. Erwerb einer Gewohnheit oder Vorliebe) in einer sozialpädagogischen Einrichtung **oder** in der Familie mit Hilfe einer Theorie (z.B. sozial-kognitive Theorie). Berücksichtigen Sie dabei wesentliche Annahmen und Begriffe der gewählten Theorie.

2. Aufgabe

„Im Gegensatz zum Behaviorismus wird das Lernen in der sozial-kognitiven Theorie als aktiver, kognitiv gesteuerter Verarbeitungsprozeß von gemachten Erfahrungen verstanden."

1. a) Stellen Sie die zentralen Begriffe und Aussagen der sozial-kognitiven Theorie dar.
   b) Unterziehen Sie die sozial-kognitive Theorie einer kritischen Stellungnahme.
2. Erklären Sie mit Hilfe dieser Theorie mögliche Auswirkungen der Strafe auf den Lernenden.
3. a) Bestimmen Sie den Begriff ‚Erziehung'.
   b) Zeigen Sie in einem Lebensbereich (z.B. Familie, Kindergarten, Schule) die Bedeutung der sozial-kognitiven Theorie für die Erziehung auf.

3. Aufgabe

Die Psychoanalyse eignet sich hervorragend zur Erklärung von psychischen Ereignissen. Auch für die Erziehung und Therapie liefert sie wichtige Erkenntnisse.

1. a) Stellen Sie die Aussagen der psychoanalytischen Theorie dar (Basisannahmen, Triebtheorie, Triebentwicklung und Persönlichkeitsmodell).
   b) Unterziehen Sie die Psychoanalyse einer kritischen Stellungnahme.
2. Beschreiben Sie ein Persönlichkeitsmerkmal (z.B. Ängstlichkeit, Aggressivität), und erklären Sie die Entstehung dieses Persönlichkeitsmerkmales mit Hilfe der psychoanalytischen Theorie.
3. Beschreiben Sie aus der Sicht der Psychoanalyse wichtige erzieherische Aufgaben in einem Lebensbereich (z.B. Familie, Kindergarten, Schule).

4. Aufgabe

„Behinderte und Kranke, Randständige und in Not Geratene kennt jede Gesellschaft. Die Qualität der Regelung, den Hilfsbedürftigen gerecht zu werden, ist ein guter Maßstab für den Grad der Humanität dieser Gesellschaft."

1. a) Beschreiben Sie wesentliche Aufgaben sozialpädagogischer Arbeit am Beispiel einer Einrichtung der Sozialpädagogik/-arbeit (z.B. Kindergarten, Jugendzentrum, Beratungsstelle, Erziehungsheim).
   b) Stellen Sie Probleme und Grenzen der erzieherischen Arbeit in dieser Einrichtung dar.
2. a) Bestimmen Sie den Begriff „Handlungskonzept der Sozialpädagogik".
   b) Beschreiben Sie an einem ausgewählten Beispiel die Vorgehensweise des Sozialarbeiters mit Hilfe eines Handlungskonzeptes (z.B. klientenorientiertes Beratungskonzept, verhaltensorientiertes oder gruppendynamisches Konzept).
3. Bestimmen Sie den Begriff ‚Beeinträchtigung', und zeigen Sie die Komplexität und Problematik dieses Begriffes auf.

5. Aufgabe

„Für die soziale Arbeit scheint das Ökologie-Modell nützlich zu sein, da sie immer schon darauf ausgerichtet war, den Menschen zu helfen und die Umwelt menschlicher zu gestalten."

1. Stellen Sie grundlegende Annahmen und Begriffe eines ökologischen Modells dar, und zeigen Sie die Bedeutung ökologisch orientierter Sozialpädagogik/-arbeit auf.
2. Beschreiben Sie das Arbeitsprinzip der Gemeinwesenarbeit (Merkmale, Aufgaben und Ziele), und verdeutlichen Sie dieses Prinzip an einem Ihnen bekannten Beispiel.
3. Zeigen Sie Möglichkeiten auf, wie ein Sozialarbeiter in einer sozialpädagogischen Einrichtung eine ablehnende Einstellung gegenüber Asylanten oder anderen sozialen Randgruppen ändern kann.

6. Aufgabe

Im Gesamtrahmen der Erziehung von beeinträchtigten Menschen bestehen gegenüber der Sonderpädagogik zur Zeit vielfältige Erwartungen, Hoffnungen und Anforderungen.

1. Bestimmen Sie die Begriffe ‚Beeinträchtigung', ‚Behinderung', ‚Störung' und ‚Gefährdung'.
2. Stellen Sie **eine** psychische Störung dar und erklären Sie mit Hilfe einer Theorie (z.B. Psychoanalyse, sozial-kognitive Theorie, eine ökologische Theorie) die Entstehung dieser psychischen Störung. Berücksichtigen Sie dabei wesentliche Aussagen und Grundbegriffe der Theorie.
3. Stellen Sie auf der Grundlage der in 2. formulierten Theorie wesentliche Möglichkeiten der Sonderpädagogik dar, mit deren Hilfe die oben beschriebene psychische Störung abgebaut werden kann.

7. Aufgabe

Fallbeschreibung: Bodo

Der 19jährige Bodo, Fachoberschüler, wendet sich an einen Schulpsychologen, da er aufgrund seines unregelmäßigen Schulbesuches und ständigen Zuspätkommens Probleme mit den Lehrern und der Schulleitung bekommen hat.

Im Laufe des Gesprächs stellt sich heraus, daß Bodo Schwierigkeiten hat, aus dem Bett zu kommen, da er abends meist sehr viel Alkohol trinkt, häufig in Kombination mit Tabletten und weichen Drogen. Bodo berichtet, daß er bis vor zwei Jahren kein Interesse an Alkohol oder anderen Drogen gehabt habe. Seine Eltern, beide Lehrer, seien in dieser Hinsicht sehr streng gewesen. Um ihm die Gefährlichkeit von Drogen vor Augen zu führen, hätten sie ihn häufig dazu gezwungen, Filme anzuschauen, die den Drogenkonsum von Jugendlichen und seine Folgen sehr anschaulich darstellten.

Er sei früher eigentlich in jeder Hinsicht ein „Musterkind" gewesen, das weder Eltern noch Lehrern Schwierigkeiten bereitet habe. In der Klasse sei er allerdings als „Streber" angesehen worden und habe keinen Anschluß gefunden. Mit der Zeit habe er darunter immer mehr gelitten, vor allem, da sich auch das Verhältnis zu seinen Eltern, die ihn immer noch wie ein Kind behandelt hätten, sehr verschlechtert habe.

Während seines Praktikums habe er dann Kontakt zu einem Klassenkameraden gefunden, den er schon immer sehr bewundert habe, weil er sich von niemandem etwas gefallen lasse und bei Mädchen gut ankomme. Im Laufe des Praktikums sei die Freundschaft trotz ihrer Verschiedenheit sehr eng geworden. Er habe dann auch erfahren, daß sein

Freund häufig Drogen nehme. Aufgrund von dessen positiven Schilderungen habe er den Wunsch verspürt, dies auch einmal auszuprobieren. Auf einem Fest, zu dem ihn sein Freund mitnahm, sei im Laufe des Abends sehr viel getrunken worden und um die Wirkung zu verstärken, seien zusätzlich Tabletten und Haschisch konsumiert worden. Er habe zwar anfangs etwas Bedenken gehabt, ob er das durchhalte, sein Freund habe ihm aber „gut" zugeredet. Auch habe er sich nicht blamieren wollen und deshalb mitgemacht. Inzwischen vertrage er mehr, da er fast jeden Abend mit seinen neuen Freunden so verbringe. Mit seinen Eltern habe er zwar sehr viel Ärger, aber es erfülle ihn auch mit Stolz, daß er sich jetzt endlich ihnen gegenüber durchsetze. Das einzige, was ihm wirklich Sorgen mache, seien seine Schulprobleme, da er unbedingt die Fachhochschulreife erreichen wolle.

1. Bestimmen Sie den Begriff ‚psychische Störung' und weisen Sie diese an obiger Fallbeschreibung nach.
2. a) Beschreiben Sie die Ursachen bzw. Bedingungen, die zur Entstehung der psychischen Störung von Bodo geführt haben könnten.
   b) Erklären Sie die Entstehung dieser psychischen Störung mit Hilfe der sozial-kognitiven Theorie. Stellen Sie dabei die Begriffe und Aussagen dieser Theorie dar.
3. Wie könnte der Schulpsychologe Bodo helfen? Zeigen Sie auf der Grundlage einer Ihnen bekannten Theorie Möglichkeiten auf, wie man das problematische Verhalten von Bodo ändern könnte.

8. Aufgabe

Fallbeschreibung: Hannah

Die sechseinhalbjährige Hannah und ihr Bruder Oliver, drei Jahre alt, werden seit zweieinhalb Jahren von ihren Großeltern erzogen. Die Kinder haben damals ihre Eltern durch einen Verkehrsunfall verloren. Für die Entwicklung beider Kinder war es wichtig, daß sie nicht in ein Heim eingewiesen wurden, sondern daß die Großeltern die Erziehung übernehmen konnten. Über zwei Jahre lang gab es mit Oliver und Hannah keine Probleme in der Erziehung; diese traten erst auf, als Hannah mit knapp sechs Jahren auf Drängen des Großvaters eingeschult wurde.

Berichte über das Verhalten Hannahs

Von der Lehrerin wird Hannah als verträumt, unsicher und zurückgezogen geschildert. Sie könne sich nicht konzentrieren, weine leicht und komme häufig ohne Hausaufgaben in die Schule. Die Großmutter meint, das zierliche, sensible Mädchen sitze sehr lange bei den Hausaufgaben, sei sehr pedantisch und könne mit der Arbeit aus Angst, Fehler zu machen, nicht beginnen. Im übrigen sei sie ein nettes Kind. Seit der Einschulung komme es bei Hannah ein- bis zweimal in der Woche zum Bettnässen, sie esse sehr wenig, trinke aber jeden Morgen mit ihrem Bruder zusammen ein „Fläschchen".

Hannah zeigt ihrem Bruder gegenüber ein wechselhaftes Verhalten, mal ist sie sehr lieb und besorgt um Oliver, dann wiederum zerstört sie sein Spielzeug. In unbeobachteten Momenten schlägt und zwickt sie ihren Bruder. Vor einigen Wochen wollte sie ihn sogar die Kellertreppe hinunterstoßen; dies konnte gerade noch verhindert werden.

Die Haltung des Großvaters

Der Großvater meint, daß Kinder heutzutage zu sehr verwöhnt würden. Er ist vor allem gegen Hannah sehr streng. Er tadelt sie oft, korrigiert ihre Sprache und ist mit ihrer Bearbeitung der Hausaufgaben nie zufrieden. Wenn Hannah Aufgaben korrekt erledigt, ist dies für den Großvater selbstverständlich und wird von ihm nicht gewürdigt. Er hat Hannah wegen ihres aggressiven Verhaltens gegen Oliver bereits zweimal in den Keller gesperrt; sie sollte dort über ihr Fehlverhalten nachdenken.

1. a) Bestimmen Sie den Begriff ‚Erziehung'
   b) Beschreiben Sie mit Hilfe der entsprechenden Textstellen das Erzieherverhalten des Großvaters.

2. Hannah zeigt eine Reihe problematischer Verhaltensweisen.
   Erklären Sie die Entstehung **einer** solchen Verhaltensweise mit Hilfe der psychoanalytischen Theorie. Berücksichtigen Sie dabei grundlegende Annahmen und Begriffe dieser Theorie.

3. Zeigen Sie auf der Grundlage der psychoanalytischen Theorie Möglichkeiten der Erziehung auf, die eine gesunde Entwicklung von Hannah gewährleistet hätten.

9. Aufgabe

Fallbeschreibung: Klaus

Klaus (6 Jahre alt) besucht seit kurzem die Schule. Seiner Lehrerin fällt bald auf, daß der ruhige und zurückhaltende Junge so stark stottert, daß er oft nicht zu verstehen ist. Sie bittet die Mutter zu einem Gespräch.

Die Mutter berichtet, daß dieses Verhalten schon sehr bald nach seinen ersten Sprechversuchen aufgetreten sei. Sie habe sich selbst schon Sorgen deswegen gemacht, habe aber nie die Zeit gefunden, sich an einen Fachmann zu wenden, da sie seit ihrer Scheidung vor ca. vier Jahren wieder berufstätig sei. Glücklicherweise habe sie eine Arbeit als Übersetzerin, die sie auch zu Hause ausführen könne, so daß sie sich gleichzeitig um ihren Sohn kümmern könne. Trotzdem sei das, vor allem am Anfang, sehr belastend gewesen.

Klaus' Betreuung habe sehr viel Zeit erfordert, da er damals noch nicht sauber gewesen sei. Auch sei der Junge ein sehr lautes und lebhaftes Kind gewesen. Er habe sie dadurch ständig bei der Arbeit gestört, so daß sie ihr Pensum kaum geschafft habe. In ihrer Verzweiflung habe sie ihn dann oft angeschrien, geschlagen oder auch eingesperrt. Sie wisse zwar, daß solche Erziehungsmethoden bei vielen Leuten verpönt seien, sie hätten sich aber als sehr wirksam erwiesen. Ihr Sohn habe sich zu einem sehr ruhigen gehorsamen Kind entwickelt, auch sei er bald sauber geworden. Leider habe der Junge dann begonnen zu stottern. Ansonsten sei Klaus ein ganz normaler, vielleicht etwas schüchterner Junge, der sich, wenn sie arbeiten müsse, stundenlang mit seiner Sammlung von Tierbildern beschäftige. Er habe überhaupt die Angewohnheit, alles aufzuheben, selbst Dinge, die er überhaupt nicht brauchen könne. Gerne kümmere er sich auch um die Hauskatze, allerdings habe sie bemerkt, daß er das Tier häufig quäle, wenn er sich unbeobachtet glaube. Aber das sei vermutlich normal für Jungen seines Alters.

1. a) Beschreiben Sie das problematische Verhalten von Klaus.
   b) Zeigen Sie mögliche Ursachen auf, die zu Klaus' problematischem Verhalten geführt haben könnte.

2. Erklären Sie die Entstehung dieses problematischen Verhaltens von Klaus mit Hilfe der Psychoanalyse oder einer anderen Theorie. Stellen Sie dabei grundlegende Annahmen und Begriffe dieser Theorie dar.

3. Wie könnte man das Verhalten von Klaus ändern? Zeigen Sie auf, wie mit Hilfe eines sozialpädagogischen Handlungskonzeptes Klaus' problematisches Verhalten geändert werden könnte. Berücksichtigen Sie dabei die Kriterien der Analyse, Planung, Handlung und Bewertung.

10. Aufgabe

Fallbeschreibung: Matthias

Der 15jährige Matthias wurde wegen eines Mopeddiebstahls zur mündlichen Verhandlung vor das Jugendgericht geladen.

Nach dem Verlesen der Anklage durch die Staatsanwaltschaft erteilt der Vorsitzende Jugendrichter dem Jugendgerichtshelfer das Wort. Im folgenden ist seine Stellungnahme auszugsweise wiedergegeben:

Nach dem frühen Tod des Vaters wurde Matthias, der gerade 2 Jahre alt war, von seiner Mutter allein erzogen. Ihre ganze Liebe konzentrierte sich auf Matthias. Er wurde dadurch sehr verwöhnt und bekam viele Unannehmlichkeiten aus dem Weg geräumt. So nahm ihn beispielsweise die Mutter vorzeitig aus dem Kindergarten, weil sich Matthias ständig beklagte, wie schlecht es ihm dort gehe.

Bis zu seiner Einschulung wurde Matthias ausschließlich von seiner Mutter betreut. In dieser Zeit häuften sich die Erziehungsprobleme, wobei es für die Mutter immer schwieriger wurde, sich gegenüber den Ansprüchen ihres Kindes durchsetzen zu können. Kam Matthias beispielsweise erst spät abends vom Spielen nach Hause oder trieb er sich in den Kaufhäusern der Stadt herum, so drohte die Mutter mit überzogenen, kaum zu kontrollierenden Konsequenzen (z.B. mehrtägiges Fernsehverbot, mehrwöchiger Taschengeldentzug). Bestrafte die Mutter den Jungen mit Hausarrest, entwich Matthias durchs Fenster. Diesem Verhalten stand die Mutter hilflos gegenüber.

Mit Schulbeginn wurden erneut Anforderungen an Matthias gestellt, denen er sich sehr früh durch häufiges Fernbleiben vom Unterricht entzog. Wieder gelang es der Mutter nicht, angemessen darauf zu reagieren und das Kind zu einem regelmäßigen Schulbesuch anzuhalten. Für die großen Leistungsrückstände ihres Kindes machte die Mutter die Lehrer verantwortlich. Wegen der zahlreichen Unterrichtsversäumnisse und der Uneinsichtigkeit der Mutter in dieser Situation informierte die Schule den örtlichen sozialen Beratungsdienst. Dieser nahm Kontakt mit dem Jugendamt auf.

Da sich die Mutter mit der Erziehung zunehmend überfordert fühlte, stimmte sie nach mehreren Gesprächen mit Schule und Jugendamt einem Heimaufenthalt ihres Sohnes zu. Bereits nach wenigen Wochen entwich Matthias aus dem Heim; sein Verhalten rechtfertigte er vor der Mutter mit „unmöglichen Zuständen" im Heim. Aus Mitleid und von Schuldgefühlen bewegt, zog die Mutter ihr Einverständnis zum Heimaufenthalt zurück; sie mußte aber bereits nach wenigen Monaten aufgrund der zunehmenden Schwierigkeiten mit ihrem Jungen einer neuerlichen Heimunterbringung zustimmen. Dieser Vorgang wiederholte sich mehrfach.

Schließlich wurde Matthias einer sozialpädagogischen Jugendwohngruppe zugewiesen, wo er seit einem Jahr betreut wird.

Gegenüber dem Gericht erklärt der zuständige Sozialarbeiter der Jugendwohngruppe, daß sich Matthias jetzt deutlich stabilisiere. So zeige er eine größere Leistungsbereitschaft in der Schule, verhalte sich sowohl gegenüber den Erziehern als auch gegenüber anderen Jugendlichen der Einrichtung kooperativ und sei deshalb gut in die Gruppe integriert. Insbesondere sei festzustellen, daß Matthias über persönliche Probleme rede, offener Gefühle zeige und auch um Rat frage. Auf Nachfrage des Richters meinte der Sozialpädagoge, daß es sich bei dem Mopeddiebstahl wohl um eine einmalige Tat gehandelt habe. Insgesamt könne eine günstige Sozialprognose für Matthias gestellt werden.

1. a) Bestimmen Sie den Begriff ‚Psychische Störung' und zeigen Sie auf, ob es sich bei Matthias um eine psychische Störung handelt.
   b) Beschreiben Sie anhand entsprechender Textstellen das erzieherische Verhalten der Mutter, welches zur Entstehung von Matthias' Verhalten beigetragen haben könnte.
2. Ein charakteristisches Merkmal des Verhaltens von Matthias ist sein Ausweichen vor unangenehmen Situationen.

Erklären Sie die Entstehung dieses Verhaltens mit Hilfe grundlegender Annahmen und Erkenntnisse einer Theorie. Formulieren Sie dabei die grundlegenden Aussagen und Begriffe dieser Theorie.

3. Stellen Sie die Möglichkeiten erfolgreicher Kommunikation zwischen Matthias und dem Sozialpädgogen der Wohngruppe dar, die dazu beigetragen haben könnten, daß sich bei Matthias ein günstiges Sozialverhalten entwickelt hat.

11. Aufgabe

Fallbeschreibung: Michael
Frau E., Michaels Mutter, wurde vom Hausarzt an die integrierte Beratungsstelle einer Kinder- und Jugendpsychiatrie überwiesen. Bei dem ersten anamnestischen Gespräch stellte sich die Situation nach den Ausführungen der Mutter folgendermaßen dar:

Ihren Sohn Michael gebar sie nach sieben Monaten einer Risikoschwangerschaft. Damals wußten die Ärzte noch nichts von einer Behinderung. Da Herz und Lunge nicht einwandfrei arbeiteten, war man zunächst froh, daß das Kind überlebte und drei Monate später anscheinend gesund aus der Klinik entlassen wurde.

Erste Beobachtungen von Auffälligkeiten machte die Mutter einige Wochen später. Sie stellte fest, daß Michael zwar auf Geräusche und Ansprache reagierte, nicht aber auf ein Lächeln von ihr. Auch wenn sie die Rassel vor ihm hin und her bewegte, so folgte er ihr nicht mit den Augen. Dies versetzte sie und ihren Mann in große Unruhe. Weitere ärztliche Untersuchungen bestätigten dann die heimliche Furcht der Eltern, daß Michael blind sei. Frau E. erinnert sich noch genau an den Schock an diesem Tag und an die Belastungen der nachfolgenden Zeit. Ihre Gefühle wechselten zwischen Hoffnung und Verzweiflung; manchmal konnte oder wollte sie die neue Diagnose nicht wahrhaben. Sie befragte andere Experten, aber ohne die erhoffte Beruhigung zu erhalten, die sie in dieser Zeit so benötigte.

Sie wußte nicht mehr, wie sie mit dem Kind umgehen sollte. Ebenso wie sie war auch ihr Mann mit dem Problem überfordert. Sie traute sich lange Zeit nicht, ihrer eigenen Mutter von der Behinderung des Kindes zu erzählen. Zu deutlich hatte sie noch deren abwertende Bemerkungen über ein stotterndes Kind aus der Nachbarschaft im Ohr.

Zu diesen belastenden Gefühlen und Einstellungen kamen zunehmend Erschwernisse in der Betreuung Michaels. Der Junge schrie oft so laut, daß es die Nachbarn hörten. Allmählich gab es kaum eine Nacht, in der sie richtig durchschlafen konnte. Michael ließ sich beruhigen, wenn sie ihn streichelte oder ihm etwas vorlas. Oft mußte sie so lange vorlesen, bis der Junge einschlief – und das konnte sehr lange dauern. Danach war sie selbst so müde, daß sie nicht mehr in der Lage war, ihren Haushalt in Ordnung zu bringen und für sich selbst etwas zu tun.

Michaels allgemeine Entwicklungsfortschritte waren gering, verglichen mit denen anderer Kinder aus dem Bekanntenkreis.

Allmählich befand sie sich am Rande eines seelischen und körperlichen Zusammenbruchs. Sie fühlte sich allein gelassen, im Innersten verunsichert und überfordert; ihr Mann war tagsüber in der Arbeit, so daß sie mit ihm die drängenden Probleme nicht besprechen konnte. In diesem Zustand begann sie, das Kind immer wieder für lange Zeit sich selbst zu überlassen.

Zu den bisherigen Auffälligkeiten in der Entwicklung des Jungen kam hinzu, daß der Junge begann, sich mit der Hand an den Kopf zu schlagen. Die Mutter lief immer sofort zu ihm und versuchte ihn mit einem Spiel abzulenken, damit er davon ablasse. Doch sobald sie sich entfernte, begann er kurze Zeit danach, sich wieder an den Kopf zu schlagen. Als der Junge schließlich laufen konnte, stieß er sich in unbeaufsichtigten Augenblicken häufig an Möbelkanten, oder er stolperte über irgendwelche Gegenstände, die im Zimmer umherlagen, dabei erschrak er jedesmal sehr. Manchmal verletzte er sich. Nach einiger Zeit wurde er auffallend ängstlich und traute sich nicht mehr zu, allein in der Wohnung umherzugehen, sondern wollte nur noch von der Mutter geführt werden.

1. a) Bestimmen Sie die Begriffe ‚Beeinträchtigung', ‚Behinderung' und ‚psychische Störung'.
   b) Zeigen Sie auf, daß bei Michael eine Behinderung und eine psychische Störung vorliegt.
2. Erklären Sie mit Hilfe einer Theorie (z.B. Psychoanalyse, sozial-kognitive Theorie) die Entstehung **einer** psychischen Störung von Michael. Berücksichtigen Sie dabei grundlegende Annahmen und Begriffe dieser Theorie.
3. a) Bestimmen Sie den Begriff „Handlungskonzept der Sozialpädagogik".
   b) Sie sind Sozialpädagoge(in) in einer Beratungsstelle. Erstellen Sie ein geeignetes Handlungskonzept, mit dessen Hilfe die Lebenssituation der Mutter (z.B. Abbau ihres Gefühls des Alleingelassenseins, der Verunsicherung) verbessert werden kann.

Ahlheim, K.-H. (Hg.): Schülerduden: Die Psychologie. Mannheim 1981
Angermeier, W.F./Bednorz, P./Schuster, M.: Lernpsychologie. München 1991[2]
Bach, H.: Sonderpädagogik im Grundriß. Berlin 1989[13]
Badry, E. u.a.: Pädagogik – Grundlagen und Arbeitsfelder. Neuwied/Kriftel/Berlin 1992
Bandura, A.: Lernen am Modell – Ansätze zu einer sozial-kognitiven Lerntheorie. Stuttgart 1976
Bandura, A.: Sozial-kognitive Lerntheorie. Stuttgart 1979
Baumann, U./Perrez, M. (Hg.): Lehrbuch klinische Psychologie, Band 1: Grundlagen, Diagnostik, Ätiologie. Bern/Stuttgart/Toronto 1990
Boulet, J. Jaak u.a.: Gemeinwesenarbeit. Eine Grundlegung. Bielefeld 1980
Brezinka, W.: Erziehungsziele, -mittel, -erfolg. München/Basel 1981[2]
Brezinka, W.: Grundbegriffe der Erziehungswissenschaft. München/Basel 1990[5]
Bronfenbrenner, U.: Die Ökologie der menschlichen Entwicklung. Stuttgart 1981
Die Zeit: Nr. 49/1992; 27/1992
Defersdorf, R.: Drück mich mal ganz fest. Freiburg i.B. 1991
Dietrich, Theo: Zeit-und Grundfragen der Pädagogik. Bad Heilbrunn 1990[5]
Domke, H.: Erziehungsmethoden. Donauwörth 1982[5]
Dörner, D./Selg, H. (Hg.): Psychologie. Stuttgart 1985
Ebbe, K./Friese, P.: Milieuarbeit. Grundlagen präventiver Sozialarbeit im lokalen Gemeinwesen. Stuttgart 1989
Engelke, E.: Soziale Arbeit als Wissenschaft. Eine Orientierung. Freiburg i.B. 1992
Ernst, H.: Gesund ist, was Spaß macht. In: Psychologie Heute, Heft 1/1990, Seite 22-29
Flammer, A.: Entwicklungstheorien. Bern/Stuttgart/Toronto 1988
Frey, D. /Irle, M. (Hg.): Theorien der Sozialpsychologie. Band II: Gruppen- und Lerntheorien. Bern/Stuttgart/Toronto 1985
Geißler, K.A./Hege, M.: Konzepte sozialpädagogischen Handeln Weinheim/ Basel 1991[5]
Germain, C.B./Gitterman, A.: Praktische Sozialarbeit – Das „Life Model“ der sozialen Arbeit. Stuttgart 1988[2]
Gernert, W.: Jugendhilfe. München/Basel 1993[4]
Goffman, E.: Stigma. Techniken der Bewältigung beschädigter Identität. Frankfurt a.M. 1975
Großmann, K.: Entfremdung, Abhängigkeit und Anhänglichkeit im Lichte der Bindungstheorie. Regensburg 1990
Harenberg Lexikon-Verlag (Hg.): Aktuell 92. Dortmund 1991
Hastenteufel, P.: Leben, Lehren, Lernen. Baltmansweiler 1980[2]
Haubl, R. u.a.: Veränderung und Sozialisation – Einführung in die Entwicklungspsychologie. Opladen 1985.
Hederer, J./Schiefele, H./Tröger, W.: Pädagogik für Erzieher I. München 1984[7]
Herkner, W.: Lehrbuch der Sozialpsychologie. Bern/Stuttgart/Toronto 1991[5]
Hinte, W./Karas, F.: Studienbuch Gruppen- und Gemeinwesenarbeit. Frankfurt a.M. 1989,
Hobmair, H. (Hg.): Psychologie. Köln 1991
Hobrecht, J.: Du kannst mir nicht in die Augen sehen. Berlin 1981[3]
Hoffmann, N./Frese, M.: Verhaltenstherapie in der Sozialarbeit München/ Weinheim 1987
Hurrelmann, K.: Warteschleifen. Keine Berufs- und Zukunftschancen für Jugendliche? Weinheim 1988
Hurrelmann, K.: Sozialisation und Gesundheit. Weinheim/München 1988
Jansen, G.W.: Sozialwissenschaftliche Aspekte der Rehabilitation. Rheinstetten 1970
Jores, A. (Hg.): Praktische Psychosomatik. Bern/Stuttgart/Wien 1981[2]
Kappl, G.: Sozialstruktur der Bundesrepublik Deutschland. Bamberg 1986
Kerkhoff, E. (Hg.): Handbuch Praxis der Sozialarbeit und Sozialpädagogik. Düsseldorf 1981
Kramer, H./Thiel, U. (Hg.): Gemeinde und Soziale Brennpunktarbeit. Freiburg 1991
Kreft, D./Mielenz, I.: Wörterbuch Soziale Arbeit. Weinheim/Basel 1988[3]
Krenn, S./Pfaff, K.: Erneuerung im Alter – Reflexion zum Aufbegehren und Begehren. Dortmund 1985
Kron, F.W.: Grundwissen Pädagogik. München/Basel 1994[4]
Landesarbeitsgemeinschaft für Erziehungs-, Jugend- und Familienberatung Bayern e.V.: Erziehungsberatung – Was ist das? o.A.
Lassahn, Rudolf: Grundriß einer allgemeinen Pädagogik. Wiesbaden 1993[3]
Laucken, U./Schick, A.: Einführung in das Studium der Psychologie. Stuttgart 1985[5]
Lauth, G.: Verhaltensstörungen im Kindesalter. Ein Trainingsprogramm zur kognitiven Verhaltensmodifikation. Stuttgart/Berlin 1983
Leitner, S.: So lernt man lernen. Freiburg 1992[16]
Lewkowicz, M.: Neues Denken in der Sozialen Arbeit. Freiburg 1991

Liebel, H.: Einführung in die Verhaltensmodifikation. Eine Anleitung zum Verhaltenstraining. Weinheim 1992
Lowy, L.: Sozialarbeit/Sozialpädagogik als Wissenschaft im angloamerikanischen und deutschsprachigen Raum. Freiburg im Breisgau 1983
Maas, U. (Hg.): Sozialarbeit und Sozialverwaltung. Weinheim/Basel 1985
Meinertz, F./Kausen, R.: Heilpädagogik. Bad Heilbrunn 1987[7]
Merkens, L.: Aggressivität im Kindes- und Jugendalter. München/Basel 1993[2]
Mertens, W.: Einführung in die psychoanalytische Therapie, Band 1-3. Stuttgart/Berlin/Köln 1990
Mielke, R.: Lernen und Erwartung. Zur Selbst-Wirksamkeits-Theorie von Albert Bandura. Bern/Stuttgart/Wien 1984
Miller, R.: Einführung in die ökologische Psychologie. Opladen 1985
Morgenstern, Ch.: Wir fanden einen Pfad. Sämtliche Dichtungen, Band 11. Zbinden, Basel
Mühlfeld, C./Oppl, H. u.a. (Hg.): Brennpunkte Sozialer Arbeit: Gemeinwesenarbeit. Frankfurt a.M. 1986
Mühlfeld, C./Oppl, H. u.a. (Hg.): Brennpunkte Sozialer Arbeit: Ökologische Konzepte für Sozialarbeit. Frankfurt a.M. 1986
Müller, S./Otto, H.-U.: Handlungskompetenz in der Sozialarbeit/Sozialpädagogik I – Interventionsmuster und Praxisanalysen. Bielefeld 1982
Nolan, Ch.: Unter dem Auge der Uhr. Köln 1989
Nolting, H.-P./Paulus, P.: Psychologie lernen. München 1990[3]
Novak, F.: Psychologieunterricht in der Sekundarstufe II. Würzburg 1981
Oelschlägel, D.: Jahrbuch 1 Gemeinwesenarbeit. München 1984
Oerter, R./Montada, L.: Entwicklungspsychologie. München/Weinheim 1987[2]
Otto, H.-U./Schneider, S. (Hg.): Gesellschaftliche Perspektiven der Sozialarbeit, Band 2. Darmstadt 1979
Perwin, L.A.: Persönlichkeitstheorien. München/Basel 1993[3]
Petermann, U./Petermann, F.: Training mit aggressiven Kindern. Weinheim 1991[5]
Petermann, U./Petermann, F.: Training mit Jugendlichen. München/Weinheim 1991[2]
Petermann, U./Petermann, F.: Training mit sozial unsicheren Kindern. Weinheim 1992[4]
Petermann, U.: Kinder und Jugendliche besser verstehen. München 1991[3]
Pfennig, J.: Grundlos zärtliche Gedichte. München, 1989[5]
Preißer, F./Neumann-Lechner, A.: Umweltpädagogik in Erwachsenenbildung und Gemeinwesenarbeit. Bad Heilbrunn 1991
Reinecker, H.: Grundlagen der Verhaltenstherapie. München/Weinheim 1987
Ross, A.O./Petermann, F.: Verhaltenstherapie mit Kindern und Jugendlichen. Stuttgart 1987
Roud, P.C.: Diagnose: unheilbar – Therapie: weiterleben. Stuttgart 1992
Schaldach, H. (Hg.): Wörterbuch der Medizin. Stuttgart 1974
Schiefele, H./Tröger, W.: Pädagogik für Erzieher II. München 1982[6]
Seiffert, H./Radnitzky, G. (Hg.): Handlexikon zur Wissenschaftstheorie. München 1989
Selg, H.: Entwicklung und Lernen. Braunschweig 1978
Speck, O.: System Heilpädagogik. München 1988
Spitz, R.A.: Vom Säugling zum Kleinkind. Stuttgart 1987
Spittler, H.-D./Specht, F.: Basistexte und Materialien zur Erziehungs- und Familienberatung. Göttingen 1986
Süddeutsche Zeitung Nr. 292 vom 21.12.1989: „Wider die Schwermut im Alter."
Tausch R./Tausch A.-M.: Erziehungspsychologie. Göttingen 1991[10]
Textor, M.R. (Hg.): Praxis der Kinder- und Jugendhilfe. Weinheim/Basel 1992
Thomä, H./Kächele, H.: Lehrbuch der psychoanalytischen Therapie, Band 1. Berlin/Heidelberg/New York 1986
Voges, W.: Soziologie des höheren Lebensalters. München/Augsburg 1991[3]
Walter, H./Oerter, R. (Hg.): Ökologie und Entwicklung. Donauwörth 1979
Weber, E.: Pädagogik – Eine Einführung, Band 1: Grundfragen und Grundbegriffe. Donauwörth 1987[7]
Weidemann, B./Krapp, A. (Hg.): Pädagogische Psychologie. München/Weinheim 1986
Wendt, W.R.: Das Unterstützungsmanagement als Muster in der methodischen Neuorientierung von Sozialarbeit; in: Soziale Arbeit, Jahrgang 41 vom Februar 1992, Seite 44-50
Wendt, W.R.: Ökosozial denken und handeln – Grundlagen und Anwendung in der Sozialarbeit. Frei burg 1990
Wiesendenger, H.: Zu Tode deprimiert; in: Psychologie Heute, Jahrgang 19, 1992[2], S.15-16
Zeissner, G.: Das soziale Handeln des Menschen. München 1983
Zimbardo, P.: Psychologie. Berlin/Heidelberg/New York 1992[5]
Zink, D.: Der ökologische Ansatz in der Sozialarbeit (Skript einer Fortbildungsveranstaltung)
Zorn, F.: Mars. Frankfurt a.M. 1992
Zulliger, H.: Heilende Kräfte im kindlichen Spiel. Stuttgart 1979[6]

Sachwortverzeichnis